# 対話のために

## 「帝国の慰安婦」という問いをひらく

【編著者】
浅野豊美
小倉紀蔵
西　成彦

【著者】
東郷和彦
外村　大
中山大将
四方田犬彦
熊木　勉
中川成美
加納実紀代
藤井貞和
熊谷奈緒子
上野千鶴子
天江喜久
金　哲

クレイン

# 対話のために——

# 「帝国の慰安婦」という問いをひらく

# まえがき

二〇一五年十二月の「日韓合意」は、「慰安婦問題」の行方を気遣う日韓両国の市民・住民にとって、一種、意表を突くものだった。それは「慰安婦問題」をめぐる「後退を許さない」という意味での「不可逆的な一歩」とみなしうるのか、『これ以上の前進はあり得ない』といった諦念に基づく「ミニマルな妥協」にすぎないのか、人びとは希望と絶望の間で揺れた。

しかし、日韓両政府がどのような「合意」に達したとしても、「慰安婦問題とは何であったか」をめぐる立場や国籍を超えた「対話の自由」が保証されないかぎり、真の意味での「和解」は生まれないだろう。たとえば、そんなふうに考える人間にとって、あの「合意」が「後退を許さない一歩」として、後続の施策を展望できるものでありさえすれば、それなりに評価できたのである。

ところが「合意」の賛成派のなかからも、反対派のなかからも、広い「対話の場」の必要性を説く声は、ほとんど聞かれなかった。意見を異にする人びとは、自分が対峙する相手は「聴く耳を持たない」とそれぞれに決めつけ、結局は、オウムのように過去の主張をくり返すことになった。

ただ、そうしたなか、『帝国の慰安婦』の朴裕河さんの立場は一貫していた。韓国で、そして日本で大きな話題になっていた同書のなかで、次のように書いておられた彼女は、「日韓合意」の後も、姿勢を崩されなかった。

「日韓政府はただちに、この問題の解決を話し合う国民協議体（当事者や支援者や識者をまじえた）を作るべきだ」と提案された朴さんは、さらにメディアの在り方について、次のように主張されている。

日韓のマスコミは〔中略〕お互いへの理解を深められるような記事を書くべきだ。〔中略〕日韓の支援団体への取材や調査も必須であろう。（朝日新聞出版、二〇一四、三二二頁）

あの「日韓合意」が、少しでも朴さんの「協議体構想」に耳を傾けるものであったなら、その後に設置された「和解・癒し財団」は、よりスムーズに任務を遂行できただろう。また逆に、今後の政局変化の結果、かりに「日韓合意」が撤回されたとしても、「協議体構想」はより踏みこんだ次なる「合意」に向けての基礎を築くだろう。

本書は、朴裕河さんが『帝国の慰安婦』のなかで提起された「協議体」においてこそ俎上に載せられるべき諸問題を、「論争」の形でではなく、あくまでも「対話」のための素材として提示するものである。

◆

今にして思えば嘘のようだが、『帝国の慰安婦』は、その韓国語版の刊行（二〇一三年八月）から約十カ月、韓国においても比較的好意的に受け入れられていた。ところが、二〇一四年六月の民事・刑事告訴、および仮処分申請があって以降、同書は活発な「対話」を促すどころか、同書が「名誉棄損」を含むか否か、要するに、白か黒かの評価を争う論争の具とされるに至った。

そして、そうしたなか、朝日新聞出版から同書の日本語版が刊行（二〇一四年十一月）されるや否や、同書を高く評価する論者やマスコミと、それを日本の知識人の「頽廃」の証左とみなす陣営とが真っ向から対立して、同書は、韓国においても、日本においても、「踏み絵」的なシンボルとされるに至った。朴さんの提起しておられる「協議体」の場にあっては、識者の一意見として、他の意見と対等にぶつかりあうにすぎなかったはずの主張が、単体で「審判」の場へとひきずりだされることになったのである。

しかも、韓国での裁判と、日本を中心とする同書の評価をめぐる論争は、連動するかの様相を呈するところとなり、同書に対する「批判」は、そのまま「名誉棄損」を主張する原告側を援護するというシフトが出来上がってしまった。

こうした事態を憂慮された外村大さんは、二〇一六年の三月に研究集会《「慰安婦問題」にどう向き合うか／朴裕河氏の論著とその評価を素材に》を企画され（三・二八集会）、そのなかでは、『帝国の慰安婦』を、あくまでも「対話」の糸口とすることに向けて全力を注いでくださった。しかし、そこにおいても、「ドグマ」（『帝国の慰安婦』の言葉を用いるなら、〈正義の独占〉――三〇八頁）にしがみつこうとする『帝国の慰安婦』批判の声は想像した以上にかたくなで、「対話」らしい「対話」は成立しなかった。同書の著者である朴裕河さんを日本に招くという選択肢を排除してまで、腹を割った「対話」をと、期待して臨んだにもかかわらず、その場を「欠席裁判」に変えようとする発言者が少なくなかったのが残念だった。

同集会に関しては、当日の発言や、事前提出資料、参加記などがネット上に公開されているので、関心のある向きは、参照されたい（「「慰安婦問題」にどう向き合うか」で検索可）。

◆

こうしたなか、原告側から当初指摘のあった、支援運動体への批判を含む一〇九カ所の名誉棄損疑惑箇所のうち、裁判所の判決を経て、結果的に三四カ所の伏字化を余儀なくされた新版『帝国の慰安婦』の刊行（二〇一五年六月）、民事一審での損害賠償命令（二〇一六年一月、その後、控訴）、刑事一審での無罪判決（二〇一七年一月、検察側控訴）と続き、二〇一五年十二月の「日韓合意」もまた、その行方は混沌としている。

本書の編者三人は、「ドグマ」に「ドグマ」で対抗する愚は侵さず、どうにかして、この膠着状態を解消するための手掛かりを提供できるような一石を投じたいとの思いから、昨年六月に本論集の企画を示し、最終的に一五名からの寄稿を得ることができた。

ほんとうは刑事訴訟の判決に間に合わせたかったが、朴裕河さんの法廷での闘いはなお終わっていないし、何より「対話」に関していえば、その地ならしさえもが、なお始まっているとは言いがたい。しかし、『帝国の慰安婦』は、歴史認識の白か黒を問う書物ではなく、いかなる争点に対しても「対話」でもって対処すべきだという教えを、そこで問われるべき具体的な概念を提示することによって示した書物であり、本書もまた『帝国の慰安婦』が提唱した日韓の境界を越えた「対話」に向けて、論点整理をおこなおうと試みるものである。「審判の時間」ではなく「対話の時間」を有意義に過ごしたいと考える、一人でも多くの読者が『帝国の慰安婦』と並べて本書をひもといてくだされば幸いである。

◆

なお、本書に収録させていただいた金哲さんの論考は、刑事起訴がある直前の二〇一五年一〇月、立命館大学国際言語文化研究所主催の《日韓企画「日韓の境界を越えて――帝国日本への対し方④」》にゲストとしてお招きした際の講演原稿である。同日、金哲さんに浅野豊美さん、小倉紀蔵さん、朴裕河さんを加える形で、「帝国日本」という、現在の日本と韓国がともに「真の意味での清算」をなしとげるべき「化け物」との闘い方を議論した。それからはや一年半の歳月が流れた。金哲さんは、朴裕河さんと並んで、思想が「ドグマ」に陥ることにはげしく抵抗する韓国文学研究者であり、今回はその講演原稿を私たちのために快く提供してくださった。

そして、本書の刊行にあたっては、図書出版クレインの文弘樹さんに、心からお礼を言いたい。書名に「対話」の一語をあしらいたいという着想は、文さんのアイデアである。『帝国の慰安婦』を法廷闘争や賛否をめぐる論争のあいだに埋没させることなく、来るべき「対話」に向けて積極的に役立てていきたいという文さんの気持ちを強く感じた。このことを、最後に付け加えておきたい。

二〇一七年三月一五日

編者を代表して　西　成彦

# 目次

## II

## 文学に見る戦争とセクシャリティ

対話の

Ⅲ　フェミニズムの足場をみつめる

## IV 東アジアの未来を考えるために

# I

# 歴史認識の脱国民化に向けて

**浅野豊美**（あさの・とよみ）
一九六四年生まれ。早稲田大学政治経済学部教授。著書に『帝国日本の植民地法制――法域統合と帝国秩序』（名古屋大学出版会、二〇〇八）、『戦後日本の賠償問題と東アジア地域再編――請求権と歴史認識問題の起源』（慈学社、二〇一三、編著）など

**東郷和彦**（とうごう・かずひこ）
一九四五年生まれ。京都産業大学教授・世界問題研究所長。二〇一一年より、静岡県対外関係補佐官。著書に『北方領土交渉秘録――失われた五度の機会』（新潮文庫、二〇一一）、『危機の外交――首相談話、歴史認識、領土問題』（角川新書、二〇一五）など。
HP：http://kazuhiko-togo.com/

**外村　大**（とのむら・まさる）
一九六六年生まれ、東京大学大学院総合文化研究科教授。著書に『在日朝鮮人社会の歴史学的研究――形成・構造・変容』（緑蔭書房、二〇〇四）、『朝鮮人強制連行』（岩波新書、二〇一二）など。

**中山大将**（なかやま・たいしょう）
一九八〇年生まれ、京都大学東南アジア地域研究研究所助教。著書に『亜寒帯植民地樺太の移民社会形成――周縁的ナショナル・アイデンティティと植民地イデオロギー』（京都大学学術出版会、二〇一四）。

# 普遍的価値の国民的価値からの独立と再融合への道

浅野豊美 Asano Toyomi

◆

二〇一五年末の慰安婦問題に対する日韓政府間合意に対しては、依然として日本でも韓国でも、トランスナショナルな運動に携わってきた人々の間に不満が根強い。外交の実務に携わるものから見れば、国民感情、安全保障、経済、様々なバランスの上の微妙な「妥協」、よく言えば「ある種の芸術」として作られた二国間関係の政治的な枠組みであっても、立場を変えて、普遍的な価値、あるいは民族的な価値の実現を掲げて運動してきた側から見れば、それは、ある種の不正な野合・妥協として見なされてしまうからであろう。

韓国側の司法判断によって本格的な交渉に迫られるまで、日本側の基本アプローチは、この問題にあえて取り組まないことで鎮静化を待つこと、あるいは、外交と歴史問題を分離して隔離することであったように思われる。歴史共同研究と、その行き詰まりは、それを示すものであろう。

本稿は、歴史認識問題がいかに日韓の外交関係の重要案件として浮上してきたのか、その二〇年余の軌跡をたどりながら、対外関係の独自のダイナミクスを論じるとともに、その行き詰まりを解くうえで『帝国の慰安婦』が持っている可能性を位置づけんとするものである。

しかし、最初に断っておくが、『帝国の慰安婦』ゆえに日韓合意が行われたと見ることは、交渉自体が韓国司法の判断に由来するものであることを取ってみても、史実に全く反する。むしろ、『帝国の慰安婦』は、外交関係の行き詰まりの背景となっている両国の国民感情の悪化という事態に対して、国民感情と結び付いた国民史・民族史の枠から慰安婦をめぐる歴史を解き放つことで、むしろ逆に、国民や民族の方をこそ、歴史の産物として眺められるような歴史の軸を提供していると私は考えている。

## 1　一九九〇年代以来の歴史認識問題――国民的価値と普遍的価値

一九九〇年代は、全世界的レベルでの冷戦の終結と中国大陸での天安門事件に続く、韓国・台湾の民主化の時代であった。戦後と呼ばれた時代が長く続き、自民党単独の保守政権が続いてきたが、その日本においても政権交代があり、一九九五年には自社さ三党連立を基盤とする村山内閣が村山談話を発表した。このことが、一九九〇年代の日本の歴史認識問題への対応の頂点をなすものであったことは疑いなかろう。

帝国の時代の「不正義」の問題は、韓国が独立し、さらに自由や民主的価値観が保障された社会が誕生していく民主化プロセスの中で、当然に何らかの救済が行われなくてはならなかった。実際、一九九〇年代の初頭、宮澤内閣の時代から村山内閣、そして橋本内閣に至るまで、韓国社会との和解を目指して真剣な取り組みが行われてきたことは記憶されるべきであろう。

私も、かつて戦後七〇年の時点で岩波書店から出版された『シリーズ日本の安全保障』講座の中で以下のように書いた[1]。「一九九五年の終戦記念日に、当時の村山富市首相が発表した談話、いわゆる村山談話は、前年八月に「慰安婦」の募集や、移動・管理に際しての軍の関与を認めた河野談話と共に、植民地支配一般の責任を認め、アジアの人々に「多大なる苦痛」を与えたことを「痛切に反省する」文書として、歴史認識問題に重要な意味を持つ「談話」であり続けている。そうした一九九〇年代の遺産の上に、現代の戦後七〇年談話をめぐる議論が展開されていることは、安倍首相の二〇一五年四月二八日のアメリカ議会での演説が、村山談話をいかに踏襲するのかを一つの焦点として展開されたことからも明らかであろう」。

重複して恐縮であるが、読者の便宜のためにその内容を一部紹介させていただければ、そもそも村山談話は、当時の社会党と自民党の、戦後史に由来するそれぞれの異なる主体性の合作によるものであった。社会党は、自社さ三党連立政権の要として自衛隊の存在を承認したが、長年の「非武装中立」路線からの転換を社会党が承認し、非武装ではない路線へと転換するにあたって自民党に求めた代償こそが、周辺諸国との「和解」実現であった。そもそも「非武装中立」という目標は、周辺諸国との和解実現と一体であったからである。

また、自民党にとっても、周辺国との「和解」は日本の国際貢献を推進していくための大前提として位置づけられていた。一九八九年に成立した海部内閣が湾岸戦争への自衛隊派遣に取り組んだことを前提に、次の宮澤内閣は、一九九一年末から、一九九三年八月九日の政権交代に至るまで、国際交流政策推進の目標として、「過去の歴史認識の問題」を「戦後」最初に掲げた[2]。これは歴史を踏まえた国際交流の推進政策であり、韓国や中国の警戒を解き、深い信頼を築くためには、歴史問題を避けて通れないという自覚に立つものであった。

宮澤首相は、就任直後に慰安婦問題で日韓関係が大きく揺れる中、初の外遊先として韓国を選び盧泰愚大統領と会談したのみならず、その直後の一月二四日の施政方針演説で、戦後史上初めて「過去の歴史認識の問題」を国際協力の問題として提唱した。それは「新しい世界平和の秩序を構築する時代の始まり」の中で、「日本が大きな経済力とこれを背景とする影響力」にふさわしい「責任と役割」を果たしていくための前提でもあった[3]。

こうした社会党と自民党の合作による村山談話誕生の政治的背景は、周辺諸国との国民的な和解の必要が民主化とともに生まれてきたこと、それまでに作られていた「国交正常化」の枠組みが民主化後の東アジアでは、十分な機能を果たせなくなっていたことを象徴するものである。同時に、この談話に基づいて官民協力の機関として設置されたアジア女性基金は、こうした民主化と冷戦終結の波の中で、戦後日本が国民的な謝罪をもベースにして主体的に対応せんとした象徴ということができる。

## 2 膠着化の位相——新たな普遍的価値と国民的な価値

しかしながら、こうしたアプローチに対抗した一部の市民運動がとった戦略は、国境を越えた連帯をベースとして「女性の尊厳」という普遍的な価値に訴えながら、帝国を継承した日本国家の「法的責任」を認めさせ、そのことによって韓国の民族的な悲願を達成することによって性の平等という新たな価値を拡大せんとしたものということができる。

その背後には、「過去清算」と韓国語訳され、日本語では「移行期正義」と訳される理論の興隆があった[4]。民主化の過程で言論の自由が保障されると、それまで長い間権威主義体制の下で声を上げられなかった被害者達が、かつて蹂躙された自らの正義の回復を求めて声を上げ、真相究明や名誉回復をもとめる現象が「移行期正義」の問題とされる(英語原文は transitional justice)。これは被害者の要求に対して、社会としていかに対処していくのか、規範的な理論の展開へとつながっていった。東アジアにおいてそうした移行期正義の問題として取り上げられた代表的事件としては、済州島の一九四八年の四・三事件、一九八〇年の光州事件、そして台湾の一九四七年の二・二八事件が挙げられる。

しかし、慰安婦問題が複雑なのは、こうした人命が失われたことに絡まる被害者の名誉回復に問題がとどまらず、性の平等という新たな価値を普及させつつ被害者の名誉を回復させようとする性格、即ち正義の創造的回復という性格を、この問題が有しているためである。つまり、生存して帰還した被害者が戦後の社会においても周辺的な地位に置かれてきたことの原因として、家父長制の下での女性の尊厳の蹂躙の問題が扱われざるを得ないのである。

また、それと絡まる第二の複雑な要素は、どれほどの慰安婦が実際に帰還を果たしたのか、資料が乏しく断片的であるために、歴史学的実証研究の手法の限界が問題となり、被害者の記憶と実証的資料をいかに評価するのかという問題が提起される点である。

第三のさらに問題を複雑にさせた一因は、帝国の時代の「不正義」に対して用いられた普遍的な正義が、ナショナルな価値と分かちがたく結合していることである。むしろ意識的に結合させることによって、性の平等に基づく女性の尊厳という新しい価値を社会的に承認することが要求されたのである。この点で慰安婦問題は、生命の毀損という既に明らかな人権蹂躙の問題とは異なるのである。

まさに、この第三の性格によって、帝国の時代の「不正義」に由来する移行期正義の課題は、帝国から独立した国民と、それを継承した国民、あえて第三者的に観察すれば「分裂」した異なる国民相互間でのナショナリズムの応酬に取り込まれてしまったということができる。つまり、普遍的な正義を、こうした状況への慎重な配慮を抜きに強調すればするほど、事態はますます国民感情の衝突という位相を深めてしまう。それは、近年の状況を見れば明らかであろう。根本的に相容れない民族的価値の衝突によって、本来は、普遍的な正義・人権・女性の尊厳・性の平等であるべき問題は、ますます各々の信じる普遍性で支えられる国民感情の応酬の中に埋没してしまうのである。

その埋没の位相は、外交当局にも市民運動家にも散見される認識論的な問題とも結びついているようにも思われる。何が普遍的な正義の実現なのか、相手から見える実現のあり方と、こちらから見える実現のあり方が、同じ像を結ばない。共に、相手は民族的な価値を根底に有しながら、普遍的な価値を「隠れ蓑」「口実」として用いているに過ぎないという批判が、応酬される状態となってしまう。そこに相互不信が生まれ、拡大していく。もちろん、互いの国内に、わずかの異質な賛同者が生まれるが、それは和解へ向けた媒介者とはならず、むしろ国民世論の前に「民族の裏切り者」という批判を浴びることとなる。また、国内政治の文脈では、手っ取り早く人気を集めるために、歴史問題は格好の手段ともなりがちになる。

また、こうした民族的価値と普遍的価値の融合をある意味で促しているのは、日本の歴史学や地域研究において、民族の主体性、自主性を日本が損なったという体験が、第二次大戦後の学問の出発点となり、「民族主義に問題があっても日本人には指摘する資格がない」という心理や、それに反発してグローバル化の時代に日本の民族主義が台頭したという事情であるように思われる。帝国の時代の「不正義」が国民内部の「不正義」とは異なることに無自覚なまま、前者に対して帝国から独立した国民と、それを継承した国民とが根本的に異なる記憶をそれぞれ保持した状態の中で向き合い、女性の尊厳や人権という普遍的な価値をめぐって論争すればするほど、そうした普遍的価値はますます強固に国民的価値と結び付く傾向を強めるようにさえ観察される。その結果が、現在のわれわれが直面している国民相互間のナショナリズムの応酬という現実に他ならない。

## *3* 『帝国の慰安婦』の位置

以上のような言説状況の中にあって、『帝国の慰安婦』(二〇一四)の位置はいかなるものであろうか。一言でいえば、普遍的な価値というものの真の独立性を現代の国民的な価値への従属から解き放って、それにより真に自立的な普遍的価値を軸にした国民的な価値相互の対話を回復させる可能性を開くものと、私には思えてならない。「シンプルでわかりやすい」国民的な価値に実質的に奉仕するような普遍的な価値ではなしに、普遍的な価値自体を歴史の文脈の中に追求するための言説の扉を開いたものこそ、『帝国の慰安婦』に他ならない(それは本書所収の熊谷・上野論文を読んでいただければますます明らかであろう)。

つまり、「帝国の時代の不正義」を国民史と結びつけ、国民史を起動させるために普遍的な価値を利用するのではなしに、「普遍的な価値」自体が時に国民的価値に組み込まれて利用されることを自覚しながら、国民史の死角となっていたジェンダーと階級に光を当てることで、女性、ひいては人間の尊厳を追求したものこそ、『帝国の慰安婦』の言説であると私は思う。

いかにして私がそう考えるにいたったのか、その大きなきっかけとなったのは、二〇一六年三月二八日に東京大学の駒場キャンパスで開催された対話集会への参加であった。それは、朴裕河氏によって出版された『帝国の慰安婦』に意義を認める側と認めない側との間での対話集会であった。結局、対話というよりは、従来の各自の考えを繰り返すだけの宣伝の場となり残念な結果に終わったが、そこで大きな焦点となったのは、複数の民族社会を包み込んだ帝国という国家の中で「構造的強制」が行われたという著者の枠組みであった。

国民国家を基礎とする一国史的な理解では、抑圧した側の国民と、抵抗した側の国民という二分法が近代史の全ての事件の前提とされる。しかし、この本は、民族主義では理解できない帝国の社会構造に焦点を当て、そこから家父長制と階級の問題とからめて、民族主義そのものを歴史の中に対象化しようとしていると私には思えた。そうした過去に漂っている未知な何者かを削り出す作業こそが、歴史の作業であると私は考えている。元慰安婦の苦悩は、当時の家族にも同胞にも裏切られていた点で、民族主義史観以上に『帝国の慰安婦』では深く描いているとの西成彦の指摘も、思わずはっとさせられた点であった。

しかし、この本に意義を認めようとしない、いわゆる「反対派」の基調となったのは、日本政府の責任を免罪しているかどうかという「分かりやすいシンプル」な関心であった。それはあたかも、日本の国家による法的責任という言葉を「踏み絵」のごとく位置づけ、それを踏むのかどうかだけを注視する視線である。民族主義を起動させる儀式に参加する仲間なのか否かにのみ集中するような視線にさえ感じられた。議論はかみあわず、何を議論したいのかさえうまく伝えられないまま、喧騒の中に対話の可能性が消えていったことは残念ことであった。

実際、『帝国の慰安婦』においては、韓国側から動員されてきた慰安婦のみならず、日本側で徴兵によって動員されてきた貧し農村出身の兵士、日本人の元芸者で慰安婦となった女性達も登場し、こうした存在に囲まれながら、朝鮮人慰安婦の軍隊の兵舎での生活は成立していた。さらに、農村出身の「日本人」兵士の墓に花を手向ける慰安婦の姿は、素朴に、日本人の国民感情にさえ訴えて、韓国人慰安婦への関心を喚起しているように私からは見えた。しかし、批判派はこうした言説が日本を免罪し、「男性の好きな歴史観」におもねる所業にほかならないとして糾弾の対象にしていた。

『帝国の慰安婦』では、「帝国の時代の不正義」の究極の責任は、当時の日本政府にあるとされるが、もしも「法的な責任」が今日も依然として問われなければならないとしたら、家父長や業者という社会的存在の「法的責任」も問われるべきとされているにすぎない。つまり、裏を返せば、現在の日本政府が果たせるのは政治的・道徳的、様々なニュアンスを含んだ「責任」一般でしかなく、その責任を実際に感じて、まず行動するのは政府ではなく、国民そのものであるべきなのである。『帝国の慰安婦』は「日本を免罪」するのではなく、日本国民に直接呼びかけ、それを通じて政府の責任を喚起せんとしたものということができよう。

移行期正義・過去清算で問題とされる「法的責任」を裁判で問うことによって被害者の尊厳を救済す

るというやり方は、被害者を焦点とした、互いの民族主義的価値観の対立を誘発することも、この本は警告している。歴史の実体においては、朝鮮社会の中で周辺的な位置に置かれた少女達に対する「家父長」や「就業詐欺」を行なった業者達（地域籍複数）、それを黙認した人々が存在していたからこそ、初めて動員は可能になった。そうした構造は現在の韓国社会にも続いているにもかかわらず、すべてを現在の日本政府の「法的責任」に帰してしまえば、請求権交渉で相殺されたはずの在韓日本資産等の他の法的「亡霊」がよみがえって、何が法的請求権なのかをめぐり収拾がつかなくなることは確実である[5]。

むしろ、この本は、政治的・道義的、様々な「責任」を日本政府が認めたうえで、過去のあらゆる関係「修復」を粘り強く行うことの必要性を唱えている。また、そのためにも普遍的価値をどちらかの側にのみ利用される存在にしておくのではなしに、独立した真に普遍的な価値とするための枠組みを『帝国の慰安婦』は模索したともいえるであろう。

繰り返しになるが、普遍的な価値が往々にして国民的価値と融合してしまうことが、ナショナリズムの相互衝突を引き起こしていることを自覚する必要がある。問題は帝国の時代の「不正義」が、国国内での民主化以前の「不正義」とは異なる性格を持つことにある。済州島蜂起や光州事件という国内の不正義の真相究明や被害者の名誉回復さえ、かなりの軋轢・緊張を国内に生んだ。まして、帝国の時代の「不正義」には、帝国から独立した国民と、それを継承した国民、あえていえば「分裂」した国民相互間の間に、国民的価値の相克、即ちナショナリズムの応酬という現象とも絡まることになる。人間の尊厳という普遍的価値の問題が、民族主義に埋没、もしくは国民的価値に取り込まれ利用される現象を自覚してこそ、国民的和解の基盤の上に、それぞれの国民としての統合が、両国民間の和解（あえて言えば「反省」と「許し」として語られているところの、新たな関係構築への集合的意思の共有と私は定義したい）と矛盾することなく、むしろ普遍的な価値を媒介としながら、地域的な統合へと自然に向かうようになるのではないであろうか。そうした可能性を私自身、和解学の探求という形で続けて行きたいと思っている。

朴の問題提起は、コンストラクティビズム・構築主義的立場から、民族的価値の対立の悪循環を止めるための言説枠組みを「構築」することにあったようにさえ私には思える。つまり、韓国内部においても、日本社会内部においても、自国の民族主義に批判的な立場を維持しながら、相互の関係の修復を前提に国民的な和解の基礎の上に、「帝国の時代の不正義」の回復を模索したのである。帝国主義への反省を前提にしながらも民族主義には組しない。この本が、慰安婦とならざるを得なかった当時の女性たちをめぐる社会構造の析出を行い、それを帝国という国家とその発動した戦争という状況と関連付けて深めて論じた点が、この本の新鮮さだと私は思う。各々の民族主義が「反日」や「嫌韓」から再生産されていく言説の構造に挑戦した文学的歴史研究ともいえるであろう。

しかしながら、この本をめぐる批判が、旧来の民族史観を自覚することのないままに、細かなテーマを資料によって掘り下げることに主眼を置いた実証主義的分析手法を取っていない点にのみ集中したことは残念であった。「本で根拠とされた事実が間違っているのだから議論に値しない」という趣旨の発言があったが、事実から言説枠組みが帰納的に生まれるのではなく、演繹的な枠組みがまず存在して、それに対応する事実が収集され、同時に事実が出てこない時に仮説が修正されることは、歴史学の常識である。

現代に求められているのは、新たな演繹的枠組みによる歴史の共有であると思う。それこそが東アジアの地域史と呼べるのかもしれない。それは民族主義や、それが生み出した国民感情それ自体を、歴史が生み出したものとして対象化し説明し得るものである。そしてそれを通じて、逆説的に普遍的価値と民族的価値の独特の結びつきが、他国民にも説得力のある形で示され、説得力を持って、相互に受け入れられるような新たな歴史枠組みの「構築」へと向かう力を与えてくれるものである。

そうした時間を掛けた地域史の構築の過程――それは国民という集団自体が、記憶をベースに生み出されてきたプロセスそのものを論じられる語りを伴うものとなろう――は、激しい政治的なコストを伴うものの、究極的に未来の世代を利することであろう。帝国の時代の不正義に対して、ともに向き合うことを通じて、民族主義が強化されるのではなしに、むしろ国民同士の信頼関係が修復され強化される。そんな形の新しい段階にともに入っていくための、最初のステップが文学的探求によって切り開かれたのではないかとさえ、私は思う。今後、国民や民族が生み出されてきたマクロの歴史枠組みがますます深められることを願ってやまない。

願わくは韓国で新設されるという和解と癒しの財団が、普遍的な価値としての女性の尊厳に向き合いつつ、韓国であれ日本であれ、新しい世代が各々のナショナルな感情までも議論の対象として、具体的な慰霊や追悼のあり方を含めた議論のできる場として運営されないものかと思う。日韓の若者がベトナム、ラオス、ビルマ等を巡回しつつ、第二次大戦からベトナム戦争にかけて行われた、様々な被害と加害の錯綜する問題に同時に取り組みながら、それぞれのなすべきことを考えるようなセミナーや、そうしたセミナーを踏まえて、ハルモニ達と対話し、自分の生まれた時代を改めて見つめ直せるような可能性を追求できないものであろうか。そうした試みこそが、普遍的な価値を、民族的な価値と峻別していくための第一歩である。一昨年の「政府」間合意を土台にして、「国民」相互の信頼関係を着実に拡大していくための方策に、外交当局も市民も、真剣に向き合わなければならないのである。『帝国の慰安婦』が巻き起こした論争は、その向き合い方を考えるために避けては通れないものである。二つの価値を峻別しながら、その緊張関係を自覚しつつ再融合させることで国民同士の信頼を再構築すること、その信頼関係の上に普遍的価値をともに支えること、それが今後の解決に向けた様々な方策・言説の基礎となろう。

**註**

［1］浅野豊美「第1章　歴史と安全保障問題・連環の系譜――戦後五〇年村山談話と戦後七〇年安倍総理訪米」木宮正史編『シリーズ日本の安全保障（全八巻）第六巻　朝鮮半島と東アジア』岩波書店、二〇一五、一一五～四四頁。

［2］実は、歴史認識、もしくは歴史と絡んだ国民感情の問題が外交の課題となったのは、戦後が初めてではない。一九三五年前後の日中関係は、まさに国民感情をどのように軟着陸させるのかという課題に取り組んでいた。この点については別稿を準備中である。

［3］「アジア・太平洋地域の人々は、過去の一時期、我が国の行為により耐えがたい苦しみと悲しみを体験されました」（「宮澤首相所信表明演説」衆議院本会議、一九九二年一月二四日）。

［4］梅森直之・八尾祥平「東アジアを徘徊する歴史という怪物」早稲田大学アジア研究機構編『ワセダアジアレビュー』第15号（特集・歴史的和解と移行期正義）。

［5］その詳細については、註［1］を参照。

# 外交官の目で読む『帝国の慰安婦』

東郷和彦 Togo Kazuhiko

## ◆はじめに——歴史認識問題の位置づけ[1]

私は元々三四年間外務省に勤務し、この間、日ロ関係と北方領土問題に丁度その半分の一七年間勤務、二〇〇二年に退官してから大学で教鞭と研究の道に入り、爾来、東アジアにおける領土問題と歴史認識問題に関心を持つようになった者である。

従って、本稿のテーマである慰安婦問題についても、主に外交問題という側面から考えてきた。外交問題として考えるということはどういうことか。それは、この問題が日本外交の中でどのような位置を占めてきたか、そして日本外交の中で、今後どのような位置を占めるべきかを考えることだった。

そうはいっても、外交問題としての慰安婦問題に自分なりの答えをだすには、個別外交問題として政策の是非を考えるよりも、まずははるかに広い視座が必要だった。それは、端的に言えば、明治以来日本が戦ってきた戦争が日本と世界にとってどのような意味を持ち、それが戦後の日本外交のあり方をどう規定してきたか、規定すべきかという問題だった。視座の広さから言えば、この問題は明治以降日本が戦ってきたすべての国との関係の基礎にある問題の一つと言ってよい。

日本にとって戦争と平和の問題を広い視座からマクロ的な意味を持って考える外交問題を歴史的に明示すれば、そこには、敗戦の結果としての降伏─占領と新憲法と戦争裁判─サンフランシスコ平和条約と旧安保条約─その後の平和条約未締結国との個別の関係正常化─そのプロセスの中で日本人として考えてきた日本人自身による戦争の総括の問題といった系譜があると思う。この問題は、日本人にとっては非常に難しい問題であり、解答を求める魂の遍歴は未だに続いているというべきであるが、私の現時点での意見を集約すれば、概ね以下のようなことになる。

① 東京裁判の「事後法としての平和に対する罪」は容認できない。

② しかし日本はその判決を、サンフランシスコ平和条約十一条によって受け入れている。これを国家として覆す選択肢はない。

③ そうであればこそ、政治的・道徳的に、過去の戦争をどう評価するかという問題を日本人として考えねばならない。

④ 一九九五年の村山談話は、自社連立政権という特異な政治状況ではあったが、日本人として概ねのコンセンサスをつくり、それから二〇年間、日本政府の和解のための話し合いのために決定的に重要な基礎を提供した。

⑤ 二〇一五年の安倍談話も、その基本において村山談話以来の政府の立場を受け継ぐものとなった。

歴史認識問題は、以上の広範かつ基本的視座を与えるマクロ問題に加え、特定の個別問題としてのミクロ問題がある。南京事変、七三一部隊、徴用工問題、戦争捕虜問題などがあるが、これまで最も広く議論されてきた個別問題が、慰安婦問題であろう（なお、一見個別問題のように見えるが、靖国問題は、戦争の全体像とその本質に遡って議論されてきているので、マクロ問題として理解した方がよいように思われる)[2]。

## ◆外交問題としての慰安婦問題の経緯

慰安婦問題は、日本外交にとっては概ね以下の三つの段階で動いてきた。

(1) 第一段階は、一九八〇年代の後半、この問題が「韓国の慰安婦問題」として提起されてから「アジア女性基金」が設立されるまでの一〇年弱の期間である。当初日本政府はこの問題に関与していないという立場をとっていたが徐々に立場を変更、日本側は宮澤政権、韓国側は金泳三政権の時に最も真剣な話し合いが行われ、その結果、九三年八月の河野談話の発出に至った。軍の関与を認め、女性たちの苦しみを認め、謝罪と反省を表明したこの談話が、爾後日本政府の基本的立場となった。宮澤政権の後の非自民党政権の一つとして登場した村山内閣の下で九五年「アジア女性基金」が設立され、この基金が、河野談話の考え方を実践すべく、韓国のみならず、台湾、フィリピン、インドネシア、オランダを対象として慰安婦に対する贖罪の活動を開始した。

(2) 第二段階は、「アジア女性基金」の活動が始まってから活動が終了する二〇〇七年三月までの十二年間である[3]。アジア女性基金は、おおむね活動対象国との和解を実現していくが、韓国だけは例外となった。韓国では、挺身隊問題対策協議会を中心とする市民団体より、基金の贖罪金が民間から集められたのは政府の責任回避であるという批判が提起され、世論はその方向で一致。基金からの贖罪金と謝罪を受け入れた七名の元慰安婦は支援団体や一部の元慰安婦からの批判や圧力に晒されることになった。

さらに挺身隊問題対策協議会は在日本の支持者と共に問題を国際連合に提訴、九六年の『クマラスワミ報告』、九八年の『マクドゥーガル報告』を通じ、慰安所は「レイプセンター」であり慰安婦は「性奴隷」であるという「制度的レイプ派」の見方として定着した。

他方この間、日本の国内では、これとまったく真逆の立場から、慰安婦は、軍が海外進駐にともなって連れて行った公娼であるとする「公娼派」の見方が拡大した。一九九七年二月、自民党で結成された「日本の前途と歴史教育を考える若手議員の会」とその発展形になる「～議員の会」は、その中心的な役割をになったと言えよう。「河野談話派」は、「制度的レイプ派」及び「公娼派」双方からの挟撃をうけることとなったのである。

この間、慰安婦をめぐる議論は、米国にも波及した。特にアジア系移民の多いカリフォルニア州で、マイク・ホンダ下院議員が下院外交委員会アジア・太平洋及び環境小委員会に慰安婦問題に関する決議案を上程し、日本政府に「完璧な公式謝罪」を要求する動きに出るようになった。二〇〇七年三月一日、安倍総理が「狭義の強制性を裏付ける資料はなかった」という発言をプレスに行なったことに対し、「安倍総理は慰安婦問題の否定者である」という批判がマスコミに噴出した。六月一四日のワシントン・ポストに載った日本のオピニオン・リーダーによる「強制連行はなかった」という広告が、火に油を注ぐ結果となった。かくて、七月三〇日、歴史上初めて下院本会議が慰安婦問題に関する公式謝罪要求決議案を採択、同様の動きはこの年の秋、オランダ、カナダ、ＥＵに広がったのである[4]。

(3) 第三段階は、二〇〇七年三月から二〇一五年十二月二八日の日韓政府間和解の成立までの八年余りの時期である[5]。この間の注目すべき動きは、慰安婦問題が日韓の司法対決の色彩を持つようになったことであろう。まず二〇〇七年四月二七日、我が国最高裁判所は、戦時中の強制労働、慰安婦問題等五件の案件に対し、日本が戦後締結した条約で請求権問題が解決されてきたことを論拠に、すべてを原告（中韓）敗訴とした。先例拘束を持つこの最高裁判決は、以後韓国慰安婦・市民団体が日本の裁判所に問題を提起しても勝訴する可能性がないことを示した。

今度は二〇一一年八月、韓国憲法裁判所が、「韓国政府は慰安婦の権利を守っていない」とする「違憲判決」をくだした。行政府の責任として批判の矢面に立たざるを得なかった李明博大統領は、二〇一一年十二月、京都での会談で野田総理との間で打開案を考えようとするが不首尾に終わる。慰安婦問題が両国間の対立の象徴であるかのように、二〇一一年十二月一四日、ソウル日本国大使館の前に「少女像」が建てられた。

二〇一三年、朴槿恵政権成立とともに、慰安婦問題はいわば「日本の謝罪と誠意」の有無を判断する試金石のような感を呈するようになり、「少女像」建立の動きはアメリカにも波及した。「少女像」のイメージは真実と違うという日本人、在米日系人の声も上がり始めた。恰もその緊張のただ中に、二〇一二年十二月、第二期の安倍晋三政権が成立したのである。

政権成立直後、河野談話の見直しを示唆するような安倍総理の発言に韓国・米国の世論は猛烈に反発。安倍総理はその後、発言を抑制、一三年後半、一旦事態は沈静化した。しかし一三年十二月の安倍総理の靖国神社参拝によって、日本のナショナリズムの火が慰安婦問題に点火されるようなプレス報道が現われた。オバマ政権は事態を憂慮。安倍総理は、一四年三月、再び発言を抑制。そしてこの安倍総理の謙虚な態度がハーグでのオバマ・安倍・朴三者会談への道を開いたようである。今振り返ってみれば、この辺りから明らかに潮の流れが少しずつ変わり始めたように見える。

六月二〇日には「河野談話実態調査」の結果が発表され、「アジア女性基金」の支援を受けた元慰安婦が六一名に上ることなど新しい事実が報道されるとともに、この発表の結果として、談話を見直さねばならないほどおかしなことが起きたわけではないことが明らかになったのである。そのあと朝日新聞の「反省報道」はあったが、結局大筋の流れを変えるにはいたらなかった。

一五年四月の訪米で安倍総理は「河野談話を継承し、これを見直さない」というメッセージを明確に発出。一部には、挺身隊問題対策協議会側でも、日本が出すべきメッセージをより柔軟に考えるとの報道も現われ始めたのである。

## ◈二〇一五年十二月二八日の慰安婦合意とその後

二〇年間のゆれの後に成立した一五年十二月二八日の慰安婦合意は、安倍・朴両者が、それまでの主張から一定の譲歩をしたうえで歩み寄った勇気ある合意であり、関係者を驚かせるものがあった。「慰安婦として数多の苦痛を経験され、心身にわたり癒しがたい傷を負われた全ての方々に対し、心からお詫びと反省の気持ちを表明する」と発表された安倍総理の言葉は、かつて安倍総理自身が批判してきた河野談話の文言を直接にひきつぐものであり、一〇億円の政府予算からの拠出は政府予算を使わなかったというアジア女性基金に対する挺身隊問題対策協議会（「挺対協」）の批判に直接答えるものだった。

他方、今回の合意の実施をもって「この問題が最終的かつ不可逆的に解決されることを確認する」との韓国政府の態度決定は、韓国国内において発生しうる反発に照らせば思い切ったものであった。さらに「政府間でこの問題についてお互いに批難しない」というところまでの約束が成立したのである。

十二月二八日合意は、日韓の外交関係全体という観点からは、明確に有意義な結果を生んだ。この合意の後に核実験とミサイルの発射を繰り返す北朝鮮の問題を協議する日韓の意思疎通は、それ以前と比べ、くらべものにならないほど緊密化した。日韓間では、韓米自由貿易協定、TPP他地域経済協力のありかた、THAADに象徴される地域安全保障問題など、話し合うことによってお互いに裨益する課題はたくさんある。あらゆる情報を総合すれば、慰安婦合意ができてから日韓間の対話は明白に円滑に行われるようになった。

けれども、慰安婦問題に関し、この政府間の合意を日韓関係全体の中に本当に根付かせるためには、両国はまだこれから長い道程を経なければならないと考える。

まず両国政府は、今回合意したことを誠実に実施することが期待されるだろう。一〇億円の基金を創設するのは韓国側の約束事項である。それに対して、日本政府が実際の拠出をする。これは日本政府の約束事項である。さてその基金をなんのためにどう使っていくのか。どこまでが韓国側の判断のみで行えるのか、どこまでが日本政府と協議して決めうることなのか。本稿を書いている時点でそのメカニズムは徐々に明らかになりつつあるようである。今回の合意に至った互譲と相互尊重の精神に基づいてしかるべきメカニズムがつくられ、基金が運営される必要がある。

日本の方から見るならば、今回の政府間合意が日本全体の中で持つ意味は次のように見える。既述のように、政府間では約束したことを相互に着実に実施すべきは当然であるが、問題がこれで消えたことを意味しない。傷ついた方々の感情がこれで完全に癒されたということにもなり得ない。安倍総理の行なった決断は、一五年八月一四日の七〇周年談話における「私たちの子や孫、そしてその先の世代の子どもたちに、謝罪を続ける宿命を背負わせない」ための行動であると言ってよいと思う。

しかしそのことは、とりもなおさずそこに、この決断以後、「私たち日本人は、世代を超えて過去の歴史に真正面から向き合い、……謙虚な気持ちで、過去を受け継ぎ、未来へと引き渡す」ために何をしなければいけないかという安倍談話の最も重いメッセージが正面に現われたことを意味する[6]。これが、日本政府として、日本国民として、八・一四の安倍談話と十二・二八の慰安婦合意から引き出すべき基本的態度だと考える。

韓国においてはどうであろう。いま生存中の慰安婦の方の福祉に使われるべきは当然として、慰安婦問題という、七〇年前に終了し、そのあと四〇年両国の間で語られなかった問題について、新しい基金は何をするのだろう。そして、基金を通じて日韓の研究者が歴史に向かい合おうとする時に、おそらくはその最も難しい問題は、歴史としての慰安婦問題をどう理解したらいいかについて日韓間においてコンセンサスがないということではないだろうか。そういう中でもしもこれからの議論において双方が歩み寄れる共通の原則があるとすれば、それは「歴史を、そのあらゆる多義性と多様性を含めて起きた通りの事実として理解すること」ではないであろうか。しかし、植民地主義時代の歴史解釈の象徴的な意味を持たされてしまったこの問題について、日韓間でそのような共通理解に到ることは誠に困難な課題であることは言うまでもない。

こうした新たな責任のあり方を研究者が問うていく時期の到来を予期したかのように、朴裕河・世宗大学教授の『帝国の慰安婦』が出版されていたのである。

## ◈『帝国の慰安婦』の意義

二〇一三年八月に韓国語版が、一四年十一月に日本語版が出版された『帝国の慰安婦』は、その勇気と覚悟をもって、多数の日本の読者を驚かせた。

第一に、慰安婦の証言を通じて、生命の危険にさらされる苛烈な戦線にいた慰安婦が、前線で戦う兵士との間に「共に戦う」という言わば「同志的」関係の下にあったという事実を、心理的・社会的な現象として本書の前半において生き生きと描き出している。

第二に、しかもその証言は、朴裕河氏自身が行なったインタビューに依拠するものは一つもなく、大部分は、「挺対協」自身が集めた膨大な証言集を丹念に読み解く中から選択されてきたものである。それは、著者自身が述べているように、慰安婦の状況の網羅的ないし全体状況の縮小的描写ではない。しかし、いかなる意味でも「捏造」とは言い得ないものであった。

第三に、けれどもここで語られる慰安婦の心理的・社会的実情は、これまで「制度的レイプ派」の人たちによって一貫してつくりあげられてきた、「日本軍ないし日本権力による純粋な被害者」という慰安婦についての固定観念を壊すものであった。さらに、韓国人慰安婦の調達と慰安所の経営にあたり、韓国人社会の一部が参加してきた実態を慰安婦の証言の中から浮かび上がらせることによっても、「制度的レイプ派」がつくってきた固定観念に挑戦しているのである。

第四に、慰安婦支援として行われている様々な韓国内の「運動」に対する朴裕河氏の批判は呵責がない。「挺対協」が、初期の段階で挺身隊と慰安婦を混同したこと、アジア女性基金の真剣で善意を持った活動を韓国社会から遮断したことが述べられる。当初は七名、最終的には六一名の女性がアジア女性基金の償い金をうけとっていながら、「挺対協」によって「非国民」として社会的に排除され、カミングアウトできない経緯も、当然にここに付け加えられるだろう[7]。現在も元「慰安婦」の一部の方々が共同生活を行う福祉施設「ナヌムの家」についても、ここは「完璧な被害者の記憶だけを必要とした空間だった」と、その運営者への批判は辛辣である[8]。

しかし最も鮮やかに描き出されるのは、「大使館前の少女像は、協力と汚辱の記憶を当事者も見る者もいっしょになって消去した〈まったき被害者〉としての像でしかない」[9]という慰安婦少女像に対する、厳しい批判であろう。

第五に、本書全体を読めば、これが、帝国という構造をつくり、その中に構造的な植民地をつくり、その中に構造的に韓国の女性をまきこんだ日本帝国とその植民地主義に対する鋭く本質的な批判の上に成り立っていることは明瞭である。従って「公娼派」に対する批判は当然であるが、同時にこの本は、「制度的レイプ派」の議論にも全く与していないのである。

本書がこの問題に関心を持つ多くの日本人、特に「河野談話派」とも言うべき日本の「中道リベラル」の強い関心と支持を集めたのは、言わば当然のことであろう。

## ◈「制度的レイプ派」による批判への応答

しかしながら、本書が、植民地時代の歴史において、韓国人が決して認識したくないこと、即ち、自らが植民統治と一体化した部分があったことを、慰安婦とその周辺に生きた人々という言わば最大の聖域に踏み込んで叙述している以上、その聖域をつくりあげてきた「制度的レイプ派」の朴裕河教授に対する批判は、激烈なものとなっていった。一四年六月に彼らの支援の下に元慰安婦から、①名誉棄損（刑事）、②損害賠償（民事）、③本の販売禁止等の仮処分（民事）の三つの訴訟が提起された。一五年二月、③について一部敗訴（控訴）。同年十一月一八日に、①について刑事起訴。一六年一月、②について敗訴（控訴）。その後しばらくの間、①の名誉棄損刑事裁判だけが進行した。

一五年十二月二八日以降は、日韓合意が日本に法的責任と犯罪性を認めさせていないとしてその全面撤回を求め始めた「挺対協」他の「制度的レイプ派」の行動は、朴裕河教授の刑事訴追支持の運動と併行的な形をとるようになった。「制度的レイプ派」たる日本のいわゆる左の論客が一斉にこの動きを支持し、日本語・韓国語・英語による発信を強化、その批判は、一五年十一月二六日、朴裕河氏の刑事訴追に抗議して声をあげた五四名（私を含む。本稿執筆の時点で七〇名）[10]の日米の言論人他、いわゆる「中道リベラル」派にも向けられている[11]。

しかしながら、この「制度的レイプ派」の動きについて以下の点を述べておかねばならない。まず、「慰安婦の声をきかずに日韓政府が勝手に合意をした」という批判については、朴槿恵大統領が一六年一月一三日の記者会見で、「外交省は各地で一五回にわたり、関連団体や被害者と会い、多様な径路を通じて本当に何を望むか聞いた」という明確な反論を行い、「挺対協」もまた、少なくとも二〇一五年の春頃から明らかに柔軟対応をとり始めていたという情報があるということである[12]。

他方において朴裕河氏に対する名誉棄損についても、朴教授訴追の主先鋒となっている「ナヌムの家」の安所長は二名の元慰安婦とともに一六年一月来日、衆議院会館での講演で、元慰安婦に対し本書の問題点を説明するために「抽出された百数十カ所の問題とされた箇所を何度も朗読した」と述べたというのである。作為的につくられた「名誉棄損」という罪状であるというのなら、韓国における言論形成について深刻な疑問を持たざる得えない。

「制度的レイプ派」と「河野談話派」との間の溝は限りなく深い。

けれども、そのような対立と見解の相違は、歴史への真摯な対峙という立場を共有し、辛抱強い対話と相互理解への希求によって乗り超えるべきではないのか。

その過程においては、法律上の犯罪としての「名誉棄損」によって一方の見解を排除することを、絶対にしてはならないと考えるべきではないか。

韓国・日本・世界の心ある言論人は、さらに心を尽くして、朴裕河氏の法的訴追という言論による暴力をやめさせるべく、一層声を大にするべきではないのか。

## ◆二〇一六年九月――日本人研究者としての自問自答

さて、本稿をまとめるにあたって、どうしても触れておかねばならない点がある。本稿で繰り返し述べてきたように、筆者は、慰安婦問題を日本外交が背負った課題の一つとして考え続けてきた。

慰安婦問題は、戦前の日本がどういう戦争をし、戦後どういう平和な国づくりをしてきたか、それをどう総括するかという「歴史認識問題」の一つである。それは正に現在、最善と考える国づくりと対外関係は何かという問題に帰着する。筆者はその大きな基礎は、九五年の村山談話で定着させた「謙虚に過去をふりかえる」という精神であると考え、その発想の基礎に、鈴木大拙の「日本的霊性」というおそらくは村山総理ご自身が連結して考えたことのない思想を繋いでみた[13]。幸いにして、安倍談話は最も本質的な意味で、村山談話の継続性の上に立っており、筆者としては、歴代の総理大臣が、その歴史認識を機会あるごとに創造するような時代はこれをもって終えてもいいのではないかと思っている。

その大きな基礎の上に、個別問題としていくつかの問題があり、慰安婦問題は正にその一つである。筆者としては、この問題に対する多くの人の意見を「公娼派」「河野談話派」「制度的レイプ派」の三つに分け、自分の位置を「河野談話派」と位置づけてこの問題を勉強し発信してきた。

今振り返り、安倍・朴十二月二八日合意が、河野談話の継承発展にあることを見て、概ね歴史の流れは筆者が考えた方向に行っているとして、本当に肩の重荷が下りるような安堵感を覚える。

「河野談話派」であると自認しそれを発声することは、概ねの位置づけを明らかにする。けれども自分はそれ以上に、「公娼派」ではない、「制度的レイプ派」でもないという具体論に踏み込んでこちらから議論をしたことはなかった。なぜだろう。その主な理由は、外交の言辞としての鉄則であった。対話者に応じてこちらの議論の内容と質を調整しない限り、相手の心を動かすことはできない。相手のうけいれる範囲を見極めながら投げる球のスピードを調整しない限りキャッチボールは成り立たない。どんなにスピードのある見事な球を投げても、相手がキャッチボックスを外してしまったら、如何なる対話も成り立たない。意味のある球を投げるなら、相手がキャッチャーミットを外さないギリギリの球を投げねばならない。自分としては、「河野談話支持」という枠内のみから一貫して発言することが、最も相手の理解を得やすいと考えてきた。

政府間の慰安婦合意を踏まえて、これからどういう発信をしていくのが最適なのか、自分もまた考えていかねばならない。しかし、そういうこれからの議論において絶対に必要な対話の地平、あるいは対話のルールといったものがあると思う。それは、一つのイデオロギーに問題を収斂し、それ以外のものすべてを排除する教条主義にはまらないことである。

朴裕河はれっきとした韓国人である。その朴裕河が今両国の研究者において最も困難な「起きたままの歴史」の多義性・多様性にむかって、本当に勇気ある球を投げている。今彼女を知る人からも知らない人からも激しい批判をあびている。しかし今こそ必要なことは、朴裕河のような少数意見であっても、問題の多義性・多様性の把握にむかって努力をしている人を、対話の枠内に位置づけ、誠実な話者として受け入れていくことではないか。

最近も、朴裕河は、さる米国人の韓国通の学者から「あなたは慰安婦の声を聴いていますか?」という激しい批判の論評を受けている。朴裕河こそ挺身隊問題対策協議会が収録した慰安婦の声をコツコツと静かに聞き集め、いままで誰ひとりできなかった、帝国の組織の最末端の戦場というギリギリの場に集められた女性たちの人間としての声を拾い集めた人ではないか。

その朴裕河に「慰安婦の声」を聴く謙虚さがないと批判する人こそ、最も非情な場所から発せられた慰安婦の声を「政治的ステレオタイプ」で打ち消そうとしているのではないか。だからこそ、例え過去の歴史像からはみ出しても自らの鏡に見えてくるものに誠実でありたいと考える人たちを窒息させようとする人たちにとって、朴裕河は、刑事罰をもってしても罰さなくてはいけない怪物に見えるのかもしれない。

そのようなことが許されて良いはずはない。

そのようなことは、やめにしようではないか。

## ◈おわりに――韓国政治の激動の中で

ここまで書き進んでいた後、二〇一六年秋、韓国の政治は思いもつかない激動に見舞われた。そのことがいま、二〇一五年十二月二八日の慰安婦合意の実施に影響を与え、また、朴裕河裁判にも何らかの影響を及ぼす可能性なしとしない。

もはやここに指摘するまでもないが、二〇一六年一〇月より崔順実ゲートと呼称されるようになった、朴大統領とその親友崔順実を震源地とする様々なスキャンダルが韓国政界をゆすぶっている。本稿執筆の時点で、二〇一七年三月一〇日、朴大統領弾劾決議が成立し、訴追問題がどのように決着するかという問題と同時に、五月九日投票と決まった大統領選挙の帰趨が、喫緊の政治課題となっている。慰安婦合意が正に朴大統領の政治決断によって行われた分、朴大統領の権威失墜は、この合意のありように今確実に影響し始めている。

日本政府は、八月下旬、韓国側と約束した通り、一〇億円を韓国側が設立した財団に払い込んだ[14]。しかし、反朴運動の高揚は、慰安婦合意の廃棄要求の激化と軌を一にしているように見える。日本大使館前の慰安婦像の撤去の問題には見通しがないままに、十二月三一日、釜山の日本総領事館前の慰安婦像設置が釜山市東区の地元自治体によって許可された。二日前には一旦撤去を指示しながら、「市民からの執拗な嫌がらせに結果的に屈してしまった」由である[15]。また、大統領選挙への有力候補の多数が慰安婦合意廃棄を唱え始めたようである。二〇一六年十二月末の報道でも、文在寅、李在明、安哲秀各野党候補はいずれも「慰安婦合意廃棄」を唱え始めた由である[16]。

そういう世論の激化の真っ最中の二〇一六年十二月二〇日、ソウル東部地裁で朴裕河教授に対する刑事裁判での検事側求刑が行われた。求刑は「懲役三年」という厳しいものだった。崔順実ゲートに端を発する政治状況が、この判決にいかなる影響を与えるかが注目されたが、二〇一七年一月二五日、「本件出版は名誉棄損に該当せず」として無罪の判決が下された。

検察はこれに対して翌日控訴、韓国世論もこのことによって、朴裕河への批判を緩める状況にはなっていない由である。今後の事態への憂慮と懸念はなくならない。それでもこの判決自体、慰安婦問題をめぐる政治状況が急速に悪化する中で、一陣の涼風の趣があった。本件起訴に対する抗議声明への賛同人に最近になって、ピーター・ドゥス、ノーム・チョムスキー、ブルース・カミングスといった世界的な知識人も加わった。

慰安婦問題自体について、そして、朴裕河裁判において、自らへの謙虚さと他者の識見を受け入れる寛容さが、やがて事態を動かしていくことを祈るのみである。

**註**

[1] 本論考は特にその後半部分、以下の『ハフィントンポスト』掲載の拙論「慰安婦合意と帝国の慰安婦」(二〇一六年七月一九日) 参照 : http://www.huffingtonpost.jp/kazuhiko-togo/agreement-of-confort-women-problem_b_11063434.html (二〇一六年九月一三日)。

[2] 以上の歴史認識を「マクロ的問題」と「ミクロ的問題」に区分して考える見方については、以下の拙論参照 : "Japan's Historical Memory: Overcoming Polarization toward Synthesis", Tsuyoshi Hasegawa and Kazuhiko Togo edited "East Asia's Haunted Present", Praeger Security International, 2008, pp. 59–79.

[3] アジア女性基金の活動は『デジタル記念館』として残されている。 www.awf.or.jp (二〇一六年九月一三日) 参照。

[4] 第二段階までの動きは、拙著『歴史と外交――靖国・アジア・東京裁判』第二章「国家の矜持としての慰安婦問題」(講談社現代新書、二〇〇八、六三〜一〇六頁) 参照。

[5] 第三段階前半の動きは拙著『歴史認識を問い直す――靖国、慰安婦、領土問題』の「再燃する慰安婦問題」(角川ワンテーマ21、二〇一三、一六六〜一七九頁) 参照。後半の動きは拙著『危機の外交――首相談話、歴史認識、領土問題』の「慰安婦問題」(角川新書、二〇一五、一五四〜一六四頁) 参照。

[6] 拙論『朝日新聞』二〇一五年十二月三〇日参照。

［7］拙著、前掲『危機の外交』一五九頁参照。

［8］『帝国の慰安婦――植民地支配と記憶の闘い』朝日新聞出版、二〇一四、一四五頁参照。

［9］同前、一五五頁参照。

［10］http://www.ptkks.net（二〇一七年二月二五日）参照。

［11］http://fightforjustice/?lamg=ko（二〇一六年九月一三日）参照。

［12］拙著、前掲『危機の外交』一六〇〜一六一頁参照。

［13］拙著、前掲『歴史認識を問い直す』一三四〜一四〇頁参照。

［14］『朝日新聞』二〇一六年八月二五日「日韓外相会談：元慰安婦に一〇〇〇万円　遺族二〇〇万円　八・五億円支給財団支出で合意」。

［15］『産経ニュース』二〇一六年十二月三一日・一六：〇〇。

［16］『朝日新聞』二〇一六年十二月二七日「日韓合意陰り　明日1年　受け入れる元慰安婦　世論なお反対」。

# 慰安婦をめぐる歴史研究を深めるために

外村　大

Tonomura Masaru

◆

朴裕河氏の『帝国の慰安婦』はこれまで、多くの批判を受けて来た。そして――筆者が歴史研究者であるために特に気になるのかもしれないが――、歴史研究者の批判が目立つ。

この著書には、確かに歴史的事実の誤認や不適当な説明があり[1]、史料批判にも「甘さ」はある。歴史的事実がどうであったか、史料解釈の手続きに問題ないかにとりわけ敏感な歴史研究者がこの本を批判する理由は十分に存在するといえよう。

このことは、『帝国の慰安婦』は歴史研究にとっては〝役に立たない〟という評価を導きそうである。また、『帝国の慰安婦』に好意的、あるいは少なくともなんらかの意義を見出す人びとの間でも、〝そもそも朴裕河さんは歴史学者ではないので〟云々というような言い方が時になされる。その先にあるのは、〝歴史研究には役に立つ本ではない〟、という認識ではないだろうか。

では、実際に、この本は、慰安婦問題の歴史研究を進めるうえで参考になるべき点はないのだろうか？　筆者はそうではないと考える。

まず、一般論として、歴史研究を前進させるのは、必ずしも高等教育で史料の扱いについてのトレーニングを受けた実証史学者のみではない。それ以外の人々による、ある時代の重要な要素を示した文章や、ある個人や集団についての鋭い洞察（文字以外の芸術作品でも）、史実についての大胆な整理などが歴史研究のヒントになることは大いにあるだろう。実証的に粗が目立つ、という理由だけで、歴史研究に役に立たないということにはならないのである。

では、『帝国の慰安婦』という著書についてはどうであろうか。この点に関連して筆者が注目するのは、朴氏の次のような主張である。すなわち、氏は慰安婦の証言についてこれまで、「それを聞く者たちは、それぞれ聞きたいことだけを選びとってきた。それは、慰安婦問題を否定してきたひとでも、慰安婦たちを支援してきたひとたちでも、基本的には変わらない」「慰安婦たちの〈記憶〉を取捨選択してきた」と批判し[2]、そうではなく、それをそのまま聞くべきであると述べている。

この点にかかわって蘭信三氏は朴裕河氏の仕事を次のように評価する。すなわち、「元『慰安婦』たちの多様な語りを掬いあげて、韓国社会における『慰安婦』問題に関するモデルストーリーを相対化した」、「マクロな規定性を見据えながらも、ミクロな人びとの生きざまを見ていくこと」「そこに介在するメゾレベルの状況をつぶさに見ていくことが植民地支配を考える視点」として重要であり、そのことによらなければ「植民地支配の暴力性は本当には見えてこないという現在の植民地研究の一つの流れを朴裕河さんはくんでいる」[3]というものである。筆者も同感である

これで十分かもしれないが、そのうえで、社会学の分野で活躍し、聞き取りを多く行なってきた蘭信三氏だけでなく、文献をもとに細かな史実の確認作業ばかりやってきた筆者のような人物が発言するこ

とも何かの参考になるかもしれないので、若干のことを述べてみたい。

　およそ歴史研究である一定の問題関心や目的、あるいは仮説なしに行われるものはない。過去＝現時点に先立つ時間に起こったことにかかわるすべての史料を収集して脈絡なく並べることが意味をなさないのはあまりにも明白である。自己の関心にかかわる史料の調査はなるべく広範囲に行うとしても、ある歴史の研究や叙述、語りは、それを行う者が自身の問題関心に関係のあると判断した史料のみをもって行われる。要するに、史料をもとに証明したいことはぼんやりとしたものであっても、そもそも自分のなかにあるのである。

　ただし、そこで難しいのは史料の取捨選択、解釈である。様々な史料群を調査していった際に、最初に設定した問題関心や目的、仮説とは関係がないものの、しかし重要である史料に出くわすことは、誠実に史料調査に取り組む者にとっては、かなりの確率でありうる。あるいは、自分が実証したいこととは、異なる事実の記述を含む史料が出てくる場合すら往々にしてあるであろう。わかりやすく言えば、自分にとって〝都合の悪い史料〟に出会ってしまう、ということは往々にしてありうる。

　その場合の対応としては、〝都合の悪い史料〟は無視する、触れないという方法がある。そこまで露骨ではないとしても、なんらかの理由をつけて、それについては重要視しないという対処もある。また、実際に〝都合の悪い史料〟は単なる例外であって、そう重視しなくてもよい、というケースもなくはない。

　しかし、〝都合の悪い史料〟を無視することは、プロパガンダでは許されるかもしれないが、研究の世界においては行なってはならない。それは倫理的に問題がある、というだけではなく、研究を深めるうえで得策でないためである。なぜなら、〝都合の悪い史料〟について考えることで、自分の当初の問題意識なり仮説なりの問題点が見えてくることがあり、さらに、そのことから、自分が関心を持つ歴史事象について視野を広げたり深く理解したりすることが可能になるためである。

個人的な経験を述べさせてもらえば、戦時期の朝鮮人労務動員（炭鉱、鉱山、土木工事や港湾荷役の労働などに配置された、男性労働者）についての、自分の研究の展開はそのようなものであった。この問題について勉強し始めた頃の筆者は、やはり要員確保の強制性や現場の待遇のひどさの実態解明、そこにおける日本国家の責任の証明ということを追求しようとしていたと記憶する。ところが、実際に残された史料は、そうした強制連行・強制労働、国家の直接的関与の証明の有力な証拠となるものばかりではなかった。それを裏付ける史料は相当にあるわけであるが、しかし、同時代の史料や当事者の回想等では、戦時下においても日本内地での就労を希望する朝鮮人が存在していたことを伝えるものもある。また、戦争末期を除いて、日本政府が直接命令し法的強制力を持つ徴用（国家総動員法第四条にいう徴用）が朝鮮人を対象としては発動されていない、という事実もある。これらのことを無視したり、安易に例外と片付けたりしなかったことが、自分なりの発見につながった。すなわち、朝鮮人労務動員という歴史事象について、単純に国家が関与した暴力的な政策であるという従来の説明を超えて、いくつかの点を解明できたのである[4]。

ここで、戦時下の日本軍慰安婦をめぐる歴史研究を見れば、かなり明確な問題意識を持って研究が進められてきたと言えるだろう。それは、強制性の証明、そこにおける日本国家の関与の証明が命題であった。この問題が国政や外交問題として認識され始めた当初において、日本国家の関与を否定するかのような発言を政府関係者は行なっていたし[5]、その後も一部の日本人は、慰安婦制度における、売春の強要や国家の関与を否定する主張を行い続けた。そうしたなかで、慰安婦の名誉回復と補償を実現するためには、日本国家の関与のもとで、強制的に慰安婦が募集、移送され、売春を強いられたかを証明することが、いわば社会的要請として重要となっていた。慰安婦問題の史的解明に取り組んできた歴史学者はこのことを強く意識していた。

一九九〇年代初頭においては、慰安婦制度における日本政府の関与を同時代の文書から証明することは困難と考えられていたし、そもそも慰安婦について詳しい歴史研究者など不在であった。そのようななかで、この時期以降、市民運動団体関係者や吉見義明氏らの専門的歴史研究者は重要な史料を発掘し、慰安婦をめぐる歴史研究は大きな成果をあげた。このことは高く評価されてしかるべきことである。付言すれば、その作業は、加害の歴史に向き合うこと、史実に基づいて発言しうる空間が狭まり、歴史修正主義者の批判、攻撃を受けながらそれは続けられてきた[6]。その意味でも、この間、慰安婦問題に取り組んできた市民団体関係者、歴史研究者に対して敬意を表したい。

だが、そうした現実の要請に規定された問題意識に基づく研究のなかで、それとは関係のない、言い換えれば売春の強要やそこに於ける国家の関与の実証とは直接かかわりのない史料、一見それを実証するうえでは不都合な史料（証言を含む）について考える作業は軽視されて来たのではないだろうか。

これに対して、前述のように朴裕河氏は、多様な史料（証言）を受け止めて考えようとしている。彼女が著書で述べているのは、先にも触れたが、最初に設定した目的に沿った史料（証言）の取捨選択をするのではなく、「ノイズ」を含む、無視されてきた声を聴くべきということである。そこに着目することによって見えてくる新たな問題についての説明は十分になされたということはできないかもしれない。しかし、「強制性」や「国家の責任」とは、直接関係なかったり、あるいは一見、それを否定する証拠となりうるような史料（証言）も見据えていくことが、長期的には、日本社会、韓国社会それぞれにおける歴史の理解を促すことにつながるのではないか。

そうであるにせよ、「ノイズ」を発する当事者の思い、それが発せられる文脈や背景等々を考えることで、むしろ、慰安婦問題についての広く、深い考察が導かれる可能性はある。例えば、「私たちも完全な軍人だった」[7]という元慰安婦の言葉について、それが発せられた背景、文脈について（慰安婦となる前の人生がどうであったかも含めて）考えることは、単なる直接的暴力のみならず、経済的心理的な面にも影響を及ぼした植民地支配の想像を絶する苛酷さを知ることにもつながるかもしれない（もちろん、その際には、どのような脈絡でこの言葉が発せられたかについても慎重に考えていかなければならないが）。あるいは、慰安婦の募集に直接関与した朝鮮人業者がどのような存在であり、どのようにしてそうした活動が可能となっていたのかについての事実の提示も、被圧迫民族内部の分裂という、より深刻な植民地支配の問題性に目を向けさせる契機になりえよう。迂遠な作業かもしれないが、安易に日本国家の暴力や強制性に還元させずに様々な事象について考えていくことが、総力戦と植民地支配のなかで、それぞれの人びとが直面した困難、あるいはそれぞれの民族・国家や社会の問題点についての理解を深めるのではないだろうか。また、そのことによって、今よりも多くの日本人・韓国人が、元慰安婦の被害について、自分たちの問題として考え、彼女たちに寄り添おうとする意識をはぐくむことにつながるのではないか。

朴裕河氏の論著において重要な部分を占める、「和解」ということのイメージも、そうした日韓双方の社会での、より深化した歴史認識を前提としていると筆者は理解する。そのためには、当然ながら歴史研究を進めていくことが必要となる。

そうしたことから、朴裕河氏の著作は、歴史学には役に立たない、とは筆者は考えない。もちろん、朴裕河氏の著作に学ぶまでもなく、そうした「ノイズ」を含めて史料（証言）に向き合って歴史研究を続けている者も多々いるであろう。しかし、個別、慰安婦問題をめぐる歴史研究については、朴裕河氏の指摘するように、ある種の典型的な語りの影響力が強かったことも否定できない。そうしたことを考えるならば、やはり「本当の意味で元慰安婦たちに向きあうためには、ノイズにこそ耳を傾けるべきだ」[8]という朴氏の主張を問題提起として受け止めることは重要である。『帝国の慰安婦』を批判する歴史研究者もその意味するところについて、もう一度考え、そのうえで実証研究を深めるべきではないだろうか。

**註**

［1］　例えば、日本語版の五八〜五九頁の女子挺身隊の説明は、混乱や誤謬が見られる。女子挺身隊の法的根拠となる法令の名称は女子挺身隊令ではなく、女子挺身勤労令であるといったことだけではなく、この法令が出る以前の一九四三年八月の次官会議を受けて、法の裏付けのない女子挺身隊の結成が進められたこと、制度と法、その強制性の説明（市町村長や学校長が選抜して組織する＝形式的には志願であるが、場合によっては国家総動員法第六条による命令を出すこ

ともできるので、それに違反すれば罰則があるという意味で、志願を前提とした強制となっていること等々）も理解の不足が見られる。ただし、これまで女子挺身隊の法制度について、朝鮮での施行状況を含めて、これまで存在する誤解を訂正しつつ、史実として確認できることを整理して提示するという仕事はあまりなされていない。そうした作業を行うのは歴史研究者の任務である。その意味で、『帝国の慰安婦』において、こうした史実の説明の誤りが認められることへの批判は正当であるとしても、同時に歴史研究者は自己反省的でなければならないと筆者は考える。

［2］朴裕河『帝国の慰安婦――植民地支配と記憶の闘い』朝日新聞出版、二〇一四、一〇一頁。

［3］蘭信三「三・二八集会の残したもの」（三・二八集会実行委員会編『「慰安婦問題」にどう向き合うか　朴裕河氏の論著とその評価を素材に　研究集会記録集』二〇一六収録、http://www.0328shuukai.net/pdf/0328shuukaikiroku.pdf）。

［4］具体的には、戦時動員を行なっている時期の朝鮮の労務需給状況や労働行政機構の実情、徴用を発動しないことの意味、発動できなかった条件、そもそも徴用とはどんな制度なのか、などである。興味のある方は、拙著『朝鮮人強制連行』（岩波新書、二〇一二）をお読みいただきたい。

［5］いまではほとんど語られることもないが、慰安婦問題が関心を呼ぶようになった契機の一つとして、一九九〇年六月、この問題について問われた日本政府官僚の国会でのやりとりがある。それは、社会党議員の質問に対する、労働省職業局長の答弁で、具体的には「従軍慰安婦なるものにつきまして、古い人の話等も総合して聞きますと、やはり民間の業者がそうした方々を軍とともに連れて歩いている」云々というものであった。

［6］吉見義明氏は日本の保守政治家から、その著作が「捏造」であると批判されたため、その政治家を相手に名誉棄損の裁判を行なっている。また、元新聞記者の植村隆氏は、過去に書いた慰安婦問題についての記事をめぐって右派論壇・右派市民活動家らの攻撃を受け、退職後に日本の大学で教壇に立つことを妨げられた。朴裕河氏をめぐる韓国の裁判等の情報に接する時、韓国において慰安婦問題をめぐって自由に意見を述べることが困難な条件があるのではないかという懸念を筆者は持つが、同時に日本社会にいる者は、自らの社会の市民的自由の深刻な危機を意識し、対処していかなければならないと考える。

［7］ 박유하『제국의 위안부』뿌리와 이파리、二〇一三（朴裕河『帝国の慰安婦』韓国語版）。ただしこの言葉は、한국정신대문제대책협의회・한국정신대연구회『강제로 끌려간 조선인 군위안부들 3』한울、一九九九（韓国挺身隊問題対策協議会・挺身隊研究会『強制的に連れて行かれた朝鮮人軍慰安婦たち 3』）、二四六頁からの引用であることが記されている。

［8］ 朴裕河、前掲『帝国の慰安婦——植民地支配と記憶の闘い』、一四六頁。

# なぜ〈数〉を問うのか？

中山大将
Nakayama Taisho

## 1　はじめに

仁和寺に隆暁法印といふ人、かくしつゝ数も不知死ぬる事を悲しみて、その首の見ゆるごとに、額に阿字を書きて、縁を結ばしむるわざをなんせられける。人数を知らむとて、四五両月を数へたりければ、京のうち、一条よりは南、九条より北、京極よりは西、朱雀よりは東の、路のほとりなる頭、すべて四万二千三百余りなんありける。（鴨、一九八九、二十一頁）

これは『方丈記』の中の養和の飢饉に関する一節である。〈死〉[1]というものを〈数〉という抽象的なものに還元することで把握しようとする隆暁法印のこの行為に対して三島由紀夫は、「残酷さを通して何かをつかもうとするならば、ひとつの死体をずうっと見てればいい」という考えとは異なる姿勢を見出している[2]。世の無常を悟るために美女の屍が無惨に朽ちていく段階を描いた九相図というものがあるが、隆暁法印はあえて〈数える〉ことで何を成そうとしたのか、そしてまた、鴨長明は「母の命つきたるを不知して、いとけなき子の、なほ乳を吸ひゝつ、臥せるなどもありけり」（鴨、一九八九、二十一頁）という惨状を叙述しつつ、隆暁法印のこの行為をなぜ記したのか、当時は死体があふれていたのであろう鴨川の河原を日々眺めつつ、筆者はこのことを時折考えてしまう。

歴史認識問題において〈犠牲者〉や〈被害者〉の〈数〉はしばしば争点にのぼる。しかしながら、とりわけ資料が不足している場合は、極大化と極小化の双方の動きがより顕著となる。前者は〈被害〉の甚大さを強調するために、後者はその限定性や時にはそもそもその事象が存在していなかったと主張するために〈多寡〉を問い、各種の推計値が独り歩きを始めていく。その一方で〈数は問題ではない〉という意見も現われる。たとえ同様の被害経験をした人が他に何万人いようと、あるいはひとりもいないとしても、その〈被害者〉個人の受けた傷それ自体に変わりはないからである。こうした状況は〈慰安婦〉問題についても同様と言えよう。

〈数を問う〉ことは〈多寡を問う〉ことと同義なのか、本稿ではこの点について若手研究者なりに考えを巡らせてみたい。慰安婦、とりわけ第二次世界大戦中の日本軍展開地域における朝鮮人慰安婦をめぐる研究や議論を見たときに、そこには筆者自身が専門とするサハリン残留者問題とも共通する構造があるように思え、その構造の普遍性について提起することで東アジア近現代をめぐる歴史認識の議論がよりよい方向へ向かうことへ少しでも貢献できるのではないかというのが本稿執筆の動機のひとつである。

サハリン残留者問題は、当然ながら当事者やその関係者、外交関係者などには認識され続けてきたものの、日本では一九七〇年代中盤以降「樺太裁判」などのような形で朝鮮人強制連行問題として認知が広がったかと思われる。一九八九年のサハリン島の外国人立入禁止区域指定解除以降、マスコミの入域も容易になったことにより、残留朝鮮人に関する報道も日本国内で多くなされるようになり、それと同時に、サハリン残留日本人[3]に関する報道も増え、社会的認知度もある程度高まっていった。サハリン残留者としては残留朝鮮人の、残留日本人としては中国残留日本人の陰に隠れてしまい、これらと比較して社会的認知度は高いとは言えまいが、サハリン残留日本人も戦争による悲劇の象徴のひとつとして語られる存在となっていく。

日本帝国外地樺太の移民社会形成過程を研究していた筆者は、その解体過程の研究の一環としてサハリン残留日本人に関する研究を始めた。サハリン残留日本人の残留の要因としては国際関係が当然ながら挙げられようし、そのようにも説明されて来た。しかしながら、筆者は研究を通じて、サハリン残留日本人の帰国を妨げたものがそうしたマクロな要因だけではなく、よりミクロな要因の中にも見出されることを指摘してきた。これらの要因の中には私的領域に属するものがあるが、それらは私的領域に属しながらも集団として共通する頻度が高いものもあり、無視してはならないと筆者は考えている。

筆者が最初にサハリン残留日本人について文書を書いたのは二〇一〇年（中山、二〇一〇）であり、その後も毎年一篇程度の論文等[4]を発表したり、国内外の学会等で口頭報告も行なってきた[5]。しかしながら、戦後の人口移動研究に関するシンポジウム等で〈サハリン残留日本人についての研究はまったく手をつけられていない〉という旨の発言を目の当たりにしたこともあり、自身の研究がまだまだ世間に評価されるに値しないものであるないしはその存在さえ知られていないことを痛感せざるを得ず、ただ己の非力さを恥じるばかりである。そうではあっても、自身の研究を通して見えて来たことをこうした場で世に問う機会を与えられ研究者としての責務を少しでも果たすことができればと願いあえて執筆する次第である。
ただし、本稿は実証的な論文を目指すわけではなく、一若手研究者として、慰安婦問題とリハリン残留者問題をめぐって見出せる普遍性についての一考察をあくまで随筆という水準で記すものであることをことわっておく。

## 2 〈数〉から見るサハリン残留日本人

筆者のサハリン残留日本人問題研究の原点のひとつは、下記の厚生省による記述への疑問である。

国際結婚の日本婦人は終戦後樺太における朝鮮人の地位及び生活状態が高まるに従いこれらの者と結婚した者が多く、これらの日本婦人のうちには、本邦に帰る父母兄弟等と別れて、夫の朝鮮人とともに樺太に残留したものがある。（厚生省、一九七七、一〇七頁）

まず「国際結婚」とあるが、少なくとも日韓併合の一九一〇年からサンフランシスコ平和条約発効の一九五二年の間までにおける朝鮮人男性と日本人女性の「結婚」は、日本国籍者同士の婚姻であり、成婚時点においては、〈籍際結婚〉と呼ぶことはできても、「国際結婚」とは呼び得るものではないはずであり、こうした用語法はサンフランシスコ平和条約以降の戦後秩序を前提として、それを遡及的に適用した認識の産物であると言える。「朝鮮人の地位及び生活状態が高まるに従いこれらの者と結婚した者が多く」という部分は、戦後直後の日本で〈戦勝国民〉として突如振る舞い始め日本人から反感を買った日本内地の朝鮮人たち、およびそれに媚びてすり寄った日本人女性たちへのイメージとも重なっているのであろう。もちろん、これらは、そのような実態がたとえ一部であったにせよ、一般化できるものではなく、樺太における状況についても検証の余地があるだろう。「本邦に帰る父母兄弟等と別れて、夫の朝鮮人とともに樺太に残留した」という表現はあたかも〈肉親を見捨てた〉ということを読者に読みとらせようとしているようにも見える。

これらの表現は果たしてサハリン残留日本人への理解として妥当なのか、それが筆者の疑問であった。もちろん、現時点において厚労省はこのような認識を表明しているわけではなく、「樺太残留邦人」について厚労省のホームページ[6]では、「様々な事情が障害となって樺太に残留(ソ連本土に移送された方を含む)を余儀なくされた方々」「戦後の混乱の中、肉親と離別するなどし、国外に残留を余儀なくされ、長年筆舌に尽くせないご苦労がありました」と解説しており、一九七七年段階の認識が変容していることは事実である。したがって、問いの立て方としては、〈なぜ、一九七七年段階で厚生省はこのような認識を表明していたのか〉と問うことが妥当であろう。

筆者はサハリン残留日本人問題へのアプローチとして、公文書だけではなく当事者や関連機関・団体へアクセスし、民間団体の資料の分析なども重視してきた。研究の当初に行き当たった最初の問題は、〈サハリン残留日本人とは一体何人いたのか〉という単純な問いかけであった。この問いかけは単純であるが、充分な答えを持った資料は当時存在していなかったし、今でも存在していない。筆者はこの問いかけに答えるために、公文書や民間団体資料の中に現われる名簿類を収集しその集計を行い、一四四八名という暫定的数値を導いた[7]。もちろん、この方法では必然的に遺漏されてしまう人々も存在するものの、下限値としては有効な意義を持つはずである。この過程において、個々人の性別、出生年や、一部の資料では家族構成の推計・分類なども行えたほか、追加調査により残留理由の特定なども行い、サハリン残留日本人の統計的把握を進めることができるようになった。

サハリン残留日本人をめぐっては、⑴女性が多く、⑵その大半が戦後に朝鮮人と世帯を形成し引揚を断念した人々である、というイメージが広く共有されている。これは前述の厚生省の一九七七年の記述とも合致している。しかしながら、統計的把握を進めることで、より具体的な像を描き出すことが可能となる。たとえば、筆者の研究（中山、二〇一三、二〇一四）では、女性は残留日本人総数の六割程度と推計され、女性〈ばかり〉ではなかったことが明らかになっている。残りの男性四割には、残留日本人女性の子どもだけではなく、熟練労働者や引揚げ終了後に抑留解除されるなどした男性が含まれている。

次に、サハリン残留日本人の約半数は戦前から何らかの形で朝鮮人との家族関係にあったと推計される。この〈家族関係〉には法定婚や事実婚だけではなく、実子（親の一方が朝鮮人）・養子関係も含まれていることは注意していただきたい。確かに、実子・養子関係の場合、これらの人々が戦後に朝鮮人と事実婚関係になる場合も多く見られており、〈戦後に朝鮮人と世帯を形成〉した事例としても回収され得る。この統計的把握で明らかになるのは、日本人と朝鮮人との間の世帯形成が帝国期からある程度進んでいたということである。つまり、サハリン残留日本人問題は〈戦後〉に起きたことであるが、〈戦前〉の樺太移民社会の状況が色濃く反映していると言える。戦後秩序における民族観も国境も、日本帝国における〈内地人〉と〈朝鮮人〉の関係性というゴルディアスの結び目を〈断つ〉には不充分なものであることが示唆されよう。

## 3 〈少女〉の〈数を問う〉ことの意味

このように〈数〉というものを重視しながら研究を続けて来た筆者は、朝鮮人慰安婦をめぐるある論争を驚きをもって目にすることとなった。それは、朝鮮人慰安婦に占める〈少女〉の割合についての論争[8]である。この詳細についてはすでにネット上で公開されている文章（中山、二〇一六）でも論じているので詳細はそちらに譲り、私が何に驚き何を思ったのかについてここでは述べておきたい。

一歴史研究者として驚いたのは、これだけ国境を越えて多くの研究者が関わりながら、朝鮮人慰安婦の総数やその平均年齢などについての統計的データがほとんど未整備だということであった。もちろん、資料の不足が根本的原因であるのだが、このような状況でひとつの資料の中の数十人のデータから〈少女〉が多い少ないと議論することは、少なくとも統計的把握から何事かを導き出そうとするのであれば、妥当ではないはずである。

しかしながら、筆者が着目したのは〈少女ばかりではなかった〉と主張する論者の意図である。この論者は、〈少女〉の多さが拘泥されてきたことの背景に目を向けることで、なぜそのようなイメージを戦後の韓国社会が〈需要〉したのかということを考えたのであった。そして、戦後の韓国社会に内在する男性中心主義や女性ないしは売春婦蔑視という構造が、長年にわたり慰安婦問題から韓国社会の目をそらせて来たのであり、いまだなお、朝鮮人慰安婦の多様性と多面性を拒み続け、〈加害者〉たる日本社会との〈和解〉を遠ざけて来たのではないかとこの論者は問題提起するのである。これは現代を生きる自分たちの〈加害性〉に矛先を向ける勇気の要る作業であると言えよう。

もちろん上述の通り、〈少女〉の割合に関するこの論者の議論は実証性に欠けるものであるものの、だからと言ってそれが〈少女ばかりであった〉という主張が支持されることを意味するわけではないことは合理的に考えれば理解されようし、なおかつこの論者の提起が反証型の命題をとっており、さらにはすでに刊行された証言集やメディア作品などから上記のような「民族の娘」(朴、二〇一四、一五〇頁)像[9]の形成過程の分析を行なっている以上は、サンプル数が少ないという技術的側面から実証性に欠けるとしても、そこで提起された問題自体を無視することはできないはずである。

## 4 サハリン残留日本人への日本社会の眼差し

さて、再びサハリン残留日本人に目を向けてみよう。前述の厚生省による残留日本人、とりわけその中の女性への冷ややかな眼差しが掲載された書籍が刊行されたのは、一九七七年であった。奇しくもこの一九七七年とは、冷戦期のサハリンからの日本人個別帰国が途絶する年にあたり、その後サハリンからの永住帰国はポスト冷戦期帰国者第一号が出現する一九九一年を待たなければならない。

この途絶の背景としては、第一に永住帰国希望者でその要件を満たした者は概ね一九五七~五九年のうちに帰国を実現していた事実があり、またそのためにソ連政府は集団帰国の中止と個別帰国への切り替えを一九五九年に日本政府に対して通告していたのであった。当初、日本政府は個別帰国への切り替えに反対していたものの、一九六五年には政府内で朝鮮人同伴の帰国は失敗であったという見解が出るようになり、むしろ帰国事業自体の打ち切りを考えるようになっていた。結果として、前述のサハリンへの外国人入域禁止区域解除がなされる一九八九年の前年の一九八八年には国会において厚生省の担当官が「自己意思残留論」を持ち出すにいたる。法的問題も絡んでいるものの、朝鮮人夫やロシア化の進んだ子ども世代の統合問題も懸念するなど、〈日本人〉それ自体というよりも〈日本人〉に随伴する人々の入国を排除するためには日本人の帰国に消極的態度をとるようになったと言えよう。そしてその態度を正当化するためには自己意思残留論は有効なロジックとなり得たのである（中山、二〇一三、七六二〜七六四頁）。

では、残留日本人に対して冷ややかな眼差しを向けていたのは日本政府だけなのであろうか。当時の大手新聞でさえ、冷戦期集団帰国を「まるで朝鮮ダモイ」と見出しを打ち[10]、同伴帰国した朝鮮人夫やその子どもへ冷ややかな眼差しを向けていた。引揚者団体においても、日本人のみからなる世帯を〈正当〉な帰国者としてあつかい朝鮮人夫やその子どもを同伴した帰国者世帯を異例なものとしてあつかう表現も見られた。またこれも奇しくも国会で自己意思残留論が出た一九八八年に刊行された団体史では、一九五六年までの大陸からの抑留者送還による旧指導層の帰還をもって未帰還者問題の終焉とする記述（全国樺太連盟、一九八八、二五〜二六頁）が見られる。この背景には、一九五五年に旧指導層らを中心に領土返還運動が組織されており、引揚者団体が領土問題を重視し始め未帰還者問題を軽視し始めたことがある[11]。加えて、残留日本人の本国家族の中にさえ、〈朝鮮人と結婚したのだからお前は日本へ帰ってくるな〉と書き送る者がいたこと[12]には愕然とせざるを得ない。

前述の厚生省の一九七七年の記述は、当時の厚生省の独創物などでは決してない。〈嫁入り〉という言葉に表われているように、〈婚出〉した女性を切り捨てる父系主義や、在日朝鮮人を排除すべき他者と見る差別意識ないしは排外主義が当時の日本社会で共有されていたためにこうした記述が生まれたと理解すべきであろう。〈朝鮮人と結婚したのだからお前は日本へ帰ってくるな〉と書き送った家族の件にしてみても、それをこの個人の責任に帰すことで朝鮮人への差別意識が日本社会で共有されていたことから目を逸らすべきではないはずである。

前述の通り、引揚げ終了の一九四九年までに行われた日本人と朝鮮人の婚姻は「国際結婚」とは呼び得ないはずである。しかし、明確な意図の有無にかかわらず、〈国際結婚＝祖国を捨てた女性〉というイメージは、サハリン残留日本人問題の解決を遅らせた、あるいは目を逸らすことや優先順位を下げることを正当化させるひとつの要因となったのではないかと現在筆者は考えている。もちろん、サハリン残留日本人問題の解決に熱心な人々がいたからこそ、「市民による戦後処理」（中山、二〇一五b、二〇九頁）とも言えるポスト冷戦期帰国事業が実現したわけであり、日本社会のすべてが上記のような眼差しを向けていたわけではないことは改めて強調しておきたい。

## 5 認識構造の類似性

それでは、サハリン残留日本人問題と朝鮮人慰安婦問題の両者をめぐってどのような類似性が見られるのか。ここではその一例を挙げておきたい。

最近、ある引揚者から〈戦前に朝鮮人と結婚した日本人女性は帰国事業の支援対象になるべきではないはずだ〉という主張が筆者に寄せられた。実際に、戦前に法定婚をしている場合は、父系主義に基づき日本人女性は本籍が朝鮮に転籍されてしまうため、サンフランシスコ平和条約発効以後の日本政府にとっては非日本国籍者となり、これがために永住帰国申請を却下された残留日本人が存在しており、日本政府は戦前に朝鮮人と結婚した日本人女性は帰国事業の支援対象とはしていないと言える。しかしながら、この引揚者が私に上記のような主張を寄せたのは、私がある席で残留日本人の中には戦前から朝鮮人と家族関係を築いていた者がある程度いたと発言していたためであった。この引揚者とやり取りを重ねてわかったのは、この引揚者は帰国事業の主旨が〈戦後に朝鮮人に結婚を強要された日本人女性〉を帰国させることであると理解しているということである。つまり、支援されるべきは〈朝鮮人の横暴の犠牲者になった日本人女性〉であるという理解である。

ここに前記の論者が指摘した慰安婦像形成（朴、二〇一四、一六五～一七〇頁）と似た構造が見出せよう。加害者である日本人と〈積極的に〉関係を築いた者は被害者足り得ず、それゆえに日本人と〈積極的に〉関係を築いた者は慰安婦の中にいないはずだという認識構造同様に、朝鮮人と〈積極的に〉関係を築いた者は救済の対象となるべきではなく、それゆえに残留日本人はすべてが〈朝鮮人に結婚を強要された人々〉であるはずだと言うずさんな全称化である。

この引揚者の認識構造からはひとつの集団が見落とされ、ひとつの集団が切り捨てられている。前者は前述の残留日本人〈男性〉たちである。当然ながら彼らは結婚を強要されて引揚げの機を逸したわけではない。後者は戦前に〈国際結婚〉をした女性たちである。この引揚者の言葉の端々には、これら女性への敵意のようなものさえ感じられた。それは、〈国際結婚＝祖国を捨てた女性〉というイメージが無批判にこの引揚者には内面化されているからではないだろうか。上述の通り、一九一〇年から一九五二年までの日本人と朝鮮人の法定婚は、一方が日本帝国以外の国籍を正式に取得していない限りは、〈国際結婚〉ではないことは忘れてはならない。そしてまたこのような態度をとる引揚者がこの人物ひとりではないことも看過できない事実である。

こうした認識構造の背景には、〈被害〉と〈救済〉の物語を国民国家の枠で理解しようとする力学があるのではないか。〈抑留〉がソ連の〈蛮行〉に対する日本人男性の〈被害〉の物語であれば、〈残留〉は日本人女性の〈被害〉の物語として配置され得るものである。しかし、実態への充分な観察や洞察なしに、物語としての整合性や純粋性を追求するうちに、そこから漏れ落ちる実態が現われ始め、むしろそれらが語られるべきではない異端事例として配置されてしまうことがあり得ることをこの引揚者の認識は示唆していると言えよう。そしてこのことは、〈抑留〉を〈強制連行〉に、〈残留〉を〈慰安婦〉に、〈ソ連〉を〈日本〉に、そして〈日本人〉を〈朝鮮人〉に置き換えることも可能であろう。

筆者自身は必ずしもこうした認識構造に悪意を見出そうとは思わない。むしろ、善意ゆえに、より〈純粋〉な〈被害者〉像を構築しようとしてしまい、その認識構造の前提にある無自覚な諸々の差別意識や偏見、願望、国民意識がこうした結果を生むのだと筆者は考えている。余談ではあるが、以前筆者は、ある人物からサハリン残留日本人の一般像について聞かされたことがある。その一般像とは、サハリン残留日本人を取材しているというジャーナリストからその人物が聞いたものだという。その人物は、サハリン残留日本人の一般像について〈心の清らかさ〉を強調して語った。しかし、〈心の清らかさ〉と残留との間に因果関係はなく、たとえ心が〈清らか〉でなくても〈救済〉されるべき人々は〈救済〉

されるべきであろう。〈被害者〉ないしは〈弱者〉は〈純粋〉でなければならないという〈偏見〉あるいはそうでいてほしいという〈願望〉がこうした認識を生むことの普遍性を示す良い事例である。

サハリン残留者の大部分を占めたサハリン残留朝鮮人についても若干の言及をしておきたい。まずその〈数〉については、マスコミ含め長らく日本では〈四万三千人説〉が主流となっていたが、近年では日本、ロシア双方の公文書等を根拠として〈二万数千人説〉や〈一万数千人説〉が提起されている[13]。筆者は〈二万数千人説〉をとりつつ、戦時動員の始まる一九三九年以前から樺太に在住していた朝鮮人を〈移住朝鮮人〉、戦時動員以後に渡樺した朝鮮人を〈動員朝鮮人〉と呼び区別してきた[14]。統計から単純に推計するとソ連樺太侵攻直前の樺太には前者が約八千人、後者が約一・六万人いたことになる。「樺太裁判」以来浸透してきた樺太残留朝鮮人のイメージは、〈強制連行〉の〈被害者〉というものであろう[15]。しかしながら、こうしたイメージは終戦時の樺太朝鮮人の約三分の一を占めた移住朝鮮人の大部分には合致しないことになる。さらには、動員朝鮮人でも必ずしも直接的暴力的方法で渡樺したとは限らない。もちろん渡樺経緯に関する統計的数値は現段階では詳らかではないし、今後も統計的数値の整備は困難かもしれないものの、動員朝鮮人についても直接的暴力的方法で渡樺したという像を全称化することはできないし、一般化も慎むべきではないかと思われる。無理な全称化や一般化は、語られるべきではない、あるいは排除すべき異端事例を生み出し、本来の実態を歪めてしまうことになる。

たとえ直接的暴力的方法で渡樺した者が少数派であろうと、残留朝鮮人の発生は、残留日本人の場合と同様の理由から看過すべき問題ではないことに変わりはない。残留朝鮮人の経験を〈民族的経験〉に回収しようとする限り、〈民族〉の別なく旧樺太住民の一部に共通する経験として〈残留〉という経験をすくいあげることは困難となるであろうし、日本帝国下における日本人と朝鮮人の関係性というゴルディアスの結び目を解くこと、ないしはそのような結び目の存在を認めること自体もまた難しいであろう。

## 6 研究者とゴルディアスの結び目

二〇世紀における東アジア各地、とりわけ日本帝国圏における日本人と朝鮮人の関係は単純な〈抑圧者〉と〈被抑圧者〉あるいは〈加害者〉と〈被害者〉という構造では理解しきれないのではないだろうか。このことはサハリン樺太史研究を通しても強く感じることである。

瑞穂村事件[16]と並んでソ連樺太侵攻時の混乱下で起きた日本人による朝鮮人虐殺事件として知られる上敷香事件が起きた同日には、同じ地区で緊急疎開のために集合していた住民の中の日本人結核患者が警官によって射殺された現場が目撃されている[17]。これらは戦争による混乱の中で暴力装置たる国家の末端権力によって引き起こされた殺人である点で同列ではないだろうか。そしてまたこれらの遂行者自身にとって、これらの行為が集団の秩序維持と安全確保のための行為として正当化され得ること、そしてそのために行為に踏み切ってしまったかもしれないということにも我々はその悲劇性を見出すべきであろう。筆者が言いたいのは、〈朝鮮人も殺されたが日本人も殺されたのだから仕方がない〉ということではなく、〈朝鮮人も日本人もともに抑圧構造の犠牲者である〉ということである。

〈朝鮮人〉や〈日本人〉といった〈民族〉は、〈ジェンダー〉や〈障害〉[18]同様に社会的構築物であり、それが抑圧構造の重要な支柱となり得ることは往々に見られるものの、それらの属性のどれかひとつが個々人の〈本質〉などではない。

そしてまた、双方の双方に対する感情も複雑さに満ちている。気をつけねばならないのは、個々人の関係において〈民族〉は両者の関係性に影響する要因のひとつではあり得るが、常に絶対的で唯一最大のものではあり得ないということである。とりわけ樺太で生まれ育ちお互いに同級生や同僚として過ごした第二世代にとっては、当時相対した時には〈民族〉だけではなく、ジェンダーや年齢、暮らしている地域、貧富身なりの差、親同士の関係、そして性格などがその関係性を規定するものであったはずである。ある樺太移住朝鮮人第二世代は、幼少時に「チョーセンナッパ」と〈日本人〉同級生から揶揄された経験を持ちつつも、隣に暮らしていた幼なじみの〈日本人〉については、「なつかしい。涙がでるくらいですよ。」[19]と語る。一方で日本人引揚者の一部も、戦前に自分たちの中に朝鮮人を見下す意識があったことを認めつつも、一九九〇年代以降のサハリン再訪で朝鮮人の同級生と旧交を温め自分たちが〈友人〉であることを再確認しようとする。両者の聞き取りを重ねることで、〈民族〉という概念が社会的構築物であることを思い知らされる。

しかしそれゆえに、その差異が当事者たちとは無関係に変容され固定化される事態も起き得る。樺太の場合、それが敗戦の混乱と引揚げであったと筆者は考えている。ソ連樺太侵攻時の混乱は、一部の日本人の中に朝鮮人への疑心暗鬼を生じさせ、その最悪の結果が前記の二つの事件であった。興味深いのは、当時そしてその後も流布されていた朝鮮人がソ連軍の手引きをしたという噂に対してあるサハリン残留朝鮮人がこれを〈不名誉〉なことと受け止め反論を試みていることである（李、二〇〇八、九三頁）。もし日本の敗戦が〈解放〉であるならば、朝鮮人によるソ連軍への手引きは立派な民族抗日史の一幕として語り継がれようが、この反論を試みた者のみならず筆者が聞き取り調査をした限りでは移住朝鮮人第二世代の中にそうした姿勢を読み取ることは難しい。ソ連による樺太侵攻と占領を、彼らの多くは不安と当惑をもって迎えており、その態度に日本人との大差は認められない。

もちろん、樺太に生活基盤を持たず戦時動員により期限付きで渡樺した動員朝鮮人の中には契約期間満了後も戦争による配船不足を理由に樺太に留め置かれた者が多く、これらの人々にとっては〈解放〉となるはずであった。しかしながら、両者とも正規に日本へ入国できたのは――ここには日本経由での韓国入国への期待も含まれていよう――その後十年以上が経過した冷戦期帰国時であり、それも原則的には日本人世帯の世帯員のみであり、上述のような日本社会の冷ややかな視線を受けながら、なおかつ国会ではその入国資格の是非が問われる有様であった。

ある移住朝鮮人の以下の言葉は動員朝鮮人も含めた樺太朝鮮人にとっての〈解放〉の意味を端的に示していよう。

　戦後にね、ロシア人たちが日本から私たちを解放しましたよと。解放したって意味がわからないって、お父さんはわからないって言いました。何から誰を解放したのかって、日本時代はそれでも、朝鮮人は自由に歩いたんですよ。どこでも行きたいところに。ところが、ロシア人が来てからね、何もみんなどこに行くにでも、自由に歩けなかった。自由を失った人たちがね、誰が誰から、誰に解放したのかって。わかりませんて。（中山、二〇一二b、二八〇頁）

そしてまた引揚げは、引揚げできる日本人と引揚げできない朝鮮人という残酷な二分法による〈民族〉としての集団的記憶の形成を促したと言えよう。その一方で日本人引揚者たちは、たとえそれが一部の者の逸脱行為であれ、〈戦勝国民〉として振る舞う朝鮮人の横暴や、上述のような強要結婚などのエピソードの集積と共有を通じて、〈被害者〉としての集団的記憶の形成を進めることとなった。もちろん、ここには戦後に朝鮮半島に朝鮮人による〈民族国家〉が成立し、朝鮮人が日本人のナショナル・ヒストリーに回収し得ない存在になったということも大きく影響していよう。

樺太において朝鮮人に対する社会的差別が存在したことは事実であるし、百の平等を並べても一の差別が打ち消されるわけではないと筆者は考えているものの、それでもあえて述べておきたいのは、複雑に絡み合った旧樺太住民の〈生〉――それは集団的〈記憶〉という形に移り変わりつつあるが――というゴルディアスの結び目を、〈民族〉という刀一本で断ってしまおうという野心なり虚妄なりが戦後東アジア社会において存在し、今なお存在していると言えるのではないだろうかということである。

戦後七〇年を迎える夏に筆者は韓国のソウルにて、ある国際学術セミナーに参加していた。その席での筆者のサハリン戦後史に関する報告に対して、韓国人の若者から〈朝鮮人は残留を強いられ悲劇であるが、日本人は祖国へ引揚げできたのだから、悲劇でも何でもないはずだ〉という発言を受けた。果たしてそうであろうか。〈引揚げ〉とは、日本人の樺太移民第一世代にとっては樺太で築いた地位や財産、中には家族さえも喪失しての、第二世代の多くにとっては見たこともない〈祖国〉への移住に他ならなかった。宗谷海峡を越えての移動はしなかったものの、残留者にとっても状況は同様である。戦前の日本帝国下の〈樺太〉と戦後のソ連施政下の〈サハリン〉は人口構成も政治経済制度もまったく異なる社会であった。

上述の若者の発言は、戦後秩序を前提とした民族観が、自分とは異なる〈民族〉に分類される集団への想像力をいかに容易に失わさせてしまうかということをよく表わしていよう。もちろん、日本人引揚者のほうが、自分たちが〈民族〉的にはマジョリティである社会で生きる機会を得たという点では残留者よりも〈マシ〉であったとは言えるかもしれない[20]。しかし、歴史学の役割は誰が誰よりも〈マシ〉であったのか、あるいは誰が誰よりも〈ひどい〉のかを明らかにして満足することではなく、人々を抑圧する構造について常に再検証することではないだろうか。

これはあまりに皮肉ではあるが、あるサハリン残留朝鮮人は昨今の日本国内でのヘイトスピーチの高まりなどを知り、〈日本はだいじょうぶなのか？　戦前の方がよっぽど朝鮮人には暮らしやすかったのではないか？〉と筆者に語った。このことは、我々の社会に横たわるゴルディアスの結び目がいかに複雑であるかを示唆していよう。〈和解〉とはこの複雑な結び目を根気強く丹念に解きほぐしていく作業であり、快刀乱麻とばかりに一刀両断することではあるまい。もちろん、現実社会には様々な制約があり──とりわけ当事者の高齢化など時間の有限性と消耗性は重要である──、〈救済〉実行のためにはあえて〈断つ〉ことも必要であろうし、許容もされて然るべきかもしれない。ただし、それもその方法が有効な限りであり、方法が目的化されるべきではないし、〈断つ〉ではなく〈解く〉作業を地道に行うことは、研究者自身の存在意義なのではないか。研究者は、〈愛智〉の徒であって、〈国家〉や〈民族〉の奉仕者ではないはずである。

## 7 〈歴史修正主義〉という語をめぐって

浅学菲才の筆者は、朝鮮人慰安婦をめぐる一連の論争のうちのごく一端を知るのみであるが、そこでの〈歴史修正主義〉という言葉の用いられ方には大きな違和感を抱いている。ホロコースト否定論者たちが〝revisionist〟を自称したために、それに対して批判的な立場から日本ではその翻訳語の〈歴史修正主義〉が負の意味を持つようになり、一種の〈悪〉を指す語となっていることは日本の歴史研究者の間では共通の認識であるかと思われる。

筆者が抱いた違和感は大きく二つあるのであるが、その第一は、上記の通り日本語では〈歴史修正主義〉が負の意味しか持たされておらず、肯定的に自称する人々もほとんど見られないために、その内容や自己認識の如何を問わず自分と異なる見解を社会的に〈退場〉させるための用語として使われている場合があるのではないかということである。つまり、〈レッテル貼り〉である。なお、ここで言う〈歴史修正主義〉には〈修正派〉などの派生語も含んでいる。

第二の違和感は、〈歴史修正主義〉に絶えず負の意味を課そうとする動きにより、歴史を〈再検証〉すること自体がタブー視されかねないのではないかという危惧である。歴史学とは、絶えず歴史を再検証し続ける営みであり、石碑や金属プレートに不磨の文言を刻み込むことではないはずである。それにもかかわらず、〈歴史修正主義〉という〈レッテル貼り〉を行うことは、その営みを妨げるものであり、歴史学の自殺ではないのか。

誤解して欲しくないのは、筆者自身がホロコースト否定論者の歴史観が〈正しい〉などと考えているわけではない。これらの人々の自称たる〈歴史修正主義者〉という言葉を一般化し負の意味を課することで、〈歴史の再検証〉という〈愛智〉の営み自体が否定され、その結果、歴史記述の〈価値〉が〈あるべき〉歴史か否かという基準によって裁かれる事態を招きつつあるのではないかと危惧しているのである。〈あるべき〉の〈べき〉を決するのは、〈国家〉や〈民族〉、イデオロギー、ジャーナリズム、世論、運動など〈学〉の外部の存在である。歴史学はこれらの協力者となり得ても、奉仕者にはなるべきではないし、そうなってしまえば、それはもはや〈学〉とは言えないはずである。その意味において、近年の韓国における歴史国定教科書策定の動きに対して歴史研究者の中から反対の声があがったことは歴史研究者の良心として高く評価されるべきであろう。

人間社会自体が、行政、司法、報道、運動など様々な営みの集合体であり、それらの営みがそれぞれの原理で動いており、〈学〉が唯一至上の原理ではないことは認めなければならないし、それゆえに〈研究者だからと言って何を書いても許されるべきではない〉と言う意見に筆者は首肯する。しかし、他の営みの原理をそのまま受け入れるのであれば、それは〈学〉の自律性の喪失であり、それはもはや〈学〉たり得ない。これまでも行われてきた他の営みと〈学〉との対話や交渉は今後も根気強く行われ続けるべきであろうし、研究者も常にその自覚を持つべきではないか。

〈歴史修正主義〉に言及したので用語の問題にも付言しておきたい。〈慰安婦〉をめぐっては〈性奴隷〉という表現を用いるべきだという立場も見られ、英訳としての〝sex slave〟という表現もしばしば見られる。筆者の個人的体験になってしまうが、米国のある学会の席で日本からの出席者のひとりが〝sex slave〟という表現を報告の中で用いていた[21]。しかし、その報告者が聴衆に見せた写真は〝sex slave〟の〈預金通帳〉であった。このときに周囲の欧米系の聴衆が怪訝な顔をしていたのが印象的であった。アリストテレスは「奴隷」を「一種の生命ある所有物」であり「人間でありながら、その自然によって自分自身に属するのではなく、他人に属するところの者」（アリストテレス、一九七八、三九頁）と定義し、手元の *Oxford Advanced Learner's Dictionary* でも〝sex slave〟は「合法的に他者に所有され、その他者のために労働を強いられる者」と定義されている。そのような〝slave〟観に立てば、自らの私有財産権が保障され預金口座まで有している者は〝slave〟とは呼べないと考えても不思議ではない。

もちろん、預金口座を持っているからと言って実際に口座の預金をその名義者が完全に管理できているとは限らないし、口座を持つどころか〈奴隷〉と形容すべき状況に置かれた女性たちがいたことへの想像力を失ってはならない[22]。しかしだからと言って、これまで〈慰安婦〉と呼ばれてきた人々全員が〈性奴隷〉であったと全称化することには無理があると思われる。もちろん、定義如何によっては全称化も可能ではあるが、そのような目的ありきの定義操作は分類や分析という学術的行為そのものを無意味なものにしてしまう。また、全称化せずとも最も苛酷な事例群から一般化を行い、その一般像にあてはまらない事例について論じることを〈歴史修正主義〉と非難することは、少なくとも理性的な研究者のすべきことではないはずである。

## 8 おわりに

筆者が最初の査読誌論文を刊行してからまだ八年ほどしか経っておらず、研究者としては駆け出しの若輩者であることは充分に自覚している。また、自身の研究も理論面よりも作業面を重視する傾向があり、その意味でも、本稿の記述には単純な勘違いや理論的整合性の欠如などもあるかもしれない。それらの批判については真摯に受け止めたい。筆者の専門のひとつである樺太移民社会形成史研究は、倉庫の片隅で埃と黴にまみれた帳簿を一頁ずつめくり某演習林の一日一日の作業量を集計することから始まり、もうひとつの専門である樺太移民社会解体史研究は、各種の名簿に掲載されたひとりひとりの情報を書き写していく作業から始まった。本稿は、そうした作業を重視する研究者なりに見えてくるものもあるかもしれないと思いあえて筆をとったものである。

歴史認識問題をめぐって多くの議論の蓄積があることを筆者は知っているし、それなりに勉強もしてきたつもりである。しかしながら、昨今の慰安婦問題をめぐる諸研究者の動向を見た時に三つの当惑を覚えた。ひとつは、〈国家〉や〈民族〉を越えるための努力を続け、また実現しつつあったにもかかわらず、一部の研究者の態度が一気に〈民族主義〉へ後退したように見えることである。〈普遍性を装った民族主義〉を筆者は警戒している。もうひとつは、研究者が積み上げてきた精緻な議論が、〈わかりやすさ〉を求める世論の前では無力なのではないかということである。そしてその〈わかりやすさ〉とは一九世紀以来東アジアに普及した〈国民国家主義〉なのである。最後のひとつは、〈責任〉の追及を前提としたときに歴史研究は一挙に視野狭窄に陥ってしまうのではないかということである。前に述べた〈普遍性を装った民族主義〉への警戒とはこのことである。〈責任〉を問おうとすれば、必然的にそこに主体を想定することとなり、その主体としては国家や民族が想定されてしまう。その結果、被害者と加害者が集団的に位置づけられていく。そうしてしまうことで見えなくなってしまうことはあまりにも多いのではないか。歴史研究として〈国家史〉や〈民族史〉は方法たり得ても目的たり得ないというのが、筆者自身の考えである。歴史学の目的は常に〈人間史〉であるべきだと筆者は考えている。

筆者が〈数を問う〉ことと〈多寡を問う〉ことを峻別したのは、単にある事象の苛酷さや存在の有無のみに関心を持ち全称化や一般化の応酬に陥ってしまう後者の態度から、複雑な実態を把握するために謙虚で真摯な前者の姿勢へと移行することで、我々が少しでも〈人間史〉へ近づくことができるのではないかと考えているからである。筆者が〈数を問う〉という言葉にこめたのは、単に〈総数〉を数え上げることではなく、ある集団の内部を精緻に分類・分析し時にはその集団の輪郭の曖昧ささえも指摘することや、〈数〉をめぐる言説自体を問うという姿勢である。

「嘆き悲しみ怒る当事者」を置き去りにしてはならず、これらの人々と〈学〉がいかに向き合っていくべきかという重大な問題（中山、二〇一六）について本稿で論じる余裕はなかったが、それは今後の別稿に譲りたい。慰安婦問題の研究者ではない筆者があえてこのような場に文章を寄せることで、事象を越えた普遍性について論じる機会を提供し、もって人文学の究極目標である〈人間を知ること〉に少しでも貢献できれば幸いである。

## 註

［1］本稿では、直接引用を示す際には「　」を、強調や要約引用などを示す際には〈　〉を用いている。黙読時にはもちろん、読み聴かせや引用、翻訳などを行う際には、特にこの区別に気をつけていただきたい。

［2］三島・古林（一九八九）。なお、三島は死体を数えたのが鴨長明自身だとして語っているが、出典が『方丈記』であるなら死体を数えたのは隆暁法印となる。

［3］なお、筆者が〈日本人〉や〈朝鮮人〉と言う場合、基本的には日本帝国期の戸籍が基準となっており、必ずしも文化・言語的基準を用いているわけではない（中山、二〇一三、七四〇、七四九頁）。

［4］主なものとして、中山（二〇一一、二〇一二a、二〇一三、二〇一四、二〇一五a、二〇一七）がある。

［5］"Land or People?: The Organization of Japanese Repatriates from Sakhalin (Karafuto) and the Remaining Japanese and Koreans of Sakhalin"（Association for Borderlands Studies Annual Conference 2015 at Western Social Science Association 57th Annual Conference, Marriot Portlard Downtown Waterfront, Portland, Oregon, USA, April 11th 2015）、「サハリン帰国者と日本：冷戦期・ポスト冷戦期における樺太残留邦人帰還問題」（日本移民学会第二四回年次大会自由論題報告、和歌山大学、二〇一四年六月二九日）など。

［6］「中国残留邦人等への支援」厚労省ＨＰ（http://www.mhlw.go.jp/stf/seisakunitsuite/bunya/hokabunya/senbotsusha/seido02/［最終閲覧：二〇一六年十二月二一日］）。

［7］算出方法や根拠、定義等については中山（二〇一三）を参照いただきたい。

［8］ここで言う「論争」とは、第二次大戦中の日本軍展開地域における朝鮮人慰安婦についての朴裕河の「少女の数はむしろ少数で例外的だったように見える」（朴、二〇一四、一〇六頁）という記述に対する金富子の批判（金、二〇一五）およびそこから派生した諸論を指す。

［9］本稿で〈像〉と言う場合、基本的に抽象的なものを指し、無機物で組成される物理的なものは指していない。

［10］「不満ぶちまける引揚者　まるで〝朝鮮ダモイ〟日本人は片すみに」『朝日新聞』一九五七年八月一日（夕刊）。

［11］ただし、この団体が残留者や帰国者に対してその後一切の支援を行わなかったわけではないことは強調しておきたい。

［12］筆者による当事者の娘への聞き取りによる（ロシア連邦サハリン州、二〇一六年）。

［13］算出根拠の詳細は、前者については中山（二〇一五a、九〜十一頁）を、後者については竹野（二〇一六、二五六〜二五七頁）を参照されたい。

［14］なお、中山（二〇一五a）などでは「移住韓人」「動員韓人」と表現しているが、本稿では〈移住朝鮮人〉〈動員朝鮮人〉という表現で統一することとする。

［15］たとえば「崔正植は（中略）突如として巡査と木刀を持った日本人に明け方の寝こみを襲われ、木刀でなぐられ連行され（中略）樺太の幌内飛行場建設工事現場だった（中略）タコ部屋に入れられ（中略）日曜もなく、連日のように徹夜の重労働で、食事は粗末、賃金は名目でも日本人の半分以下（中略）逃亡しようとすると半殺しに殴られる、母語の朝鮮語で話すことも禁じられるという、人間性を奪われた存在だった」（高木、一九九〇、一三八頁）というイメージは代表的なものであろう。これらの事例を〈一般化はできない〉あるいは〈少数派である〉と言うことと、〈存在しない〉あるいは〈無視してもよいほどの例外的事例である〉と言うこととは等値ではないことはここに改めて記しておく。

［16］ソ連樺太侵攻開始後の一九四五年八月二〇日から二十一日にかけて同村で幼児を含めた二七名の朝鮮人が在郷軍人会などにより殺害されたとされる事件。日本では朴（一九九〇）や林（一九九一）によって広く知られるようになった。事件の起きた地区には一九九六年に慰霊碑が建立された。

［17］筆者による樺太引揚者への聞き取りによる（北海道、二〇一六年）。この件については、今後その他の証言との照合を行なっていく予定である。

［18］二〇一六年のパラリンピックに出場した一ノ瀬メイ選手が全英連第八回全国高等学校英語スピーチコンテストのスピーチでも言及した「障害を生むのは個人の機能的な問題ではなく、社会がその障害を作り出しているのだ」という障害の「社会モデル」は示唆的である（「全英連第八回全国高等学校英語スピーチコンテスト　一ノ瀬メイ選手動画」NHK福祉ポータル・ハートネット［http://www.nhk.or.jp/hearttv-blog/3300/212417.html］最終閲覧：二〇一六年十二

月三一日)。人間とは社会性を前提にした生き物であり、個体ごとの自立性とその〈収支計算〉によって効用の総和が単純に計算できるわけではなく、〈障害者〉の〈価値〉がその社会ごとに異なっていることからも、それが社会的構築物であることが理解されよう。

[19] 筆者の聞き取りによる(大韓民国安山市、二〇〇九年)。

[20] 言うまでもないが、〈祖国〉への引揚げが〈原状復帰〉を意味したわけでは決してなく、引揚者の多くは生活の困窮や社会的差別などの困難を経験している。こうした経験については当事者の手記などが数多く発表されてきた。近年では、民俗学や文化人類学の観点から戦後社会における引揚者の生活経験に着目した研究(島村、二〇一三)や、外地育ちゆえの戦後社会への違和感などを作品や発言を通して表明した作家群に改めて着目する研究(朴、二〇一六)も現われている。地域や集団を越えた戦後経験の比較研究の広まりが期待される。

[21] 付記すれば、この報告者自体は〝sex slave〟という表現に強いこだわりがあるようではなく、〝comfort woman〟という表現と並べて用いていた。

[22] ただし、前出の *Oxford Advanced Learner's Dictionary* の簡潔な定義のように「合法的」であることを前提とするのであれば、奴隷制度が認められていない社会では〈奴隷〉は存在せず、あくまで〈奴隷的〉な状況しか存在しないことになるなど定義は重要な問題となり、情緒的ではなく理性的で精緻な議論を行わなければ、やみくもに議論が混乱し、〈同士討ち〉さえも誘引されかねない。

## 【引用文献】


アリストテレス、一九七八、『政治学』(山本光雄訳)岩波書店

鴨長明、一九八九(一二一二)、『方丈記』(市古貞次校注)岩波書店

金富子、二〇一五、「根拠なき新説? 朴裕河氏をもてはやしていいのか」『週刊金曜日』一〇六七号

厚生省援護局編、一九七七、『引揚げと援護三十年の歩み』厚生省
島村恭則編著、二〇一三、『引揚者の戦後』新曜社
全国樺太連盟編、一九八八、『樺太連盟四十年史』全国樺太連盟
高木健一、一九九〇、『サハリンと日本の戦後責任』凱風社
竹野学、二〇一六、「樺太からの日本人引揚げ（一九四五～四九年）――人口統計にみる」今泉裕美子ほか編『日本帝国崩壊期「引揚げ」の比較研究』日本経済評論社
中山大将、二〇一〇、「帝国崩壊による樺太・サハリンをめぐる人口移動の形態および移動後の社会と経験」蘭信三編『日本帝国崩壊後の人口移動と社会統合に関する国際社会学的研究』科研中間報告書（蘭信三「日本帝国崩壊後の人口移動と社会統合に関する国際社会学的研究」）
――、二〇一一、「二つの帝国、四つの祖国――樺太／サハリンと千島／クリル」蘭信三編『アジア遊学145 帝国崩壊とひとの再移動』勉誠出版
――、二〇一二a、「樺太移民社会の解体と変容――戦後サハリンをめぐる移動と運動から」『移民研究年報』一八号
――、二〇一二b、「韓国永住帰国サハリン朝鮮人――韓国安山市「故郷の村」の韓人」今西一編著『北東アジアのコリアン・ディアスポラ――サハリン・樺太を中心に』小樽商科大学出版会
――、二〇一三、「サハリン残留日本人――樺太・サハリンからみる東アジアの国民帝国と国民国家そして家族」蘭信三編著『帝国以後の人の移動――ポストコロニアルとグローバリズムの交錯点』勉誠出版
――、二〇一四、「サハリン残留日本人の冷戦期帰国――「再開樺太引揚げ」における帰国者と残留者」『移民研究年報』二〇号
――、二〇一五a、「サハリン韓人の下からの共生の模索――樺太・サハリン・韓国を生きた樺太移住韓人第二世代を中心に」『境界研究』第五号
――、二〇一五b、「解説　サハリン残留日本人の歴史」NPO法人日本サハリン協会編『樺太（サハリン）の残

照――戦後70年　近藤タカちゃんの覚書』NPO法人日本サハリン協会
――、二〇一六、「〈和解〉と〈救済〉という二つの読み方」三・二八集会実行委員会編『「慰安婦問題」にどう向き合うか　朴裕河氏の論著とその評価を素材に　研究集会記録集』三・二八集会実行委員会（http://0328shuukai.net/）
――、二〇一七、「離散をつなぎなおす――なぜサハリン残留日本人は帰国できたのか」秋津元輝、渡邊拓也編『変容する親密圏／公共圏12　せめぎ合う親密と公共――中間圏というアリーナ』京都大学学術出版会
朴亨柱、一九九〇、『サハリンからのレポート』御茶の水書房
朴裕河、二〇一四、『帝国の慰安婦――植民地支配と記憶の闘い』朝日新聞出版
――、二〇一六、『引揚げ文学論序説――新たなポストコロニアルへ』人文書院
林えいだい、一九九一、『証言・樺太朝鮮人虐殺事件』風媒社
三島由紀夫・古林尚、一九八九、『三島由紀夫　最後の言葉』（カセットテープ）新潮社
李炳律、二〇〇八、『サハリンに生きた朝鮮人――ディアスポラ・私の回想記』北海道新聞社

# Ⅱ

# 文学に見る戦争とセクシャリティ

**四方田犬彦**（よもた・いぬひこ）
一九五三年生まれ。明治学院大学教授として長く映画学の教鞭をとり、コロンビア大学、ボローニャ大学、中央大学校（ソウル）などで客員教授・研究員を歴任する。韓国関係の著書に『われらが〈他者〉なる韓国』（平凡社ライブラリー、二〇〇〇）、『ソウルの風景――記憶と変貌』（岩波新書、二〇〇一）など。

**熊木　勉**（くまき・つとむ）
一九六四年生まれ。天理大学国際学部教授。朝鮮近現代文学専攻。著書に『朝鮮語漢字語辞典』（大学書林、一九九九、共著）、翻訳書に、李泰俊『思想の月夜　ほか五篇』（平凡社、二〇一六）など。

**中川成美**（なかがわ・しげみ）
一九五一年生まれ。立命館大学特任教授。専門は日本近現代文学・文化。著書に『語りかける記憶――文学とジェンダー・スタディーズ』（小沢書店、一九九九）、『モダニティの想像力――文学と視覚性』（新曜社、二〇〇九）など。

**西　成彦**（にし・まさひこ）
一九五五年生まれ。立命館大学大学院先端総合学術研究科教授。著書に『バイリンガルな夢と憂鬱』（人文書院、二〇一四）、翻訳書に、ショレム・アレイヘム『牛乳屋テヴィエ』（岩波文庫、二〇一二）など。

# より大きな俯瞰図のもとに

朴裕河を弁護する

四方田犬彦
Inuhiko Yomota

# 1

比較文学は人文科学の領域にあって、ひどく効率の悪い学問である。

まず自国語のみならず、複数の外国語に精通していなければならない。少なくとも自在にそのテクストを読み、学会の場で意見交換ができなければならない。自国語で書かれたテクストだけを、自国の文脈の内側だけで解釈する作業と比較するならば、はるかに時間と労力、そして情熱が必要とされる。にもかかわらず、人はどうして比較文学なる分野に魅惑され、それを研究することを志すのだろうか。比較文学は人に何を与えてくれるのだろうか。

ごく簡単にいう。それは人をして（政治的にも、文化的にも）ナショナリズムの軛から解放するという効用をもっている。『源氏物語』の巻名である「総角《あげまき》」の一語が、韓国で未婚男子を示すチョンガーと書記において同じだと知るならば、人は日本でしばしば口にされている文化純粋主義なるものが、稚拙な神話にすぎないことを認識できる。朝鮮の李箱《イサン》と台湾の楊熾昌を中原中也のかたわらにおいて読むことは、一九二〇年代から三〇年代にかけて、東アジアもまた世界的な文学的前衛運動の圏域内にあったことを理解することである。それはともすれば一国一言語の内側で自足した体系を築き上げているかのように見える文学史が、実は他者との不断の交流のうちに成立した、偶然の現象にすぎないことをわれわれに教えてくれる。一国の文学こそが民族に固有の本質をすぐれて表象するという前世紀の素朴神話の誤りを、告げ知らせてくれるのだ。比較文学がわれわれに教えてくれるのは、文化と文学をめぐるナルシシックな物語の外側に拡がっている、風が吹きすさぶ領野を指し示してくれることである。

だがその一方で、比較文学者はしばしば、思いもよらぬ偏見の犠牲者であることを強いられることになる。コロンビア大学でこの学問を講じていたエドワード・W・サイードを見舞った受難が、その典型的な例であった。

大学でヴィコとアウエルバッハを篤実に論じていたサイードが、ある出来ごとが引き金となって、出自であるパレスチナ問題について発言を開始した。何冊かの著書がアメリカの狭小なアカデミズムの枠を越え、国際的な影響力をもつにいたったとき、彼は大きな誹謗中傷に見舞われることになった。サイードを非難攻撃し、ありえぬゴシップを振りまいたのは、もっぱらユダヤ系アメリカ人の中東地域研究者である。彼らはサイードが中東史の学問的専門家ではないと断定し、アマチュアにはパレスチナについて論じる資格がないというキャンペーンを展開した。サイードを誹謗中傷したのはイスラエル人ではなく、主にアメリカ国籍をもち、合衆国に居住するユダヤ人であった。イスラエルには冷静に彼の著書を紐解き、その果敢なる言動に共鳴するイラン・パペ（後にイスラエルを追放）のようなユダヤ人の中東史専門家がいた。しかし反サイード派はサイードの著書が事実を歪曲する反ユダヤ主義だと主張し、彼がパレスチナでインティファーダに賛同し、石を投げている写真なるものを捏造して、平然とテロリスト呼ばわりをした。彼らの多くは、いうまでもなく政治的シオニズムの賛美者であり、国家としてのイスラエルこそ離散ユダヤ人の究極の解決の地であるという信念において共通していた。

こうした事実を知ったとき、わたしはかつて自分がテルアヴィヴ大学で教鞭をとっていた時期に見聞したことを思い出した。わたしが知るかぎり、イスラエルに生まれ育ったユダヤ人の多くはパレスチナ人の存在を自明のものと見なし、事態の悲惨を前に肩を竦ませながら、状況をプラクティカルに眺めていた。それに対し、アメリカから到来したユダヤ人は両民族の対立をきわめて観念的にとらえ、パレスチナ人に対し常軌を逸した憎悪を向けているのだった。

わたしは狂信的ユダヤ系アメリカ人学者たちがサイードに向けた攻撃性の深層が、漠然とではあるが推測できなくはない。彼らはこのパレスチナ出身の比較文学者を自分たちの「専門領域」から排除するという作業を通して、合衆国にあってしばしば希薄になりがちな、ユダヤ人としてのアイデンティティを構築したかったのである。現実にイスラエルに居住せず、ヘブライ語もできないがゆえに、逆にイスラエルを約束の地として純化して夢見ている者にとって、サイードとは自分がユダヤ人であることを確認させてくれる貴重な媒介者であったのである。

朴裕河の『帝国の慰安婦』はまず韓国で刊行され、しばらくして日本語版が刊行された。それは少なからぬ日本の知識人、それも日本で支配的な右派メディアに対しつねに異議申し立てをしてきた知識人の側から共感をもって迎えられ、いくつかの賞を受賞した。この賞賛・受賞と時を同じくして、韓国の朝鮮史研究家たちが彼女に激しい攻撃を開始した。またそれが慰安婦を侮辱しているという理由から刑事訴訟の対象になった直後から、在日韓国人の朝鮮史専門家が、朴裕河の著作は事実無根な記述に溢れているというキャンペーンを展げた。わたしは彼らが専門家としての怨恨や嫉妬から、またアイデンティティ危機の回避のために朴裕河を中傷したなどといった情けないことは、ゆめにも思いたくない。とはいえ彼らが、日本帝国主義に郷愁を抱いている日本の右派を悦ばせるために『帝国の慰安婦』は執筆されたといった口吻をもし漏らしたとすれば、それは意図的になされた卑劣な表現であろうと考えている。それは彼らの積年の研究をみずから侮辱するだけに終わるだろう。

とはいえわたしがただちに想起したのが、サイードが体験した受難のことであったことは書いておきたい。朴裕河とサイードは歴史家ではなく、広義の意味で比較文学の研究者である点で共通していた。朴は初期の著作である夏目漱石論や柳宗悦論に顕著なように、『オリエンタリズム』の著者から理論的な示唆を受け、社会に支配的な神話を批判するための勇気を受け取っていた。そしてサイードが「アマチュア」という名のもとに誹謗されたように、朴裕河もまた慰安婦問題の専門家ではないのに発言をしたという理由から、熾烈なる非難攻撃を受けた。

わたしは以前に自分が受けた嫌がらせと脅迫のことを思い出した。一九九五年のことであったが、映画が考案されて百年になるというので、ＮＨＫ教育ＴＶがわたしに十二回連続で世界映画史の番組を作るようにと依頼してきた。わたしはそれに応じ、黒澤明やジョン・フォード、フェリーニといった、いわゆる世界の名画を紹介することを続けた。ただ最終回だけは、もうこれで最後というので、思い切って16ミリの個人映画をＴＶ画面で放映することにした。取り上げたのは山谷哲夫が一九七九年に撮った『沖縄のハルモニ』という作品で、監督の手元にある一本しか存在していないというフィルムを、好意的に貸していただいた。そのなかで元慰安婦であった女性は、日本にはやっぱり戦争に勝ってほしかったと繰り返し語り、美空ひばりと小林旭がいかに素晴らしいかを語った。今さら国になど、とても恥ずかしくて帰れないよという言葉が、わたしに強い印象を与えた。現在のＮＨＫではまずありえないことだとは思うが、番組は割愛されることなく放送された。

公共放送でこの16ミリ映画の一部が２分ほど放映された直後から、すさまじい抗議がＮＨＫと当時わたしが奉職していた大学宛に寄せられた。手紙には「非国民」「売国奴」といった表現に加え、韓国人と被差別部落民をめぐるさまざまな罵倒語が連ねられていた。「故郷のソ連に帰れ」という文面もあった。わたしは恐怖こそ感じなかったが、手紙に記された表現の貧しさに驚きを禁じえなかった。どうして誰もが均一的な語彙に訴えることしかできないのだろう。この時の体験が契機となって、五年後にソウルの大学で教鞭を執ることになった時、わたしは挺身隊問題対策協議会（「挺対協」）が主催している水曜集会に参加し、和菓子をリュックサックに詰めてナヌムの家を訪れ、元慰安婦たちといくたびか話をすることになった。

もっとも朴裕河への誹謗中傷は、規模とその性格において、わたしのそれとはまったく異なっている。それは比較にならぬまでに深刻であり、はるかに大掛かりなものだ。（韓国語でいう、あまりいい言葉ではないが）「無識」な者によってなされた突発的なものではなく、一定の知識層の手で体系的に、そして戦略的に準備されたものである。中傷者は元慰安婦の名のもとに彼女を刑事犯として告訴し、国民レヴェルでの世論を操作して、彼女が「大日本帝国」を弁護しているという悪意あるデマゴギーに終始した。彼女が韓国に居住するかぎり、孤立と脅威を感じるように、集団的な行動に訴えた。その迫害の激しさは、日本のあるドイツ文学者に、アイヒマンを論じたハンア・アーレントの名を口に出させるほどであった。

なるほど彼女はこれまで慰安婦問題を生涯の主題として研究してきた歴史家ではない。先に記したように、日本文学研究を中心とした、一介の比較文学者である。だが、彼女を「アマチュア」という名のもとに断罪しようとする動きに対しては、わたしは反論を述べておきたい。知識人とは専門学者とは異なるものだと前提したうえで、それは本来的にアマチュアであることを必要条件とするというサイードの言葉を引いておきたい。サイードは『知識人とは何か』（大橋洋一訳、平凡社、一九九五）のなかで、次のように記している。

アマチュアリズムとは、専門家のように利益や褒章によって動かされるのではなく、愛好精神と抑えがたい興味によって衝き動かされ、より大きな俯瞰図を手に入れたり、境界や障害を乗り越えてさまざまなつながりをつけたり、また、特定の専門分野にしばられずに専門職という制限から自由になって観念や価値を追求することをいう。（一二〇頁）

もしわたしが朴裕河事件をサイードの受難に比較することが正当であるとすれば、これからわたしが書くべきことは、『帝国の慰安婦』が提出している「より大きな俯瞰図」について語ることである。それは、些末な事実誤認や資料解釈の相対性の次元を越え、日本と韓国におけるナショナリズムを批判しながらも、日本がかつて行なった歴史的罪過を批判的に検討するヴィジョンを提出することに通じていなければならない。わたしがこの著書から学びえたことを、以下に記しておきたい。

## 2

歴史的記憶にはいく通りもの層が存在している。単なる事実と統計の列挙が歴史認識とは異なることを知るためには、まず記憶とそれを語る声の多層性という事実を了解しておかなければならない。とりわけそれが戦争や革命といった動乱時の記憶の場合、いかなる視座をとりうるかによって、いくらでも異なった（能動的な、反動的な）評価がなされうる。

記憶のもっとも頂点には、国家的な記憶、つまり現政権である体制が承認し、メディアにおいて支配的であるばかりか、教科書の記載を通して教育制度の内側にまで深く食い込んでいる物語が存在している。この物語は「神聖にして犯すべからず」といった性格をもっている。

この国家記憶に準じるものとして、特権的な声が造り上げる定番（ヴァナキュラー）の言説がある。それは社会において充分にカリスマ化された人物、神話化された「当事者」の証言であったり、メディアに決定的な影響力をもつ著名人の発言であることが多い。ヴァナキュラーな言説はつねにメディアの関数である。それはメディアによって戦略的に演出され、記録され、イデオロギー的形成物として公共に投じられる。正確にいえば、それは歴史というよりは、ロラン・バルト的な意味合いで「神話」と呼ぶべきであろう。神話が携えているイデオロギー的権能の強さは、この言説を国家記憶とは別の意味で、社会に支配的な言説、公式的と呼べる言説として機能している。

三番目に、記憶の下層にあって、その時代を生きた名もなき人間、忘れさられてしまった人間、不当に貶められ、その声に接近することが困難となってしまった者たちの声がある。それはまさに「生きられた時間」の「生きられた体験」(ミンコフスキー)による、生々しい証言であるはずなのだが、メディアを経過していないため、論議も継承もされることなく、ヴァナキュラーな記憶によって抑圧されるがままになっている。知識人やメディアに携わる者を濾過器として通過しないかぎり、この声は立ち現われることができない。

だがこの声はまだ困難を克服していけば到達できる可能性をもっているだけ、そのさらに底辺に拡がっている最後の、第四の声よりはましであるかもしれない。第四の声とは文字通り沈黙である。世界のもっとも低い場所に生きることを強いられたサバルタンが生きているのが、そのような状況である。彼らはけっして語らない。語るべき声をもたない。いかなる啓蒙的な契機を前にしても、牡蠣のように口を閉ざし続ける。

現下に問題とされている従軍慰安婦問題に即していうならば、最頂点にある国家の言説とは、二〇一五年に朴槿恵大統領と安倍首相が取り交わした日韓の合意がその最新ヴァージョンにあたる。そしてこの問題は、日本が一〇億円を韓国に払うことで決着をみたというエピローグまでが添えられている。

ヴァナキュラーな声とは、「挺対協」とその周辺にいる同伴者的歴史学者の手になる、韓国で支配的な言説のことである。慰安婦はつねに民族主義的な精神に満ち、日本軍に対して抵抗することをやめなかったと、彼らは主張している。彼女たちを慰安婦に仕立て上げたのはもっぱら日本軍であり、いかなる韓国人も、いかなる場合にあっても被害者であった。慰安婦はいかなる場合にも高潔であり、無垢であり、模範的な韓国人であった。こうした主張のもとに、声は特定の映像を造り上げる。そして「挺対協」は自分たちが元慰安婦の声の、唯一にして正統的な表象者であることを自認している。

第三の声は、一九九〇年代に次々と名乗りを挙げた、元従軍慰安婦の女性たちのものである。それはどこまでも個人の声であり、本来はきわめて多様かつ雑多な要素に満ちたものであるが、先に記したように、残念なことにもっぱら第二の声、すなわちヴァナキュラーな声によって秩序付けられ、ノイズを取り去った状態でしか、われわれの眼に触れることができない。

では、第四の声はどこにあるのだろうか。それは韓国で名乗り出なかった元慰安婦たちの記憶である。また韓国と異なり、みずから名乗り出ることを避けてきた、日本の元慰安婦たちの内面に隠された記憶である。奇妙なことに慰安婦問題を口にする者たちは、もっぱら韓国におけるそれを論じるばかりで、夥しく存在していたはずの日本人慰安婦の存在を、当然のように無視している。その原因は、彼女たちの声がほとんど存在していないからだ。

朴裕河はなぜ誹謗中傷の対象とされたのか。簡単にいって、彼女がヴァナキュラーとされた支配的な声に逆らい、ありえたかもしれぬ alternative 今ひとつの声を、膨大な元慰安婦証言集から引き出すという行為を行なったからだ。慰安婦物語の絶対性に固執する者たちの逆鱗に触れたのは、彼女のそうした身振りであった。

朴裕河は彼女いうところの「公式の記憶」が近年にわたって、いかに慰安婦神話を人為的に築き上げてきたかを丹念に辿り、勇敢にもその相対化を試みた。この記憶＝物語がこれまで隠蔽し排除してきた慰安婦たちの複数の声に、探究の眼差しを向けた。そのさいに参照テクストとして、韓国人と日本人が執筆した小説作品から韓国の映画、漫画、アニメに言及し、韓国社会における慰安婦神話の形成過程を分析する手がかりとした。

誤解がないように明言しておくと、こうした作業はどこまでも比較文学者の手になるものであることだ。彼女はひとつの言説をとりあげるとき、それを絶対的な事実としてではなく、ある視座（イデオロギー的な、文化的な）から解釈された「事実」と見なしている。ここで『道徳の系譜学』のニーチェを引き合いに出すのは、なんだか大学の初級年度生を前に講義をしているようで気が引けるが、いかなる事実もその事実をめぐる解釈であるという認識論的な前提を了解しておかないと先に進めないことは、まず断っておくことにしたい。朴裕河とは朴裕河の解釈の意志のことである。彼女は先にわたしが述べた三番目の声に向かい合った。さまざまな多様性をもち、個人の生涯をかけた体験に基づくものでありながら、ヴァナキュラーな支配原理のもとでは不純物として排除され、切り捨てられてきた声のなかにそっと入り込み、そこから公式記憶と相反する物語を引き出すことに成功した。

何が彼女のこうした作業を動機づけているのか。それは慰安婦問題をより大きな文脈、すなわち帝国主義と家父長制を基礎として形成されてきた、東アジアの近代国民国家体制の文脈の中で認識し、それをより深い次元において批判するためである。この大がかりなヴィジョンを理解することなく、その著作にある資料的異同をあげつらい、歴史実証主義者を僭称してみたところで、不毛な演技に終わり、彼女を批判したことにはならない。歴史的と見なされてきた「事実」とは、つねに特定のイデオロギーに携われて「事実」として定立されるという、古典的な命題が確認されるだけにすぎない。

## 3

朴裕河が従来の公式的な慰安婦神話に対して突きつけた疑問は、大きくいうならば次の二点に要約される。

ひとつは慰安婦たちがかならずしも民族意識をもった韓国人として、日本軍に対し抵抗する主体ではなかったという指摘であり、もうひとつは、彼女たちを幼げで無垢可憐な少女として表象することが、その悲惨にしてより屈辱的であった現実が巧妙に隠蔽されてしまうという指摘である。

慰安婦たちは日本兵のために、ただ性を提供したばかりではなかった。彼女たちは故郷と家族から遠く離れ、残酷な戦場で生命を危険に晒している若者たちのため、文字通り慰安を与えるべき存在であった。慰安婦と日本兵の違いは、前者が性を差し出したのに対し、後者が生命を差し出すことを強要されたというだけで、いずれもが帝国にとっては人格的存在ではなく、代替可能な戦力にすぎなかった。朴裕河は慰安婦の証言のみならず、多様なテクストを動員しながら、慰安婦が日本軍に協力しなければ生き延びることができなかった苛酷な状況を想像せよと、われわれに求める。この一節を読んだだけでも、彼女が元慰安婦を売春婦呼ばわりし、侮辱したという韓国での起訴状が事実無根のものであり、明確な悪意のもとに準備されたものであることが判明する。

朴裕河の分析が秀でているのは、被植民者である朝鮮人慰安婦が、その内面において日本人に過剰適合し、しばしば外地において日本人として振る舞ったことを調べあげた点である。これは従来の公式記憶からすればあってはならない事実であった。だが朴裕河は彼女たちを非難するわけではなく、逆にこうした帝国の内面化こそが帝国のより赦されざる罪状であると指摘している。日本軍兵士と慰安婦を犯す／犯されるといった対立関係において見るのではなく、ともに帝国主義に強要された犠牲者であると見なす視点は、今後の歴史研究に新しい倫理的側面を提示することだろう。それは日本帝国主義による強制連行が朝鮮人・中国人にのみ行使されたのではなく、長野県や山形県の農民が村をあげて満洲国開拓に動員された場合にも指摘しうるとする立場に通じている。

朝鮮人慰安婦たちはチマ・チョゴリといった民族服を着用することなど、許可されていなかった。彼女たちは少しでも日本人に似るように、名前も日本風に改め、着物を着用することを命じられていた。これはその姿を一度でも目撃したことのある韓国人にとっては、これ以上にない屈辱であろう。ソウルの日本大使館の前に建立され、現在では韓国の津々浦々にレプリカが並ぶことになった少女像に対し、朴裕河が強い違和感を覚えるのは、その像が現実の慰安婦が体験した屈辱の記憶を隠蔽し、理想化されたステレオタイプの蔓延に預かっているためである。この少女像は、たとえ韓国がいかに日本に蹂躙されたとしてもいまだに処女であるという神話的思い込みに対応する形で制作された。その意味で、敗戦後アメリカに占領された日本で、原節子が「永遠の処女」として崇拝され、現在でも日本を代表する表象であり続けていることを思い出させる。

だが、なぜ少女像なのか。朴裕河を非難攻撃する者たちは、慰安婦の平均年齢の高さからしてこの彫像は不自然であるという彼女の主張に対し、なぜにかくも目くじらを立てて反論するのか。問題は統計資料をめぐる解釈の次元にはない。慰安婦が純潔な処女でなければならないと狂信している韓国人の神話の側にある。だがここで朴裕河を離れて私見を語れば、歴史的な犠牲者を無垢なる処女として表象することは、何も慰安婦にかぎったことではない。三・一独立運動で虐殺された柳寛順《ユグワンスン》も、北朝鮮に拉致されて生死が定かでない横田めぐみ（日本では「ちゃん」をつけなければいけない）も、沖縄の洞窟で大部分が殺害された「ひめゆり部隊」の面々も、すべて少女であり、それゆえに悲劇の効率的な記号として喧伝されてきたからだ。これは政治人類学的にいって東アジアに特有の病理にほかならない。朴裕河の少女像批判は、戦後の日本人までが無意識下において、このステレオタイプの象徴法に操作されてきたという事実へと、われわれを導いてゆく。

『帝国の慰安婦』の著者が主張したいのは、かかる問題が戦時に独自のものではないという事実である。慰安婦問題の究極の原因として糾弾されるべきなのは帝国主義であり、そのかぎりにおいて兵士も慰安婦もひとしく犠牲者に他ならない。このヴィジョンは日本と韓国を永遠の対立関係におき、日本側が一方的に歴史を歪曲したと主張する「慰安婦の代表者」の不毛なナショナリズムを、論理的に相対化することになる。韓国における公式記憶が歪曲し隠蔽してきた慰安婦の真実を探求するためには、朴裕河が提出した見取り図の大きさを理解しなければならない。

## 4

朴裕河は『帝国の慰安婦』の最後の部分で、鄭昌和《チョンチャンファ》が一九六五年に監督した『サルビン河の夕焼け』なるフィルムを取り上げている。この書物のなかで映画への言及がなされている、唯一の箇所である。舞台はミャンマーの日本軍駐屯地である。朝鮮人慰安婦の女性が、彼女が配属された「親日派」の学徒兵将校に話しかける。自分は看護婦になるというのでここに騙されて来た。あなたはまだ日本帝国主義が紳士的だと信じているのかと、彼女はいう。この映画の場面から判明するのは、フィルムが制作された一九六〇年代には、韓国人は慰安婦をめぐって、九〇年代に確立された公式的記憶とは異なった記憶を抱いていたという事実である。この慰安婦はすべての悲惨の根源に日本帝国主義が横たわっていることは充分に認識していたが、自分がここにいるのは強制連行の結果ではないと主張しているのである。『サルビン河の夕焼け』は（今日では「芸術的映画」の範疇に入れられていないため、韓国の映画研究家がそれに言及することはないが）、こうして、強制連行の神話が集合的記憶として人為的に形成される以前の、一般韓国人の歴史認識を知るために、貴重な資料たりえている。

朴裕河が韓国のB級映画に言及したことを受けて、映画史家であるわたしは、その後の韓国映画がいかに従軍慰安婦を描いてきたかを、日本映画と比較しつつ補足的に記しておこうと思う。

韓国では一九七〇年代から八〇年代にかけて、何本かの慰安婦映画が制作されている。一九七四年の

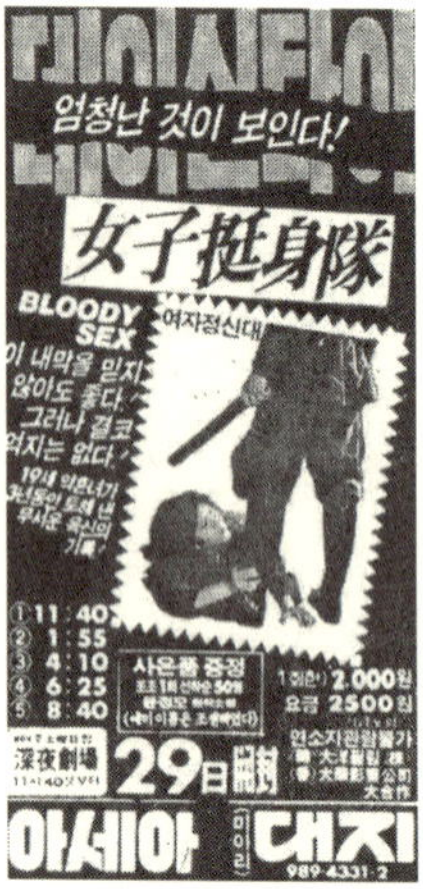


時点で、まずラ・ブンハン監督（不詳）によって『女子挺身隊』なる作品が撮られている。フィルムはもはや現存しておらず、映画研究家の崔盛旭氏が最近発掘した新聞広告を通してしか、目下のところ手掛かりがない（図版参照）。英語題名をBloody Sexといい、「慰安婦8万の痛哭!! 映画史上最大の衝撃をもった問題の大河ドラマ」と、宣伝文句が記されている。朴正熙軍事政権下では、女性のヌードを含め、エロティックな映画表現は厳しい検閲の対象とされていた。そこで制作者と監督は、日本軍の歴史的蛮行を糾弾するという道徳的口実のもとに、エロ描写をふんだんに盛り込んだフィルムを作ることを思いついた。韓国人による強姦場面はけしからんが、日本の狂気の軍隊が強姦をするのなら歴史的事実として表象が許されるという、韓国人の民族感情を逆手にとった制作姿勢が、ここに窺われる。

わたしが実際に韓国の劇場で観ることのできた慰安婦映画は、李尚彦《イサンオン》監督の『従軍慰安婦』である。一九八〇年代初頭のことであった。李監督は野球選手の張本勲の伝記映画を撮った人で、フィルモグラフィーから判断するかぎり、どうやら素材を選ばずに注文次第で監督をする人のようだ。『従軍慰安婦』は好評だったので、シリーズ化されていると聞いた。制作意図は先の『女子挺身隊』の延長上にある。朝鮮人の無垢な処女たちが拉致され、慰安所に押し込められると、日夜、日本兵に凌辱される。しかし途中から日本兵だということはどうでもよくなってしまい、単なる男女の性行為だけが何組も続くことになる。この手のフィルムが韓国で社会的に糾弾されず、堂々と制作されてきたのは、おそらく慰安婦問題に関わる知識人が自国の映画というメディアを徹底して軽視していて、その存在に気が付かなかったか、学問的対象として論じるに値しないと軽蔑していたからだろう。

とはいえゼロ年代になり、韓国でも本格的に（植民地化時代を含めて）自国の映画を分析的に研究しようという機運が盛り上がってきた。だが寡聞にして、こうした慰安婦ものの映画が論じられたという話をきかない。解放後の韓国に公式的記憶があり、慰安婦についても公式的記憶が形成されていくなかで、韓国映画史も公式的記憶を作り上げてきた。そこではドキュメンタリー『ナヌムの家』が模範的作品として喧伝されることはあっても、おそらくそれよりははるかに大量の観客を動員したはずの『女子挺身隊』に始まる慰安婦映画は、けっして言及されることがない。それは言及すべきではない、恥辱のフィルムだというわけなのだろう。

それにしてもわたしに納得がいかないのは、この手の韓国エロ映画を、韓国の男性観客はいったいどのような気持ちで観ていたのだろうかという疑問である。彼らは男性として日本兵士の側に同一化して、女性を犯すことの疑似快楽を得ていたのか。それとも同じ韓国人として、犯される慰安婦の側にマゾヒスティックな感情移入をして観ていたのか。

いずれにしてもここで視覚的にも、物語的にも得られる快楽とは倒錯的なものである。わたしはかつて上海の街角を散歩していたとき、荷車の上に「南京大屠殺」（中国では「虐殺」という語を用いない）についての、毒々しい表紙のゾッキ本が積み上げられているのを見て、きわめて複雑な感情に駆られたことを思い出す。いうまでもなくそれは、歴史的事件を隠れ蓑とした、残虐行為についてのポルノグラフィーであった。おそらくこうした例は世界の他の場所でも存在していることだろう。それを分析するのは歴史学ではなく、メディアの社会心理学である。人はなぜ、自民族の被害者を主題としたポルノグラフィーに快感を感じ、それを商品化してきたのか。

わたしは以前に黒澤明から鈴木清順、そして8ミリの山谷哲夫までが、朝鮮人従軍慰安婦をスクリーンに表象しようとしていかに努力してきたかを辿ったことがある（四方田犬彦「李香蘭と朝鮮人慰安婦」『李香蘭と原節子』（岩波書店、二〇一一）に収録）。ＧＨＱによる検閲下であったにもかかわらず、黒澤は谷口千吉と組んで、田村泰次郎の『春婦伝』を映画にしようと企て、そのたびごとに脚本を許可されず、突き返された。この企画は、谷口が朝鮮人慰安婦を日本人慰安団の女性歌手に置き換えることで、『暁の脱走』（一九四九）を監督することで決着がついたが、黒澤の正義感はそれでは収まらなかった。日活の鈴木清順は彼らの挫折を踏まえたうえで、一九六五年、ついに野川由美子主演で『春婦伝』の映画化に成功した。そこには主人公ではないが一人の朝鮮人慰安婦が登場している。彼女は最後まで一言もモノをいわないが、主人公の男女が絶望して死に急いだのを知ると、初めて口を開き、「日本人はすぐ死にたがる。踏まれても蹴られても、生きなければいけない。生き抜く方がもっと辛いよ。死ぬなんて卑怯だ」と語る。これは重要な役であり、重要なセリフだ。清順は彼女を、いかに悲惨な状況にあっても主体性を失わず、世界を透徹した眼差しのもとに眺める存在として描いている。

日本の志をもった映画人たちが困難にもめげず、慰安婦問題に真剣に向かい合おうとしていたとき、韓国の映画人はそれを単なるエロ映画の素材としてしか見ようとしなかった。この落差は大きい。韓国の研究者のなかでこの問題に答えてくれる人はいるだろうか。

## 5

日本が中国を侵略していた時代のことである。上海では国民党によるテロが横行していた。あるとき魯迅の弟が、いくら犬が憎くても、水に落ちた犬をさらに打つことは感心しないねといった。別の人物がそれを支持して、中国人には昔からフェアプレイの精神が欠けていると論じた。犬と戦うには、犬と対等な立場に立って戦うべきであり、苦境にある犬を攻撃するのは卑怯であるという考えである。

魯迅は烈火のごとく怒った。たとえ水に落ちたとしても、悪い犬は絶対に許してはいけない。もしそれが人を噛む犬であれば、陸上にいようが水中にいようが関係ない。石を投げて殺すべきだ。中国人によくあるのは、水に落ちた犬をかわいそうと思い、つい許してやったために、後になってその犬に食べられてしまうという話ではないか。犬が水に落ちたときこそいいチャンスではないか。

恐ろしい言葉である。つねに国民党政権に生命を狙われ、友人や弟子を次々と殺されていった知識人にしか口にすることのできない、憎悪に満ちた言葉である。

だが最近になって、わたしは魯迅のこの考えにいくぶん距離を抱くようになった。なるほど彼をとり囲んでいた状況は苛酷だった。だからといって敵に対し熾烈な憎悪を向け、その殲滅を願うだけで、はたして状況を好転させることができるのだろうか。わたしがこう書くのは、七〇年代に新左翼の各派が相互に殺し合いを続けてきたのを、どちらかといえば間近なところで眺めてきたからである。わたしは尊敬する『阿Q正伝』の作者にあえて逆らっていいたい。今こそ犬を水から引き揚げ、フェアプレイを実践するべき時なのだ。少なくとも憎悪の鎖を断ち切るためには。

一九三〇年代の上海から二〇〇〇年代のソウルと東京まで、人は何をしてきたのだろうか。

誰もが水に落ちた犬を目ざとく見つけると、ただちに恐ろしい情熱を発揮して、溺れ苦しむ犬に石を投げることをしてきた。彼らはもし犬が普通に地上を徘徊していたとしたら、怖くてしかたがないものだから、けっして石を投げなかったことだろう。ところが、いかに罵倒の言葉を投げかけ石を投げたところで、わが身の安全は確保されたとひとたびわかってしまうと、態度を豹変してきた。ここには純粋の憎悪がある。だが魯迅の場合とは違い、その憎悪には必然的な動機がない。それは集団ヒステリーと呼ばれる。

朴裕河が従軍慰安婦問題をめぐる著作を韓国で刊行したとき何が起きたかを、ここで冷静にもう一度考えてみよう。ずさんで恣意的な引用をもとにして刑事訴訟がなされ、彼女は元慰安婦の一人ひとりに多額の慰謝料を払うことを命じられた。それればかりか、勤務先の大学からは給料を差し押さえられ、インターネットでの嫌がらせはもとより、身の安全においても危険な状況に置かれることとなった。文字通り、心理的に生命の危険に晒されているといってよい。

だが、まさにその時なのだ。韓国人と在日韓国人によって熾烈な攻撃が開始されたのは。これこそ、水に落ちた犬に投石する行為である。

彼らの一部は、日本において朴裕河が高く評価され、少なからぬ知識人がその著作に肯定的な態度を示したことを疑義に感じ、それを揶揄し、その「殲滅」を求めて行動を起こしている。朴裕河が慰安婦の証言資料を恣意的に解釈し、歪曲していると主張して、彼女がこの問題をめぐって永久に口を閉ざすことを求めている。朴裕河を支持する者たちは彼女が韓国にあって被った法的受難と社会的制裁をまず解決し、フェアな議論の場が成立したことを待って、大日本帝国の罪状と被植民者の状況について討議探究を開始すべきであると友好的に考えているのに対し、支持者を非難する側は勝ち負けの次元において声高い煽動を重ね、事情に通じていない日本の無邪気なメディアに働きかけている。

では仮に彼らが「勝利」を獲得したとして、彼らは何を獲得したことになるのか。慰安婦問題に誠実な関心を寄せてきた日本の知識人の多くは、それを契機として問題からの離脱を示すことになるかもしれない。この問題を植民地支配と女性の人権蹂躙の問題として見つめようとする者たちがいっせいに後退してしまったとき、日本の世論に残るのは慰安婦の存在を否定し、植民地支配を肯定的に賞賛する右派の言説である。今日でさえ圧倒的な力をもつこの右派の煽動によって、「嫌韓」主義者はこれまで以上に跳梁跋扈し、さらなるヘイトスピーチの嵐が巻き起こることは目に見えている。当然の成り行きだろう。慰安婦問題をめぐる日韓の相互了解は、いかに両政府が金銭的な補償による合意に達したとしても、それとは無関係に、これまで以上に困難で錯綜したものと化すだけだ。朴裕河が果敢にも提示を試みた

「より大きな俯瞰図」と、韓国の公式的記憶の相対化が排除されたとき、生じるのがそうした事態であることは目に見えている。

もし朴裕河の批判者たちに研究者としてフェアプレイの精神があるとすれば、まず韓国でなされている法的な措置に抗議し、その解決を待って真剣な討議に入るべきではないか。人は集団ヒステリーの罠に陥らないために、冷静になってモノゴトの順序を考えなければならない。

水に落ちた犬を打つな。

〔追記〕

わたしが本稿を執筆したのは二〇一六年八月のことであった。その後、朴裕河は元慰安婦を侮辱したかどで、法廷において懲役三年の刑を求刑された。二〇一七年一月の判決では無罪を勝ち取ったが、検察側はただちに上訴を行なった。これは端的にいって司法権力による個人への嫌がらせである。事態はいまだに決着を見ず、ただ一部の韓国人の間に集団ヒステリーがきわめて不幸な形で蔓延しているとしか要約することができない。

# 韓国文学から見た慰安婦像、その記憶の形成

熊木 勉
Kumaki Tsutomu

# 1

慰安婦問題において、朝鮮の幼い少女が二〇万人、銃剣のもと警察や憲兵らに強制連行されたというイメージは、必ずしも研究者の間で共通認識とされてきてはいない[1]。のみならず、彼女たちの「ほとんど」が結局殺されるか放置され、朝鮮の地に再び戻ることはなかったという典型的なイメージも[2]、史料の蓄積によって裏づけがある見解というわけではない。これらのイメージが綿密な研究の前提なしに受け継がれて行くことは望ましくなく、冷静かつ丁寧にこれまでの研究を念頭に置きつつ、新たな視座が提示されていくことが、さらなる理解の深まりへとつながりうるものと思われる。

近年大きく注目された朴裕河『帝国の慰安婦』も先行研究の大枠から外れたものではない。その上で、帝国と植民地という構造の問題に重点を置き、「同志的」関係、業者の関与などに触れつつ[3]、研究の視野の広がりを図ったものであった。他方、朴はかなり多くの問題を同書で扱ったが、文学からの接近という点に限って言えば、必ずしも豊富な先行研究があったとは言いがたく、まだまだ研究の蓄積が待たれるというのが実情ではなかろうか。その意味で、朴が文学作品を援用しつつ、新たな視野の可能性を提示したことは、慰安婦問題で検討すべき課題の広がりを意味するものであったとも言える[4]。

本稿では、朴の試みを引き継ぎつつ、文学作品を通じて、慰安婦問題をより具体的に考える糸口を探るべく、筆者なりの考えを提示することにしたい。主として韓国文学にあらわれた慰安婦問題に関係しそうな描写、あるいはその記憶の形成過程について扱うことになる予定である。

## 2

すでに複数の研究があるように、朝鮮人慰安婦は貧しい家庭に育ち、十分な教育を受けられぬまま、人身売買や詐欺によって、慰安婦とならなければならなかったケースが多数を占める。前提としてあったのは貧困と搾取の構造であり、その責任は、結局は慰安婦を要請し管理した日本の責任に帰結するのは言うまでもない。一方で、慰安婦問題は、家父長制の問題、女性蔑視、民族差別の問題が複合的に関係しているものとも考えられる。こうした問題提起は、すでに早い段階から少なからぬ研究者によってなされてきた。

では、こうした様々なアプローチの一方で、文学は慰安婦問題に対して、いかなる面で有効でありうるだろうか。

言うまでもなく、文学は虚構である。しかし、ときに文学は作者たちの生きた時代の感情、現実認識を鋭利にえぐり出しうるというのが筆者の基本的立場である。慰安婦問題の場合、文学は、とくに断片的ながらも慰安婦たちの姿、彼女らを取り巻いた周辺、あるいは社会的な共同の記憶としてのありようなどを浮かびあがらせる側面があるものと考える。本稿ではこの三つの視点を念頭に、いくつかの作品を見てみることにする。

まずは解放前の作品から見ていきたい。ただし、解放前は慰安婦という用語や状況を文学作品に自由に扱えた状況ではなかったことが推測されるため、この時期については、あくまで「慰安婦問題に関連しうる」「慰安婦たちを取り巻いたと考えうる周辺」などを念頭において限定的に作品に言及せざるをえないことをあらかじめ断っておく。

趙容萬《チョヨンマン》は、短編「旅程」(一九四二)で、仁川から大連に向かう船に乗った娘たちの一団を描いている。身売りされていく娘たちであろう[5]。彼女らは小説にどのような姿で表現されただろうか。

……何やら甲板の一角で色とりどりのチマチョゴリにおさげを垂らした娘たちがかなり多く集まって立っているのが目についた。

「あれはなんだ?」

娘たちの姿からして、女学生たちの修学旅行のようでもないし、何であろうかと、私は足を止めて眺めた。

「ああ、あれかい。――半島娘子軍だよ!」

崔君はいつもの彼らしく、嘲るのか、ため息をつくのか分からない声で、何事でもないかのように応えた。

「なに？」

「おい、聞こえないのかい。北支に進出する半島娘子軍だって」

崔君は顔をしかめながら、もどかしげに大声でもう一度返事をし、視線を変えてつまらなさそうに遠い海を眺めた。

「汽車で行くよりは船に乗ってこうして行くのが色々な点で便利なのさ。それで最近は、こちら方面の船は、こんな娘子軍たちでいつも満員だよ」

（中略）

「あの娘たちの前の腰かけに座っている奴らは？」

と目くばせをする。

「あいつらはブローカーさ。今、おれたちをやたらと怪しげに見ているだろう？」

なるほど、娘たちが立っている前の椅子に国民服に中折帽を被り、脚絆を巻いた男と黒い色眼鏡をかけた毛むくじゃらの太っちょが、短めで太い杖を手に、あたりを見回しながら座っていた。[6]

新米新聞記者の「私」と、朝鮮銀行大連支店で働く崔君が、たまたま仁川へと来る汽車で一緒になってこの船に乗り、「半島娘子軍」の娘らを目にした場面である[7]。彼女らを初めて見る「私」とは違い、大連を行き来する崔君には見慣れた光景であったようである。

それにしても「半島娘子軍」という呼称はいささか意外な表現ではある[8]。娘子軍の名は俗称として用いられたように見えるが、日本だけでなく、朝鮮の記事などでもしばしば見ることができる用語である。通常、娘子軍は軍事面だけではなく、社会福祉の面まで含めて国家に尽くす女性たちを指し、比較的広い意味で用いられた。朝鮮では一九三二年ごろから「酌婦」「女給」などの意味で多く用いられている。基本的には娼妓を指し、売春と完全に切り離すことは難しいものであったと思われる[9]。

この小説に描かれる娘たちの年齢は一七、八歳、一三、四人が集まり「安物の人絹のようにてかてかとした絹で赤いチョゴリ、青いチマを巻きつけて、顔に白粉を」塗っている。安物の衣服に白粉を塗る幼い娘たちの姿に映し出されるのは貧困の陰である。「その縮こまって立っている様は、まるで羊の群れのようであった」。ところが、二、三人の娘は追いかけっこをしてふざけている。「今になって愁いに包まれたところでどうなるわけもなく諦めたものなのか、あるいは大人になりきれておらずあれこれと理解できなくて、ただはしゃいでいるのか分から」[10]ない彼女らは、とりたてて周囲から注目を集めるわけでもなく、崔君の態度を見る限り、むしろ距離を置いて、目をそらしたい存在であったようにも読める。

もとより、娘子軍がどういうものであったかは、小説とは時期と地域が異なるが、次のような新聞記事が参考になりそうである。

拓け行く前線にイの一番に建ち並ぶものはアンペラ小屋だ、北満の拓け行くところ必ず娘子軍ありでいま前線には齊克、海克、呼海の沿線を通じて、約五百名からの娘子軍が文字通りの第一線の働きをみせてゐる、その彼女等は何れも無造作に建てられた一夜作りのアンペラ小屋にしばしの塒を求めては、せつせと稼を続けてゐる、彼女らのこの働きこそ明日をも知れぬ命を第一線に託しつゝ国家創造への力強い護りをつゞけてゐる我が軍隊や第一線の人々にどれだけの慰安を与えてゐることか……そして彼女等はその地を征服したとみれば又アンペラ小屋を畳んで次の一線へと進出する……（後略）。[11]

娘子軍は娼妓として広い意味を持ちつつも、元来、このように軍との関係が意識されたものでもあった。引用した記事は一九三三年のもので、女性の民族や役割もはっきりとは示されていないが、実質的には慰安婦という用語が用いられる前の、初期の慰安婦的役割をうかがわせるものと考えられる[12]。その後、慰安所（軍指定含む）が定着し拡大するにつれ、戦地には数多くの朝鮮人慰安婦が送られることとなるのであった。

もちろん、「旅程」に描写された娘たちが軍慰安婦であったとは限らない。民間接客婦としての移送であったかもしれない[13]。しかし、複数の証言にもある通り、慰安婦の移送手段に汽車や客船といった一般客とも接しうる乗り物の利用があったことは確かである。その場合、一般客と隔離されることもあったが、慰安婦たちの移送に必ずしも軍用船、軍用列車、軍用車両のみが用いられたわけではなかった。また、小説にある通り、業者が一定数の女性を集団で随時移動させる形態となると、軍や警察からの便宜が前提となり、軍慰安婦の移送であった蓋然性がそれなりに高い描写と言えそうである。

小説からうかがわれる娘たちの姿をもう少し見ておこう。

……その時、娘たちのほうから、毛むくじゃらが何か大声で騒いだかと思うと、何を言ったのやら、突然娘たちがきゃっきゃと笑った。たったさっきまでの不安げで憂いに包まれていたのがどこに消えたものか分からないような朗らかな笑い声であった。しかし、その中でも私たちの席に一番近く座っていた一人の娘だけは少しも笑わず、ただわびしげな顔で座っていた。年は一七、八歳にもなっただろうか。ピンクのチョゴリに黒のスカートをはき、短く編んだ茶褐色のおさげ髪に黒のリボンを付けた純朴そうな田舎の娘であった。

（中略）

「家が春川だそうだけれど、あの子の母親は昨年お産で死んで、独り身になった父親と、幼い兄弟たちの面倒を見ていて、借金であんなふうになったらしいね。兄弟たちが忘れられないと、さっきもずいぶん沈み込んでいたよ」[14]

哀れな娘の身の上話をするのはそばの「あばた顔」の婦人である。業者と笑い合う娘たちの光景は、さきのはしゃぐ数名の娘たちとあわせていささか意外であるが、もちろん、笑うことのできない娘もいた。春川の娘は名をポクスニといった。一家のために犠牲にならなければならなかった娘である。父親については独り身ということ以外語られないが、生活力を喪失した人物であったのは確かであろう。

結局、娘たちの側にあったのは不安と憂い、あるいはそれをかき消すような諦めとも言うべき笑いであったと言えるのかもしれない[15]。そして、その周囲にあった人物らの態度は、崔君のように嘲りとため息の交錯する複雑な表情であったり、「私」のようにわずかな同情が描かれるということになろうか。しかし、小説はそれだけで終わるわけではなかった。

船の中で汽船会社の祝賀宴を行うのにあわせ余興に芝居を見せると言うボーイたちが、乗客らの衣装を借りようとしたときのことである。ボーイはポクスニを愚弄するかのように芝居じみた女性の声で彼女のかんざしを勝手に取り上げて借りていくのであった。「ねぇねぇ、おねえさん、これ、ちょっと貸してちょうだい、ねぇ……」[16]。これに対し、ポクスニの表情が瞬時に変わり、当惑の色を見せるが、彼女は何も言えずにただ深く頭を垂れる。

嘲り、愚弄。

無力でしかない娘に対し、業者は娘を助けてくれるわけでもなく、むしろボーイたちに丁重な挨拶までするのであった。娘は誰を頼ることもできない。絶望から逃れることは不可能なのであった。

この小説は、すでに暗くなった甲板にたたずむ娘が、近づいてきた「私」に気づいてはっとして船室に戻り、芝居の話で笑う娘たちの中、一人毛布を頭からかぶる姿で終わる。娘は「毛布の中で泣いているのかもしれなかった」[17]。甲板からの身投げという選択肢があるいは暗示されているように見えなくもない。当時の朝鮮の小説では、検閲を考えれば、こうしたテーマで身投げで結末をつけることは難しかったことであろう。作家としては、娘たちへの同情の念を示すのが限界であったものと思われる。

## 3

同じく一九四一年発表の崔明翊《チェミョンイク》の短編「張三李四」は、汽車で座りあわせた客同士のやりとりを描いているが、そこに酌婦とおぼしき女性と業者も座っている[18]。女性は満州の店から逃亡して捕まって連れ戻される途中である。業者は前線で四、五年ひどく苦労し、大連、新京へと移ったとされている。業者と軍との関係ははっきりしない。

以下では、この女性に対し、当時の乗客たちの視線と、業者の態度がどのようであったかを見ることで、軍慰安婦たちが同様に経たかもしれない日常の苦痛の一端を考える手がかりとしたい。

乗客たちは、業者が持ち込んだ高粱酒を酌み交わしている。


……しかし、その紳士はいつの間にかうっかり居眠りして、目を開けたかと思うとまた居眠りをしてと繰り返すのみで、返事がなかった。まだ少し残った酒は向かい合った三人の間で飲んだ。

「どうせやったら、あの女にお酌を一杯してもろうたらええんやが」

「やめとけ。今までの話をきいていなかったのか?」

「何を」

「情夫を追って、結局捕まって来たところなのに、お前さんのお酌どころじゃないだろう」

「お酌もでけへんほどに辛い失恋やったら、とっくに死んどるところやがな」

「人は簡単には死なんさ」

「なに、わけないよ。本当に逃げ出さなあかんほどやったらやな。ええか？　逃げたとしてもやで、一緒になるんやなかったら生きていけんっちゅう恋人やったらやな、捕まったところで殺してくれとでも言うとるはずでついて来るはずないっちゅうねや。違うか？　そりゃあ、君、舌でも噛み切って死ぬっちゅうもんやで。そうやろ」
（中略）
「彼女はだな、天下のカルボ（売春婦）じゃないか（後略）」[19]

居合わせた乗客同士の会話である。業者は居眠りをしている。男たちのやりとりは、女性に対する言葉の暴力にほかならない。目の前で笑いものにされる屈辱。男たちの残酷さ。この会話の輪に入ろうとしなかったのは、「私」と、連れ戻される女性のみであった。

この女性は、小説の結末も近くになるまで検札時を除いて口をきくこともなく、存在感そのものをほぼ感じさせることもない。ただ、空気のようにあり、ひたすら一方的に侮蔑を受けるのみの女性として描かれるのである。

男たちの侮辱は業者の男にも及ぶ。業者の男が席をはずした際に乗客たちは笑い合う。「人が稼ぐさまってのも色々だな」「そりゃそうさ」「そうかね」「それぞれの身の丈に合った稼ぎをするもんさ」「じゃあ、あれはカルボ（売春婦）の商売でもやるってな感じか」[20]。人身売買を行う業者もまた、社会において忌々しい存在であることに違いはなかった。

対する業者側の弁は、「すぐに病気になって臥せるし、一応人間なので薬を使わないわけにもいかず、そうなると費用はかかる、営業もできない、幸い治ったらよいけれども、ぽっくり死んでしまえば千円ほどは消えてしまい葬式代までおまけにかかる」[21]というものである。まさに業者が女性を利益を得る道具としか見ていなかったことをうかがわせる。

女性はさらに直接的な暴力までも受けることになる。

……座りかけた若者は、自分の顔を見つめるその女性の視線とぶつかると、何も言わずに彼女の頬を叩いた。女性は揺れる頭で、顔に垂れた髪をこれまで繰り返していたように耳の上にかけ直した。また、ぴしゃりという音がした。今度は女性の向こう側の指先から煙草が落ちた。さらに叩かれた。女性は震える下唇をかみしめた。煙でくもった明かりの下でもはっきりと分かるほどに手のひらのあとが赤く腫れあがりはじめる頬が、ぶるぶると震えるのであった。白くのぞいた前歯でかみしめる唇のまわりが震えるのは、こみ上げる涙を抑えるかのようであった。しかし、向かい合う私の視線とぶつかった彼女の目は、明らかに笑っていた。そうして見ると、震えるその頬や、かみしめる唇も、耐えられない笑いを抑え込もうとするもののように見えもした。私はぼう然と、そうした女性の顔を眺めているよりほかなかった。ついには女性の目には涙が滲みはじめた。一度でもまばたきをすればこぼれ落ちるほどに、いっぱいに涙がたまった。私はそれ以上、目を合わせることができず、顔をそむけるほかなかった。[22]

駅で同行する業者の男が交代したとき、交代した男がいきなり女性を叩く場面である。暴力の前に女性はなすすべもない。女性は涙を堪え「笑い」を抑えるかのような表情を見せる。彼女自身のどうしようもない無力な人生が、哀しく描き出されている。はじめは目を向けていた「私」も、女性の表情に、いたたまれずにただ顔をそむけるよりほかはない。

業者の監禁、搾取、暴力を抜きにして人身売買の現実にリアルに接近することはできない。こうした描写は、業者の実態を証言とは別の角度から補う資料でもあり、貴重であろう。

なお、この小説は、女性が用を足しに行ってなかなか戻って来ず、「私」は舌を噛んで命を絶つ女性の姿を想像するが、何事もなかったかのように女性が戻るところで終わる。彼女は化粧を直して戻ってきて、「職業意識」で「私」に好意の秋波を送るような、したたかな女性像として描かれる。化粧を直してきた女性の姿は、さきの叩かれたときの「笑い」を抑え込むような表情にあわせ、鬼気迫るものがある。

当然のことながら、周囲からの屈辱的な蔑視や暴力に対して、女性たちも女性たちのやり方で必死に生きようとしたものと思われる[23]。絶望の中に生きた彼女たちの内面は決して単純なものではなかったことであろう[24]。こうした女性たちの記憶を可能な限りありのままに残すべく、今後もより豊富な言説を記録する試行錯誤が望まれる[25]。

もう一つ、作家・李泰俊《イテジュン》が「移民部落見聞記（三）」（一九三八）で描いている、華北へと向かう女性たちを奉天駅で見かけたときの部分も引用しておくことにしよう[26]。

……手洗い場に行くと、そこには女性用でもないところで、真っ赤な毛織物のソクチョクサム（チョゴリの下に着る単衣）をさらけ出して首すじを洗っている、朝鮮のチマ（スカート）の女性がいる。見てみるとそのとなりには朝鮮の女性が何人もいる。肌の黒い三十をはるかに超えていそうな女性が一人、まだ一六、七歳にしかなっていないであろう、うぶ毛の目立つ少女が一人、そして首すじを洗っている女性を含めた三人の女性は二二、三歳ほどで、血の気はないもののすべすべとした、若くて健康な女性たちである。彼女たちは赤い瓶、青い瓶らを並べて、安っぽい香りを振りまきながら化粧に忙しい。私は一番最初に化粧を終えたように見える女性のところに行った。

「失礼、私もこちら方面は初めてなのですが、どちらまで?」

「はい?」

と、その女性は驚くのみ、彼女たちは私のほうに向けていた目を、向かい側の彼女たちとは関係なさげに離れて立っている一人の老紳士へと一斉に向ける。小さい目が鋭く光るこの茶色のひげの老紳士は、片方の手で金の懐中時計の鎖を触りながら、私のほうにやってきた。

(中略)

「私たちは北支に行くのです」

と、彼は私をちらりと頭の先から足の先まで見やると、すぐに売店に行き、五銭のミルクを一箱ずつ人数分買って、女性たちに分けるのであった。皆、飢えたように受け取ってすぐに飲んだ。ほとんど皆一本ずつは嵌めていそうな金歯を光らせながら。そして彼女たちは皆この老紳士を「お父さん」と呼んだ。聞かずもがなのことで、彼は北京や天津などの、何とか楼、何とか館の主人であろう。この、眉をかき、ミルクを飲みながら何も考えずに楽しげに遠い遠い他国に売られていく若い女性たち、私は彼女たちの生臭さをにおわせる体からではあったが、ここではことさら骨肉感を感じずにはいられなかった。[27]

この文は、のちに単行本に収録されたときに「骨肉感」との小題がつけられている。奉天駅で会った朝鮮人たちを描く、同胞としての感懐のにじみ出る文章である（引用はその後半部）。幼少時に両親を失い孤児として姉妹と貧しく育った李泰俊には、彼女たちに他人とは思えない特別な感情もありえたことだろう。李泰俊自身、無銭で放浪生活を送り、飢え、かろうじて宿屋で働かせてもらった少年期の経験を有している。しかしその彼ですら、骨肉の情を抱きつつも、その体に「生臭さ」をにおわせるという言葉にうかがえるように、彼女たちの内面の深みにまで入り込もうとはしていない。あるいは、彼の彼女たちへの感懐も、「満州」という地での旅情に過ぎなかったのかもしれない。

なお、女性たちが老紳士を「お父さん」と呼ぶ点は元慰安婦たちの証言でしばしば語られることに共通する。また、女性たちの視線には主人への強い従属意識が反映されている。声をかけられて驚くさまは、業者の管理や、移動過程での他人との接触のなさとも関係するのだろうか。興味深いのは、のちに単行本にこの文が収録されるとき、引用の終わりの部分「遠い遠い他国（먼먼 他國）」が「厳しい他国（험한 他國）」に、「売られて行く（팔리어 가는）」が「引っ張られていく（끌리어 가는）」と改められていることである。単行本の刊行のころには[28]、李泰俊は、詐欺や慰安所の実態など、女性たちの意図せぬ移動を、ほぼ正確に把握していたのであろう。

身売りされる女性に関連して、李泰俊の文が書かれた三年前の記事を一つだけ確認しておくことにする。

……同業者間の恒例によれば夏枯を捨てゝ冬ともなれば俄然酒は廻り酔客の足も繁くなり売られ行

く身に恋も捨てゝ遥々満州くんだりまで身を落として行くのだが今年も白粉やけした淋しい顔が薄いベールに包まれて幾人も幾人も一群一群となつては車窓に埋まつてゐるのが目につく、冬の朝鮮を走つて行く列車からのぞく此種の女達の多い事は特に「のぞみ」によく見受ける、寒い風がはたはたと窓をたゝいても大胆な彼女たちは頑丈な神経をビクともさせないでウトウトと豚のごとく眠つてゐる、然し彼女たちとて人の子だ……荒寥たる朝鮮の山野を駆ける車窓に晩秋の哀愁を感じぬことはあるまい。それにしても余りに社会は彼女達を搾取し過ぎる。煙草を銜へてペツト吐き出す唾にも一種の哀傷がこもつてゐるやうだつた。[29]

いくら「搾取」に気づいていたとしても、結局は女性が「頑丈な神経」をびくともさせることもなく、「豚」のように眠ると感じるような蔑視に満ちた視線がここにはあり、かろうじて彼女たちの「哀傷」への独りよがりな感傷が示されるのみであった。新聞記事でなされた表現であるだけに、当時はこのような視線に必ずしも強い違和感がなかったのかもしれない。誰であれ、目の前の状況に対して無力であることに変わりはなかった。さきの「旅程」で見られた崔君もそうであったように、身売りされる女性たちへの蔑視は全く憚られてはいなかった感がある。

また、業者の暴力は、身売りにせよ詐欺にせよ、被害女性にとってはもっとも恐ろしいものにほかならなかったものと思われる。しかし、彼女たちを傷つけ続けたのは、決して直接的な暴力だけではなかったはずである。周囲の人たちからの侮辱でもあり、ある種、無自覚な差別的な視線でもありえたことだろう。さきの「旅程」のボーイの態度であれ、「張三李四」に同席した者たちの侮辱であれ、この記事を書いた記者の自覚なき差別であれ、一つ一つが女性たちの心の傷となったものと思われる。女性たちは、生きていくためには、これらの屈辱にただひたすら耐えるしか道はないのであった。

## 4

さて、慰安婦たちは解放後、韓国文学でどのように語られていくことになるのだろうか。その記憶の形成という側面について、わずかではあるが触れておくことにする。

解放後まもない時期の小説に厳興燮《オムフンソプ》「帰還日記」(一九四六)[30]がある。主人公スニは女子挺身隊として日本に強制的に行かされ弾丸製造工場で働かされる。そして、過酷な環境に耐えかねて脱走するが、騙されて内地で酌婦として売られることとなる。スニはそこで日本人を拒み、朝鮮人だけに体をゆるし、子供を身ごもって解放を迎える。「建国」の子である。挺身隊から慰安婦へというものではなかったが、騙された女性が挺身隊から酌婦になった物語という点では解放後まもない時期の小説として注目できる。

しかし、解放後の作品でも、やはり身売りの描写が限界で、軍慰安婦となると文学作品にはすぐには結び付かなかったように見える。その一方で、一部報道[31]や、人々に語られたであろう「女子挺身隊」「処女(未婚の娘)供出」との関係の中で、慰安婦像が徐々に形成されて行くこととなったように思われる。

例外としてあげられるのは、ビルマでの戦いを描いた朴容九《パクヨング》「陥落直前」(一九五三)である[32]。もとよりこの作家は官能的な要素も含みつつ、私娼を描く小説を複数書いており、その通俗性からこの作品も必ずしも注意が払われてこなかった可能性がある。しかし、彼は日本軍に入隊していた経歴があるだけにこの作品の描写はリアルで注目すべき点が多い[33]。管見の限りでは、韓国の慰安婦関係の小説では慰安婦の姿をもっともリアルに描いているように思われる。兵士たちの慰安婦への悪戯、看護婦の美名のもとで引っ張られてきた朝鮮人慰安婦たち、慰安婦たちの外出、死亡して人間でなく物品のように扱われる慰安婦、慰安所が正式に開かれる前の憲兵による不正営業、ビルマ人慰安婦の様子、軍人による慰安婦への暴行、急速なインフレ、軍票の流通とその衰退、慰安婦の置き去り、細部にわたる日本兵の移動の状況描写など、注目すべき点は多い。もちろん、作者は日本の非道についても告発している。

ただし、例えばこの小説は「慰安所というのは、憲兵の管轄下にある彼ら兵士らの売淫窟なのである」[34]との規定を示すなどしており、女性たちへの見方において当時の軍の認識がそのまま反映されているようにも見える。また、朝鮮人慰安婦と危うくぶつかりそうになったビルマ人が、彼女らが日本軍に属したため、敬意を表する意味でお辞儀をする場面は、現地の人々からの視線という意味で目を引く描写であるが、これも他の文書資料や証言などとの付きあわせを含めてさらなる慎重な検討が必要になることであろう。

この小説から一カ所のみ引用しておく。

……竹の葉の蓆で作った戸が開くと兵隊たちが一人出て来てまた入るということを何度も繰り返した。ここで煙草の煙をくゆらせながら騒いでいるのは、その竹の蓆の戸が開く順番を待っている兵隊たちである。彼らはラングーン、「ペグー」、「モールメン」、各地で関係した女性たちの話に夢中になっている。

「ここのピーはどうなんだい？」

「さあな！」

この売淫婦の名は慰安婦と呼ぶ。しかし、兵隊たちはどの国の言葉か分からないピーと言う言葉で呼ぶ。

ともすると竹の戸の隙間から赤や青の慰安婦の服の裾が見えたりした。小用を足すために出てくる慰安婦もいる。裸にひとえのワンピース（簡単服）だけを着て、髪はぼさぼさである。肌の色がくすみ、体がひときわむくんでいる。便所に行くには騒ぎ立てる兵隊たちをかきわけて行かなければならない。そうなると、両方から兵隊たちの手がしきりに伸びて来る。乳へと、股へと……。

竹の戸の中の、竹の葉の薦に横たわった彼女たち慰安婦らには一切言葉がない。横たわったままで次の者を待つ慰安婦もいる。彼女たちの口から出て来る言葉は、

「早く、早く」

という一言だけである。それは、次の兵隊に早く入るのを促す言葉ではなかった。今自分の前にいる兵隊が早く出て行ってくれることを、そしてすべての時間が早く過ぎて行ってくれることを願う言葉であった。

「早く終わらせんか……」

外で順番を待つ兵隊たちの口からも早くという言葉だけがもれ出てくる。[35]

朴容九は朝鮮人慰安婦を看護婦の名で引っぱられてこられたとしつつも、彼女たちを売淫婦と書くことをためらわない。その一方で慰安婦たちの置かれた厳しい状況をも描くのである[36]。

この作品は、今後、慰安婦問題を考えるにあたって、文学からのアプローチのための資料として重要になってくることであろう[37]。

時代は下るが、金廷漢《キムジョンハン》「修羅道」も見ておくことにする。この作品は、伽耶《カヤ》夫人を中心に、ある一家の歴史を描きつつ、植民地朝鮮の受難史を盛り込んだ秀作である。一九六九年に発表されたこの小説は、一九六〇年代の韓国文学を代表する中短編の一つということができる。この作品を読むと、戦後の韓国で形成されていた慰安婦のイメージの典型が概ね提示されていることが確認できる。この作品は、文学的完成度まで含めれば、おそらく韓国小説で慰安婦問題を扱った代表作の一つと言ってよいものであろう[38]。

以下は、一九歳のオギが挺身隊に行かされるときの場面である。

「今回はどうしてもやで！　ちゃんとしとかんとあかんねやで」

愛国班長という人が来て言った言葉。

「そんなに頑固にせんといても。そうでのうても疑われとる家で……」

これは岩本参奉《チャムボン》[39]の甥にあたる村長が来て言った、半分強迫じみた言葉である。あのヒキガエルのような村長がいつオギの徴用令状を持って来るか分からない。俗称、「処女供出」と言われるもので、あたかも物のように地方別に割り当てられていた。彼らが言うには戦力増強のための「女子挺身隊員」というものであるが、日本の静岡だかどこだかにある飛行機の落下傘を作る工場と、ほかにも別の軍需工場に就職させると言ったが、いざ行った人たちから漏れてくる話では、みんな日本の兵隊の慰安婦として中国・南方に引っ張られるということであった。言わば、欺瞞と強制による彼らの戦争の犠牲であった。学がなく、貧しく、力のない植民地の農民たちの娘たちは、そうやって引っ張られて行くのであった。

オギもまさにそうした運命の直前にあった。さらに、彼女は賤しいしもべの娘であった。

（中略）

そうやってぐずぐずしていると、結局、オギに赤紙が来てしまった。やはりそうであった。女子挺身隊員！　日本兵の慰安婦！

「明日の朝九時まで、きっと村役場に来させてや！」

あのヒキガエルのような村長は、ただそれだけを言い残して帰った。オギがちょうどネンゴランに洗濯に行って不在のときで、代わりに紙を受け取った伽耶夫人は何とも胸に重いものがのしかかるようであった。倭奴《ウェノム》に対する、これまで抑えつけてきた憎悪が再び火がつき始めた。

オギが煙草のヤニを飲んで死ぬことを決意したのはその日の夜であった。[40]

作家・金廷漢は一九〇八年慶尚南道の生まれで、解放を迎えるころにはそれなりの年齢になっており、様々な記述にはリアリティが感じられると同時に、多くを語らずして抑圧の中にあった植民地期の空気を見事に描き出している。

しかし、ここに引用した慰安婦に関する場面にはかなりの誤解が見受けられる。赤紙もそうであるし、挺身隊と慰安婦の混同も明らかである。若干の戸惑いを感じざるをえない、というのが正直なところではある。

とはいえ、昔を知る作家であるだけに、こうした理解を単純に間違いとするよりは、当時の人々の感覚をある程度リアルに反映したものと考えてよいようにも思われる。

つまり、植民地末期において、赤紙の存在は意味も分からぬ死の恐怖の象徴でありえたであろうし、挺身隊と慰安婦の同一視、「処女（未婚の娘）供出」などは、住民たちに一定の真実味を持ちえるものでもあった。信じた人が多かったからこそ、それが誤解であったとしても、近年に至るまで「記憶」として受け継がれてきたのであろう。日本軍経験者や関係者でない限り、慰安婦の実情について正確な情報を持つ人も少なかったものと思われる。

一九六〇年代に突然こうした認識が提出されたわけではないことを確認するために、解放後まもない時期の詩も、一編、部分的にのみ引用しておこう。

罪もなく獄中に行かれた父さん
早く帰ってください！
徴用で工場に行ったスドンよ
早く帰っておいで！

徴兵で北支に行った姉さんも
学兵で南洋に行った兄さんも
早く帰って来て！

（金燾星《キムドソン》「あの日をもう一度抱いてみたい」部分引用）[41]

挺身隊をさらに徴兵と勘違いしたのだろうか。例外的に「陥落直前」のような作品も存在したが、主としてさきの「修羅道」を含め、こうやって民族の記憶は微妙なずれを発生させながら形成され、残されていくことになった。それは継続して引き継がれ、とくに一九七〇年代以降、日本で千田夏光や金一勉らの著作が発行され、一方で韓国では林鍾國の仕事がその後の言説に強い影響を与えるなどし、多くの人々に情報が共有されていくこととなる。しかし、若干の認識のずれは必ずしも修正されぬまま、文学においても『黎明の瞳』（金聖鐘《キムソンジョン》：一九七七）[42]、『母・従軍慰安婦――かあさんは「朝鮮ピー」と呼ばれた』（尹静慕《ユンジョンモ》：一九八二）[43]などの小説が大ヒットするに至る。この二つの作品はとりわけ多くの読者に影響を与えたことであろう。これらの記憶は、ドラマ『黎明の瞳』（ＭＢＣ：一九九一～九二）、『ソウル一九四五』（ＫＢＳ：二〇〇六）など、複数の放送番組でもほぼ同様に引き継がれた。現在も、短編アニメ『少女の物語』をはじめ、映像はさらに作り続けられている。韓国における慰安婦像の理解に、こうした様々な媒体による記憶の継承の影響は大きいことであろう[44]。

これらを通じて形成され、記憶されてきた慰安婦のイメージには学術研究の認識と若干のずれが存在する場合がある以上、今後、可能な限りの慎重さが求められよう。

もちろん、そこには朝鮮の人々が経なければならなかった傷あとと恐怖、現在に至るまでのトラウマがあるということも忘れてはなるまい。しかし、逆に言えば、そうであるからこそ、日韓の間で合意可能な接点を共有し、その理解の距離を狭めて行く努力が緊要であるということにもなりうるはずである[45]。

また、慰安婦一人一人の生が異なるように、数えきれない真実がそこにはある。真実は一つではない。論議の多様性と人権の尊重を並行しつつ、ありのままの当時の現実に迫る専門的な議論が求められる。真実が一つでない以上、無数の記憶の中から特定の記憶だけを抜き出すのではなく、個々の様々なありようをそのままに受け取め、その多様性を尊重すべきであろう。そのうえで、相互理解の幅を一歩ずつ詰めていく必要がある。文学も、その真実を追求する一環に貢献しうることであろう。

## 5

のちに慰安婦もしくは挺身隊の問題を考えるテキストとして教材にもしばしば用いられる「彼女の家」を書いた朴婉緒《パクワンソ》についても触れておこう[46]。

朴婉緒は植民地朝鮮でソウルの少女として厳しくしつけられつつも、時代の波に次第に飲み込まれて、日本語や日本文学に染まっていった自らの過去を随筆の中で告白している[47]。朴婉緒はこの当時、日本語ができず朝鮮語で教師に話しかける母に対して「無視されても当たり前」という感情さえをも抱いたという[48]。彼女が自らの母の美しいソウル言葉を誇りに思うようになるには、民族の解放を待たなければならなかった。言語におけるある種の内的外傷は、彼女の人生において長期間持ち続けられることとなるのであった。植民地体験は、皇国臣民としての教育を受けた彼女に深く取り返しのつかない一生のトラウマを与えることになった。「彼女の家」はその心の傷の延長線上にあるとも言えるのかもしれない[49]。

小説「彼女の家」の概略は次の通りである。

作家会議で北朝鮮同胞を支援する詩の朗読会に参加した「私」は、自分が好きな「彼女の家」という詩を詠む。「私」にはこの詩から思い出す人があった。マンドゥギとコプタニである。二人は昔、村でもお似合いとされ、村人たち公認の仲であった。コプタニは美しい娘、マンドゥギは聡明な文学青年であった。この村は杏村里という名で、村人たちは互いに助け合い、自然にも恵まれた村であった。ところが一九四五年、マンドゥギは徴兵に出ることとなる。死地に赴くことを覚悟していたマンドゥギは、あえてコプタニとの婚姻を避けたままで入隊する。その後、村で挺身隊への徴集があった。ある日、面書記と巡査がやって来るのを見た父母は、慌ててコプタニを稲わらの中に隠す。しかし、彼らは供出のための穀物を隠していないか見るために来た者たちで、検査のために稲わらを槍で刺すのであった。稲わらが刺されるのと父母がそれを止めさせようと声を上げたのは同時であった。槍の先には娘の肉片が刺さっていたともいい、血を流すコプタニが病院に運ばれたともいう。一命はとりとめたものの、コプタニはすぐに新義州の中年の男に嫁ぐことになる。挺身隊に出すわけにはいかないと判断したのである。コプタまもなく解放となり、マンドゥギが帰ってきたが、彼は結局、村のスネと結婚することとなる。コプタニとは異なり平凡な娘であった。マンドゥギとスネはソウルに暮らす。そして、朝鮮戦争により故郷の村は北朝鮮の地となってしまった。「私」がマンドゥギに再び会ったのは一〇年ほど前の郡民会でのことであった。「私」はスネとよく会うようになる。しかしスネは夫のマンドゥギに反感を持っていた。夫がコプタニのことを忘れられないでいるというのであった。しかし、それもスネが亡くなって、「私」が再びマンドゥギと会って話を聞くと、スネの誤解なのであった。マンドゥギがコプタニのことを全く考えていなくても、スネがそのように思い込んでしまっていたのであった。マンドゥギは挺身隊のおばあさんたちを支援する集まりに出ていた。そこに出るのは、被害者も被害を免れた者も、結局は犠牲者にほかならなかったからであるというのであった。

この小説には美しい風景や民族的な情緒、そして理想的な民族共同体意識が描かれている。朴婉緒にとって、それは帝国主義によって破壊され解体されたものにほかならなかった。「彼女の家」の根底にはその痛みに対する治癒への願望がある。

慰安婦支援の集まりからの帰りぎわのマンドゥギの言葉を引用しておく。

今日ここに来たのも、そうだな、私のしていることを自分でも説明できそうにないけれども……たぶん、この前、偶然に日本の雑誌で挺身隊問題をひたすら大したことと考えようとしない日本人たちの考えを読んで腹が立ったこともあるでしょう。強制だった証拠があるというのか、数的に韓国で余りに膨らませている、まぁ、こんな感じです。犯罪意識が全くないのです。それが我慢できなかったのです。たとえコプタニの顔は思い出せないにしても、私は今もはっきりと感じることができるのです。コプタニが他の人のところに嫁ぐときに感じたであろう、怒り、悔しさ、絶望的な心情をです。私は挺身隊のおばあさんたちのように直接に被害にあった人たちの恨みの上に、それを免れた人たちの恨（ハン）まで加えたかったのです。被害にあった人にせよ、免れた人にせよ、全く同じく帝国主義的な暴力の犠牲者であったと思います。[50]

美しくも哀しい物語であり、小説で扱われた食糧供出や徴兵制実施などを含め、読者が同意しうるところは多い。しかし、挺身隊についてはどう考えるべきか、解釈は必ずしも単純ではなさそうである。慰安婦問題には様々な論点がある。それらの検証を留保したまま「犯罪意識」のみを強調することが望ましいかどうかは異見がありうる部分であろう。作品の挺身隊に関連する記述のリアリティも再検討を要する[51]。ただし、少なくとも、作者の内面にあった皇国臣民としての教育の記憶やそれによる傷を、私たちが謙虚に直視する必要があるのは間違いなかろう[52]。

いずれにもせよ、世代、職業、個々人により、植民地期に生きた人々のありようは様々であった。ただ、確実に思われるのは、日本の統治がきわめて緻密に朝鮮の人々を巻き込みながら構築されたものであったということである。言うまでもなく、慰安婦らもこの構造的抑圧のもとに置かれた被害者であった。また、マンドゥギが語ったように、被害を受けた者もそうでなかった者も帝国主義の犠牲者であったという見方は間違ってはいないものと思われる。この時代に生きた人々それぞれの個々の記憶と感情を尊重しながら、この問題を考えていく必要があることであろう。

## 6

元慰安婦たちの心の傷はまだ癒されておらず、朴婉緒（二〇一一年没）のように、当時を生きた人々の心の傷も、様々な形で韓国社会に疼き続けている。私たちは、そうした心の傷に真摯に対応しなければならない。しかし、そこで求められるのは、イメージ先行の議論より、しっかりと研究の蓄積に裏付けされた、合意可能な接点である。そのための努力なくしては、日韓関係の間には葛藤しか生むことはない。

本稿では、慰安婦たちを取り巻いた可能性のある周辺の問題、共同の記憶の形成について簡略に触れ、その背後にある内的外傷、一方で尊重すべき個々の記憶という点も含めて、若干の言及を試みた。従来の慰安婦研究ではさほど関心が向けられてこなかった部分であろう。慰安婦たちの傷を真正面から見据えるのであれば、「周囲からの暴力・差別」の問題も軽視するわけにはいかない。そのためにも、文学、手記、映画など、様々な側面からの研究の蓄積が、今後さらに望まれるものと思われる。また、慰安婦像の形成という点においても、より豊富な資料と緻密な分析が蓄積されてこそ、制度的な側面からの研究にとどまらぬ、慰安婦たちのより人間的な、多様なありように接近することができうることであろう。

本稿は、慰安婦問題に対して韓国文学の視点からの接近を試みたが、こうした試みはまだ緒についたばかりである。より積極的な作品の整理と検討が望まれるものと思われる。

註

［1］ 尹明淑『朝鮮人軍慰安婦と日本軍慰安所制度』［韓国語版］イハク社、二〇一五、九頁。

［2］ こうした認識は、単行本では早くは金一勉『天皇の軍隊と朝鮮人慰安婦』（三一書房、一九七六、一八〜一一頁）に言及があるが、二〇一六年現在でも一部に無批判的に継承されている。一九四五年の敗戦前後は業者の混乱や軍の指揮系統の乱れ、移動経路の断絶なども考えられるが、そうでない場合、時期と場所によって様々なケースがあったものと推測される。少なくとも移動手段が確保されていた時期に、「ほとんど」が殺されるか置き去りにされたとは考えにくい。

［3］ 朴裕河『帝国の慰安婦』朝日新聞出版、二〇一四。とくに「同志的」関係との規定については、多くの論者たちから批判があったが、単純に「朝鮮人慰安婦＝日本軍の同志」の図式的理解による批判は、さほどあたっているようには思えない。朝鮮人慰安婦たちが「植民地的な矛盾」を生きるしかなかった哀しみこそが朴の提示する「同志的」関係の本質であろう。業者の関与の問題については、姜萬吉「日本軍〝慰安婦〟の概念と呼称問題」（『日本軍〝慰安婦〟問題の真相』韓国挺身隊問題対策協議会真相調査研究委員会編、歴史批評社、一九九七［韓国語］）をはじめ、現在まで業者や人身売買の実態について研究が進んできている。

［4］ 尹明淑（前掲書、四〇〜四一頁）は慰安婦について部分的にでも言及した戦記、小説、映画などが戦場でのよもやま話の一つであったり、男性中心の視点から兵士との交情の素材として断片的にしか再生されていないとする。そして、慰安婦が国家による戦争犯罪の被害者であるという認識、フェミニズム的視点の欠如を指摘する。しかし、当時をうかがわせる記録は何であれ研究から排除する必要はなく、排除よりも何をそこからすくいとれるかが問題となることであろう。

［5］ 身売りされる女性を描いた小説類は少なくない。朝鮮の外に（または外で）売られたり借金のかたに妾や酌婦になるなどの境遇に置かれる女性たちを描いた植民地期の朝鮮人作家（満州等での創作を含む）の小説として、例えば韓雪野「暗い世界」（一九二七）、姜鷺郷「屋根の下の新秋」（一九三六）、崔明翊「心紋」（一九三九）、金鎮寿「残骸」（一九四〇）、玄卿駿「写生帖―第三章」（一九四一）、安寿吉「明け方」（一九四四）などが目につく（うち「暗い世界」は日本

語)。ほかは韓国語)。このうち、姜鷺郷「屋根の下の新秋」には上海長安里の売春宿に行く場面があり、そこが「慰安所」と表現されており注目される。一般の売春宿でも慰安所と呼ばれる場合があったことはすでに知られるところである。身売りされた女性の状況をうかがえるものとして、参考に韓雪野「暗い世界」から部分のみ引用しておく。「彼女は一年程前に朝鮮から満洲の或る酒屋に酌婦として売られて来た。百五十円で二年の契約だつたが半年余りでヤッパリ同じ金高と契約で他へ売られた。そして五個月程して又売られて今の料亭に繋がれる「肉塊」となつたのだ。勿論最初から自分の意識的行動ではなかつた。訳も分らずに魔手から魔手へと転がり落ちるばかりで鐚銭一文もその手には入つて来なかつた」(大村益夫・布袋敏博編『旧「満洲」文学関係資料集(二)』早稲田大学大村益夫研究室、二〇〇一、二四頁:雪野広[筆者註:韓雪野]「暗い世界(四)」、『満洲日日新聞』一九二七年二月十一日夕刊:ルビは省略した)。ほかにも少なからぬ作品があろう。詩分野では李庸岳が北方に売られた女性を哀しくうたう詩を複数書いている。

[6]「旅程」、『文章』一九四一・二、三九〇頁[韓国語]。以下、小説の韓国語については筆者の翻訳による。

[7]「旅程」については、アン・ジョンヒョン「日帝強占期強制人力動員についての創作考察――徴用を中心に」(『韓国学研究』第二十一集、二〇〇九[韓国語])に言及がある。

[8]戦後、田村泰次郎が「春婦伝」で「朝鮮娘子軍」という言葉を使おうとしていた(チェ・ウンジュ「"慰安婦"=少女の話と国民的記憶――映画『鬼郷』に注目して」、『日本学報』一〇七号、二〇一六、三二〇~三二一頁[韓国語])ところを見ると、こうした言葉はかなり広く使われていたものと思われる。GHQの検閲を含む出版過程を経て、実際に田村が用いた用語は、単行本序文では朝鮮人慰安婦については「娘子軍」、日本人慰安婦については「日本の娼婦」とされている(『春婦伝』銀座出版社、一九四七、一頁)。

[9]尹明淑は朝鮮総督府警務局の調査分類を根拠として酌婦・女給と娘子軍を区別するが(前掲書、四五四頁)、実際のところ、娘子軍は、朝鮮・満州の新聞記事類では芸妓、妓生、女給、酌婦など、接客婦に対して広く用いられた用語である。海外に出る女性だけでなく、朝鮮内で営業した女性をも指した。吉見義明は、より端的に「一般には娼妓の集団、とくに海外に出て行った娼妓の集団のこと」とする。そして「日本軍と切り離せないものとして存在させられていた」

とするのである（『従軍慰安婦』岩波新書、一九九五、二一頁）。

［10］この段落における引用は、「旅程」三九一頁による。

［11］「働く事の愉快さ　第一線の娘子軍」、『大連新聞』一九三三年七月一〇日。漢字についてはルビを省略し、旧字は新字に改めた。本稿では、文学作品の内容を補う資料となりえそうなものは新聞でのルポルタージュ類も言及から排除しないこととする。また、『大連新聞』、『奉天満洲日報』、『中鮮日報』、『自由新聞』については、韓国歴史情報統合システム（www.koreanhistory.or.kr）データベースの原文イメージを参照した。

［12］引用には含めなかったがこの女性たちは軍人たちの身のまわりの世話も行なっていたようである。そうした点からも慰安婦の役割と共通するところがある。ちなみに、『奉天満洲日報』（一九三三年一〇月一三日）の記事には「銃後の花」「戦場の慰問団」として働いた娘子軍が、「皇軍の移動撤退」により鉄道沿線の古巣に戻り、借金を返し終わっても第二の時期を待っているとし、奉天では娘子軍が供給過多にあり、そうした中でも「朝鮮娘子軍」は「堅固な陣営」に籠ってなお働き続けているとある。

［13］船のボーイが、しばらくすれば自分たちに笑みを売るであろう女性だと軽蔑するような態度を見せる部分がある（「旅程」三九五頁）。おそらく作者は軍慰安婦と民間接客婦をとくに区別して意識せずに小説を書いたものと思われる。

［14］「旅程」三九三〜三九四頁。

［15］元慰安婦の証言にも、行き先も知らず、「笑って」「冗談も言い」「楽しく」汽車や船に乗ったとするものがある（韓国挺身隊問題対策協議会『強制的に連れて行かれた朝鮮人軍慰安婦たち　4』プルピッ、二〇一一、五二頁［韓国語］）。

［16］「旅程」三九五頁。

［17］「旅程」三九六頁。

［18］満州の性売買従事者についてはイ・ドンジン「民族、地域、セクシャリティ――満州国の朝鮮人「性売買者」を中心に」（『精神文化研究』二八（三）、二〇〇五［韓国語］）が詳しい。

［19］「張三李四」、『文章』一九四一・四、四五〜四六頁［韓国語］。原文の方言については関西弁で翻訳を試みた。原文が

日本語のハングル表記の部分には傍点を付した。
[20]「張三李四」四一頁。
[21]「張三李四」四四頁。なお、この記述から、この男が前借金によって女性を集めた業者であったことがうかがえる。
[22]「張三李四」四七～四八頁。朴裕河「若き歴史学者たちの『帝国の慰安婦』批判に答える」(『歴史問題研究』第三四号、二〇一五、五五六頁[韓国語])でも「張三李四」についての言及がある。
[23] この場合、軍慰安婦を論じるにあたっては、各種証言(日本兵らを含む)にあわせ、田村泰次郎や古山高麗雄などの日本文学、映画『サルビン河の夕焼け』(監督：鄭昌和(チョン・チャンファ)、一九六五年)、日本の戦争関連映画なども参照が可能であろう。
[24] 朴裕河が触れた元慰安婦の証言の多様性については、朴以前にすでに意識されたことでもあった。キム・ミヨン(「日本軍慰安婦問題に関する歴史記録と文学的再現の叙述方式比較考察」、『ウリマルクル』四五、二〇〇九[韓国語])は元慰安婦の証言の様々な側面に注目して、それが「実証主義史学が看過してきた部分を補う(二三二頁)」としている。また「共有されなかった記憶は「なかったもの」である。これがまさに忘却の暴力性である(二三三頁)」とし、抑圧された記憶が集団的記憶に編入されるべきとするのである。
[25] オーラルヒストリーの記述方法については、当初から聴取者たちによって積極的な議論が行われ、証言集の編集の方向性も徐々に変化が加えられて来ている。この部分については山下英愛氏による報告がある(「韓国の「慰安婦」聞き取り作業の歴史――「証言集」を中心に」日本オーラル・ヒストリー学会第一四回大会、二〇一六年九月四日)。
[26] この見聞記はシリーズとして書かれ、のちに「満州紀行」(『無序録』博文書館、一九四一[韓国語])として単行本に収録された。
[27]「移民部落見聞記(三)」、『朝鮮日報』一九三八年四月一〇日[韓国語]。
[28] 本稿では、『無序録』博文書館、一九四二、二八六～二八八頁(再版本)を参照した。
[29]「渡り鳥にも似た娘子軍の通過」、『中鮮日報』一九三五年十一月二七日。漢字についてはルビを省略し、旧字は新字

に改めた。くの字点は該当文字を生かした。なお、記者が日本人であったか朝鮮人であったかは不明であるが、いずれにしても当時の記事に見受けられるのは、本稿で言及した文学作品にうかがわれた視線と大差なく、状況に深入りしない（あるいはできない）形での同情や、「醜業」に対する侮蔑的な認識であったように思われる。

［30］閔玹基編『韓国流移民小説選集』啓明大学校出版部、一九八九所収（初出：『ウリ文学』一九四六・二）。

［31］「挺身隊」の名の下で女性を強制的に連れて行ったことについては、解放期の新聞に複数の言及が見える。ただし、『自由新聞』（一九四六年七月一六日）の記事「朝鮮慰安婦たちの惨状」のように、慰安婦の名だけが見え、挺身隊の名が記されていない場合も全くないわけではない。

［32］「陥落直前」、『正統韓国文学大系 三一』語文閣、一九九四［改訂版・韓国語］（朴容九『霧はいまでも』首都文化社、一九五三所収）。吉方べき「韓国における過去の「慰安婦」言説を探る（上）——一九四五年～七〇年代」（『季刊 戦争責任研究』第八五号、二〇一五・冬季号、二三頁）でもこの作品に注目されている。

［33］権寧珉編『韓国現代文学大事典』（ソウル大学校出版部、二〇〇四、三五八頁）では、彼を「学徒兵として軍に強制動員された」としている。

［34］「陥落直前」三八頁。

［35］「陥落直前」三八～三九頁。

［36］朴容九の小説には私娼や、その家族の哀しみを巧みに描いた作品が存在する。通俗性を含みつつも、彼の視線には「汚れた」とされる女性たちの生への共鳴が見られる場合があるように思われる。

［37］学徒兵としては、金允植が、ビルマに派遣された朴順東（パク・スンドン）、李佳炯（イ・ガヒョン）の文や小説に言及したことがある。彼らの慰安婦にかかわる記述も参考になるものと思われる（金允植「文学的現象としての韓日間にまたがる白色——従軍慰安婦のイメージ」、『抒情詩学』二二（二）、二〇一二［韓国語］）。

［38］解放後の慰安婦を扱った文学作品については、吉方べき、前掲論文および「韓国における過去の「慰安婦」言説を探る」（下）——一九八〇年代～」（『季刊 戦争責任研究』第八六号、二〇一六・夏季号）にかなり多く網羅されている。

［39］ 参奉は本来は従九品の役職名だがここでは尊称程度で使われている。

［40］ 「修羅道」、『金廷漢小説選集』創作と批評社、一九七四、二五一～二五四頁［韓国語］。

［41］ 金燾星『皐蘭草』文栄社出版部、一九四八、一〇三頁［韓国語］。作品末尾の日付によれば、詩が書かれたのは一九四六年である（『韓国現代詩史資料集成 46』［太学社、出版年不明］を参照した）。

［42］ 太宗出版社刊。同書は以後、継続的に刊行されたが、とくに一九八八年版（図書出版南島：全一〇巻）は当時の大河小説の流行とも重なって多くの読者を獲得した。一九九一年重版発行。挺身隊の部分は、赤紙なども含めた「修羅道」と同様の認識や、当時読まれた既存の書籍（千田夏光など）の見方を踏襲している。

［43］ 強制連行がそのまま踏襲されるだけでなく、日本人の汚れた血というイメージが強調される面も強くあり、今後、ナショナリズムとの関係から再検討が必要となる作品ではないかと思われる。この小説は一九八二年に人文堂から刊行されたが、高麗苑から発行された一九八八年版がさらに多くの反響を呼び、読者に多大な影響を与えたものと思われる。日本語版は神戸学生青年センター出版部から一九九二年に刊行。本稿では、書名を日本語版の翻訳によった。原題は『에미 이름은 조센삐였다』。

［44］ 木村幹『日韓歴史問題とは何か――歴史教科書・「慰安婦」・ポピュリズム』（ミネルヴァ書房、二〇一四）にあるように、「歴史認識」として慰安婦問題が広く政治的な課題として具体的に意識されるようになるのは一九九〇年代からであると言えよう。ただし、「記憶」の伝承そのものは記事や文学など様々な媒体を通じて、解放後から継続してなされてきた。

［45］ 朴裕河『和解のために――教科書・慰安婦・靖国・独島』平凡社、二〇〇六、八～九頁。

［46］ 「彼女の家」については、朴裕河、前掲『帝国の慰安婦』、一四七～一四九頁にも言及がある。

［47］ 朴婉緒「私の中の言語事大主義の観察」、『豆腐』創作と批評社、二〇〇二、一八三頁［韓国語］。彼女は京畿道開豊生まれであるが、ソウル言葉で育てられ、教育もソウルで受けた。

［48］ 朴婉緒、前掲書、一八一頁。

[49] 朴婉緒の文学は、時代と家族・日常の中で傷つき葛藤する個の内面に目が向けられる傾向が強い。その背景には、現代社会での葛藤や植民地体験もさることながら、「彼女の家」も部分的にそうであるように、朝鮮戦争の影が投げかけられていることが多い。その心の傷も、彼女にとって生涯癒すことのできないものであったように思われる。彼女は朝鮮戦争で兄と叔父を亡くしている。イデオロギーの衝突と身内の死の真っただ中で彼女は青春時代を送ったのであった。

[50] 「彼女の家」、『高等学校国語（上）』教育人的資源部、二〇〇二、四八頁（『侘しすぎるあなた』創作と批評社、一九九八所収）。本稿ではあえて教科書から引用し参考とした。この単元ではいくつかの課題が与えられているが、次のような点が念頭に置くべきこととして記述されている（四八頁）。「自分に気づくこと、人間らしい生き方、共同体的な生き方」である。とりわけ共同体的な生き方として「文学は家庭、社会、民族、人類などの共同体的な価値を提示する。文学作品を読んで共同体の一員となるように努力する態度を持つ」ということが述べられている。しかし、今後慰安婦問題で望まれるのは、むしろ共同体意識に偏らぬ、普遍的な人権やフェミニズム的な視角ではないかと思われる。

[51] 朴裕河、前掲『帝国の慰安婦』一四七～一四九頁。

[52] 戦後世代ではあるが、都鍾煥（ト・ジョンファン）の詩「朝鮮挺身隊」（『コドゥミ村で』創作と批評社、一九八五、一〇八～一一六頁所収［韓国語］）も今後さらに検討されるべき作品であろうと思われる。裵玉水氏の証言を題材としたこの詩は、慰安婦問題を扱った詩の中でもすぐれた詩であり、慰安婦の苦痛を繊細な語調でうたいあげている。ここで詩人は日本人の韓国人現地妻などの問題にまで視線を拡大させるのである。また、日本の告発にとどまらず、一人称話者として語る慰安婦は誰しもから「恥ずかしい」存在として扱われる。その視角は本稿でも重点を置いた点と共通するもので、彼女たちの痛ましい心の傷として記されている。慰安婦問題を扱った文学は、他国にもあり、Chang-rae Lee『A Gesture Life』（Riverhead Books, 1999，日本語版＝チャンネ・リー『最後の場所で』高橋茅香子訳、新潮社、二〇〇二）なども注目される作品である。

（本稿は科学研究費基盤研究（C）15K02463の助成を受けたものです。）

# 国家と性

## 文学を通して『帝国の慰安婦』を読む

中川成美 Nakagawa Shigemi

# 1

「従軍慰安婦」問題で、常に焦点化される争点の一つに、慰安所の設置、および慰安婦の募集・管理は軍主導で行われたのか、それとも民間業者の営利事業であったのかということがある。つまりごく単純に言ってしまえば、国家政策か、民間事業かという二者択一である。このどちらになったとしても、結局のところ、どちらも免罪にはならないのにもかかわらず、そこに論点を持ち込むことによって隠ぺいされるのは、戦時における男性の性欲望の問題である。世界中、戦争のたびに繰り返される男たちの戦時における性衝動と、それに纏わる様々な戦時性暴力が、あたかも一般的な事象であるかのような錯覚を起こしてしまう危険性については、考えることもなかった。戦時下における男性兵士の性欲については、ほぼ当たり前な「自然」として処理されてきたのである。

それは明らかにもっとも醜悪な性欲望の顕われであるにもかかわらず、性欲という「当たり前」の男の生理があるから、そこに対称的にそれを受け止める女性が必要になるという単純な構図に還元されてきた。まして戦時の男性ばかりの軍隊において、兵士たちの性欲は抑圧されているのだから、そのはけ口としての女性を配置するのは「当たり前」という理屈は、すんなりと了解される。お国のために戦う兵士への「慰安」は当然のことであり、それに「奉仕」する女性たちは立派な「国民」であるのだ。それにしても「慰安婦」という名称は、よくも考え出したタームである。この「崇高な責務」に与えられた名称は、あくまでも「売春婦」とは意味が区別されるべきであるという戦時下の性のプロトコールは、思いのほかに無条件に認知されている。

ここには国家の威信をかけて戦う男と、感謝と畏敬をもって奉仕する女という配置がいとも安々と受諾され、戦勝国の男が敗戦国の女に対して行使する性暴力をも、勝った兵士たちの「当たり前」の特権、報償とするロジックが通用するのだ。それは明らかに自らの男性性を誇示することによって、負けた国の無力を強調するのだ。なぜ、兵士たちはかくも男らしさを強調するのか。そしてその男らしさは、ヘテロセクシズムの神話に貫かれた暴力的な性欲望として噴出するのか。戦時性暴力の問題を考えていくためには、この余りに基本的な子どもの持つような疑問から始めなくてはならないであろう。だが、私はそれを男の生理だからというような本質主義にも、戦争がもたらす異常心理だからという状況論にも、組したくはない。

ここで問題としなくてはならないことは、不整合に構成された男性と女性の権力の偏頗な構図であり、おのおのに付加されたジェンダーと性をめぐる無意識なまでに刷り込まれた概念の不当性である。国家はそれを法や制度の上に潜り込ませ、社会はそれを資本の上に投影する。この段階で女性はその性と身体を市場へと流通させられることを運命づけられてしまうのだ。この意味で買売春システムとは、この不当な概念に立脚して成立するのであり、戦時下に設定された軍隊専用の買売春システムとは、その概念が突出的に具現した装置である。そしてなお、その装置は植民地や占領地において、男女という性によって分割された権力関係だけではなく、宗主国／戦勝国／占領国と、被植民地／敗戦国／被占領国という権力関係がその上に覆いかぶさり、性の権力関係はより圧倒的な暴力をふるっていく。敗戦国が戦勝国によってフェミナイズされるという比喩はよく使われるが、性の権力装置の基盤には、支配する側の圧倒的な権力の誇示と行使への欲望が介在しているのであり、国民国家の尊厳はこれによって維持されていると言い換えることが可能であろう。それを常に鼓舞するのは、男性の優位主義（メイル・ショーヴィニズム）と女性嫌悪（ミソジニー）、同性愛嫌悪（ホモ・フォビア）に支えられた排外的愛国主義（ショーヴィニズム）という男性中心主義である。ただ、ここで誤解を恐れずに述べれば、これを支え、推進していくのは生物学的性である男性のみが担うのではなく、時には女性がこれに加担することも押さえておかなければならない。換言すれば「男性」に仮託して語られるこの「権力」システムの構造は、実のところ男性だけが担う理由など、どこにもないのにもかかわらず、「男性性」の根幹に関わる案件として長く認知されてきたのである。とすれば、買売春とは個人の私的領域に関わる性行動などでは毛頭なく、国家を存続させるためのインフラとして機能する、あるいは機能させようとする力学が、社会の中に蔓延しているのだと、解釈することが出来よう。

## 2

朴裕河氏の『帝国の慰安婦――植民地支配と記憶の闘い』が刑事告訴された最大の理由は、「元慰安婦」に対する名誉棄損である。そして訴状にあるように彼女たちを「自発的な売春婦」とみるか、強制された「性奴隷」とみるかという、極めて単純な二分法によって彼女たちの訴えを概括してしまった。「戦時性暴力被害者」と認定することが、韓国の国家的コンセンサスであるとすれば、彼女らを「売春婦」と呼んで国家の責任を回避しようとするのが、日本のナショナリズムであるというわかり易い構図を描くことによって、一体何が見えてくるのであろうか。確かに現在の日本における「嫌韓」はインターネット空間などで読むに堪えない表現をもって増殖を重ねているが、それらが単にショーヴィニズムと言うだけには留まらない、女性蔑視に満ち満ちていることに気付かされる。商取引として植民地朝鮮で日本軍の「慰安婦」となった女性たちは、対価、それも高給を得ていたのだから、単に「売春婦」と呼べばいいという言い方には、明らかにそうした女性たちに対しては、謝罪も補償もいらないという極めて乱暴な結論に結ばれる。「売春婦」とは対等に人権を訴えるような存在ではないという傲慢な視点こそは、男性中心主義、そして男根中心主義と称されるものである。ただ、ここで女性がこの構造に組しないとは言い切れず、女性自身が持つ性産業に関わる女性たちへの蔑視も、またこの構造に組みこまれて、差別を助長してしまう点は押さえておきたい。

一方、韓国側が「元慰安婦」の女性たちを表現するときに「無辜の少女」として表象するのは、例えば大使館前に設置された「平和の少女像」からも明らかである。椅子に座ったおかっぱ頭の、明らかにローティーンと思われるその像は、固く両こぶしを握り締めて前を見据える。現在、韓国、中国、アメリカ、オーストラリアに設置されている像の多くは坐像であるが、立像もまた同様の髪型、服装をしている。ここで考えたいのは彼女たちの着衣である。韓服を模したものであるが、スカート（チマ）部分はくるぶしまであるのが通常の伝統的チマチョゴリであるはずだが、膝丈よりわずかに長い寸法で、下着にあたるソッチマ（スリップ）、ソッパジ（下着のズボン）、ポソン（靴下）も付けていない。裸足なのは急な拉致で靴も履く暇もなかったという説明だが、裾を切ったチマチョゴリを着て、下着もつけていないそのデザインには違和感がある。一九六〇年代以降に日本の朝鮮学校が採用した改良韓服であるチマチョゴリ風制服に酷似したその衣装は、想像ではあるが像の少女性を高めるために造型されたものと思われる。つまり、「慰安婦」の無辜の処女性を表象してその「聖性」を示し、彼女たちが忌まわしい「売春婦」などではなかったと告発していることになる。

「従軍慰安婦問題」では、「性奴隷」という性暴力犠牲者とみるか、自発的な「売春婦」とみるかという、いつも繰り返し闘われてきた論議が、この少女像の造型にも見え隠れしている。「慰安婦」たちを「売春婦」とみなす情景は、今の日本のネット空間を覗けば、たちまちのうちに幾千の事例が採取できる。「売春婦」とみなすことによって、彼女らに与えた過酷な被害のすべてを免罪しようとすることなど出来るはずもない。それでも、そこに敢えて「少女像」として表象して、その「聖性」を盾に彼女らの被害者性を浮かび上がらせようとする運動家たちの意識は、結局のところ日本人の「慰安婦＝売春婦」論と表裏をなした無意識下の「協調」を引き起こしてしまう危険性がある。

ここで問題としなければならないのは、この「売春婦」なら被害者と呼ぶのにふさわしくない、と判断する暴力的言説の基盤をなす考え方であり、その核心にある男性の性欲望に関する無条件な是認についてである。以前、私は九〇年代に問題化した援助交際問題について小さな論文を書いた。九〇年代に宮台真司氏らによって喧伝された「性の自己決定論」への違和感を書いたものである。宮台氏は「性の自己決定」を「自らの尊厳を維持するための自由な表出行為」(『〈性の自己決定〉言論』、一九九八)と定義し、「ハイリターン・ハイリスク」ではあるものの、彼女らがその自由な自己表出によって得られる「自尊心」こそ、注目せよと主張した。だが、ここで立ち止まりたいのは、少女たちの自己表出がなぜ「性」に焦点化されなければならないのかという疑問である。個人の主体の確立が、「商品としての性」となって市場に流通することとイコールなのであろうか。援助交際の媒体となったテレクラやダイヤルQ、インターネットが、一見女性自身の任意によって、匿名性をもって参加できる自由な空間であるかのような〈誤認〉は、情報通信産業が設定する制度そのものが、男性の性欲望によって構成されていることから導かれているのだ。そして、こうした男性の性欲望と呼ぶものも、実体は殆ど無く、資本の強制力によって次々と生産される空虚なものと言えるのかもしれない。戦時下に即して言えば、兵士の性欲望を決定するのは、国家が夢想する〈あるべき戦士の男性性〉なのだと言い換えることが可能だ。つまり、国家と資本はこうやって馴れ合いながら、男女の性意識を案出するのである。

〈くり返される性幻想の拡大化〉のなかで強化されるのは近代が構築した「性意識」概念であり、

女性はその概念の他者・対象であり続け、実在の男性も決してその真の主宰者にならないという、実に奇妙な現実が世界を覆っているのだ。主体が主体として存立し得ない状況が後近代（ポスト・モダン）の環境であるのならば、その〈性意識〉のあり方も変容すべきである筈なのに、そこは一歩も揺るがせずに、むしろ近代が創り上げた〈性意識〉へと一元化しようと強制する力についての議論にはどうして進まないのか。（拙稿「〈援助交際〉は買売春ではない？――性差無きアイデンティティーを求めて」、岡野幸江、長谷川啓、渡邊澄子編『買売春と日本文学』所収、二〇〇二）

〈援助交際〉を、売春であるか否かという問題設定のあり方こそが、そこでは問われるべきであったのだ。売春と規定することによって安心しようとするメンタリティが、ここには明らかに生き残っている。慰安婦問題に接続させて考えれば、〈慰安婦〉が売春行為であったか否かという一点に収れんさせる議論の立て方で、安心しようとする人々が居たということである。そのような強制的な性認知の中に、未だ私たちはとらわれているのである。

# 3

朴氏の裁判のなかでも頻繁に検察側から指摘されたのは、文学のような「架空」のものを歴史的実証に用いることの当否についてである。文学は勿論、虚構である。だが、虚構であるから「嘘」ということにはならない。朴氏が引用した田村泰次郎や古山高麗雄などの戦後作品に現われた〈慰安婦〉は、〈慰安婦〉のある一面を切り取るとともに、その作者たちを通じて具象化された彼女たちの内面の声を再現している。だが、ここには問題がある。植民地の宗主国である日本の兵士の経験を持った男性作家が、被植民地の〈慰安婦〉を、戦後に回想を伴って描写するということの「暴力性」を、彼らの作品を読む読者は常に意識に上らせなければならないからだ。いくら作中で〈慰安婦〉たちが兵士に共感を抱いたと書かれていたとしても、そこには宗主国と被植民地、兵士と〈慰安婦〉、男性と女性と、何重にもかけられた非対称は権力の行使と重なって、信憑性が薄いという指摘は、確かにあたっていよう。だが、それをおしてなお、両者の間に交わされた心情の交換を、文学はどのように書くことが可能なのか。

田村泰次郎が一九四七年三月『群像』に発表した「肉体の門」は戦後文学を代表する作品として時代にその跡を残したが、戦時下の軍隊体験における「朝鮮人慰安婦」との交情を描いた「春婦伝」(一九四七・五)や「蝗」(一九六四・九)と決定的に違うのは、彼女たちとの関係性である。第二次世界大戦の終焉とともに襲ってきたのは、日本人にとって殆ど初めてと言ってよい他国からの占領という体験であった。敗戦によって帰還した日本人兵士たちがアメリカ占領軍の兵士らの前に膝を屈しなければならない屈辱を、もっとも端的に感じさせるのは〈パンパン〉と呼ばれた米兵を相手にする日本人女性によってであった。

進駐軍の上陸に伴って東久邇内閣が自ら画策した米軍向け売春施設であるRAA(リクリエーション・アンド・アミューズメント・アソシエーション)が八月二六日に設立され、翌二七日には施設第一号として大森・小町園が開設された。以後三ヶ月の間に、東京に二五ヶ所の米軍向け「慰安施設」が開設された。これは八月一七日に成立した東久邇内閣の初めての仕事であり、八月一八日に発令した「外国軍駐屯地における慰安所施設の設置に関する内務省警保局長通牒」によってなされたものだが、その通牒の「別記」である「外国駐屯軍慰安施設等整備要綱」の1には「営業行為は一定の区域を限定して従来の取締標準にかかわらずこれを許可するものとす」とあり、その統括は該当地域の警察署長が当たる旨が明記されている。性病の蔓延により翌四六年（昭和二十一年）三月一〇日にGHQはこの地域への立ち入りを禁止してオフ・リミットとしたが、公娼制度の廃止を命じる「日本に於ける公娼制度廃止に関する件」覚書がGHQによって、この年一月二十一日に日本政府に手渡されていることを考えれば、二ヶ月とはいえ、建前としての女性人権を訴えながら、自国のアメリカ兵には買春を奨励していたことになる。日本政府もまたこの覚書にすぐさまに対応して勅令案を作成、四七年（昭和二二年）一月一五日に勅令第九号として公布した。その経緯を示す「昭和二十年勅令第五百四十二号ポツダム宣言の受諾に伴い発する命令に関する件」は国立公文書館に保存されているが、そこでの文言「朕は昭和二十年勅令第五百四十二号ポツダム宣言の受諾に伴い発する命令に基く婦女に売淫をさせた者等の処罰に関する勅令を裁可し、ここにこれを公布せしめる」とある。これはサンフランシスコ条約締結後の一九五二年（昭和二七年）に多くのポツダム宣言受諾に伴う勅令が廃止（ポツダム宣言の受諾に伴い発する命令に関する件に基く法務府関係諸命令の措置に関する法律、昭和二七年五月七日法律第一三七号）された中で、一九五六年（昭和三一年）五月二四日公布の「売春防止法」まで生き延びた数少ないものの一つであるが、買売春が天皇、占領軍の双方に重要案件として浮上し、「売淫をさせた者等の処罰」を規定するという過程は、逆説的に買売春がどれほど社会一般に自明であったかが証明されよう。天皇が性を語った唯一の事例であるこの勅令は、「ポツダム宣言」の冠句が付帯することによって本音とは背馳する、いかにもとってつけたようないかがわしさが漂っているが、それを要求する占領軍の側もまた偽善的なデモクラシー概念の腐臭をふりまいている。

公娼制度の廃止と駐留軍兵士の性欲問題という二律背反の矛盾に困惑したＧＨＱは、格好の禁止の理由を見出した。一九四六年（昭和二十一年）三月一〇日、ＧＨＱは性病蔓延を理由として吉原、鳩の町、新宿などの米兵向けの施設を備えた売春地域への立ち入りを禁止した。同時にＲＡＡの閉鎖を勧告して、ここで一月二十一日に発した「日本に於ける公娼制度廃止に関する件」覚書が曲がりなりにも整合性を持つに至った。しかし、このことが集団管理を脱して、散娼へと向かう契機を与え、いわゆる街娼や「パンパン・ガール」の誕生を促した。この性病問題に関しては一九四五年（昭和二〇年）一〇月　六日には既にＧＨＱは「花柳病の取り締まりに関する覚書」を発令し、東京都はすぐにこれに反応、一〇月二二日、都令及び警視庁令第一号として「性病予防規制」を制定した。これに伴って女性への強制検診を実施することが可能となった。厚生省も翌月の十一月一日、「花柳病予防法特令」を公布、これが一九四八年（昭和二三年）七月一五日、法律第一六七号として発令され九月一日から施行された「性病予防法」へ繋がっていった。この第十一条「売いん常習容疑者に対する健康診断受診命令・強制受診」にある「都道府県知事は、正当な理由により売いん常習の疑の著しい者に対して、性病にかかつているかどうかについて医師の健康診断を受くべきことを命じ、又は当該吏員に健康診断をさせることができる。」は「娼妓取締規則」以来の女性の囲い込みを意図する法律である。これと抱き合わされて同じ日から施行された「風俗営業取締法」（七月一五日発令）とセットとなって、警察権力が介入し易くなった。風俗営業とは「待合、料理店、カフェー、キャバレー、ダンスホール、玉突き場、マアジャン屋」などを指し、これらは都道府県公安委員会、市町村公安委員会の許可が義務付けられるが、ここに公娼制度廃止後の集娼地域である赤線地帯や、私娼地域であった青線地帯の娼館が「特殊喫茶店」、「特殊飲食店」などの名称でいわゆる「特飲街」となって、戦前と同じ警察の管理下に置かれたのである。ただ、「風俗営業取締法」の「附則」第一条(3)に「特殊なる喫茶店は、婦女接客の内容がある限り、本法の対象となるが、売淫行為がこれに伴う場合に、これを取締るのは別個の問題である。」とあり、旧の公娼、私娼を抱えた買売春地域における娼館はもはや買売春施設ではないとの苦しい見解を開陳しているが、買売春禁止に関する法律が一向に成立に至らない戦後十数年の環境の中で、買売春行為の社会的容認とそれに伴う性病予防対策はこれらの法律の中で守られて、就業女性に対する管理と抑圧が戦前と同様に維持されたのである。しかももっとひどいことには、地方公安委員会に託された風営法が街娼など管理下に入らない「散娼」を非管理売春と性病予防の両面から囲い込んでいくために、新たな取締法を各地方公共団体それぞれに発令した。例えば東京都は都議会第一号第一回臨時会（一九四九年一月二五日）で臨時第一九号議案として「売春等取締条例設定の件」を提出、「売春等取締条例」を施行した。これは後の「売春防止法」の基本概念にも繋がる女性人権の軽視があからさまに示されたものであり、要は「売春した女子」、「場所を提供した者」、「客引き」だけが取り締まる対象であり、買春した客は一切この条例には抵触しないというものであった。

地方自治体が女性身体の管理を警察と協働して行うという買売春管理の基本的な構図がここで戦前より強化されているのが見てとれるが、これに従って大規模な「街娼狩り」、「パンパン狩り」が東京の繁華街で繰り広げられたのである。それは戦前期の「密淫売」取り締まりを手本としたもの（臨検、予防拘束等）だが、駐留軍によって買売春地域は広域化しており、また就業女性たちも公娼制廃止後の自立、非管理型に転換しており、社会的な反響も大きかった。田村は戦後いち早くこの「パンパン狩り」を題材として作品を書いたが、そこには屈折した女性たちに対する見方が披瀝されている。

「肉体の門」で仲間の掟に逆らったボルネオ・マヤは、凄絶なリンチにあう。両手を縛られ天井の鉄骨に吊るされながら、薄れゆく意識のなかで旧兵士の伊吹新太郎との性交によって知った肉体の喜びを離すまいと誓う結末部分には、占領軍の男に奪われた自国の女を、身体の悦楽を通じて日本人の男が取り戻すという構図になっている。だが、ボルネオ・マヤの被虐的な性的快感がリンチによって確認されるという〈倒錯〉に対して、どのように考えればいいのだろうか。これは一方において他国の男に凌辱された女性への処罰としても成立する。被占領国の男たちの彼女たちへの根深い嫌悪もここには立ち現われている。田村は「女狩りの夜」（一九四七・五）で、戦後すぐに闇市や〈パンパン〉の横溢する生命力に感嘆しながらも、「パンパン狩り」で拘引される女たちが、あっけないほどに従順なことをあげつらって、「封建制度で女性を圧へつけてきたといつても、そとへ出さなかつたために、ある意味では保護されすぎて、自分の意思をうしなひ、無能力者にしてしまつたんですな。」という一言を加えずにはいられなかった。誤認逮捕されて検束された女性が抗議のビラを電柱にはってあるのを見て、主人公・小宮は「そんな恥辱なら、検束のとき、なぜ死をもつてしても反抗しなかつたのか」と思う。この最終部のつぶやきこそは、男性が女性に要求する「貞操」の堅持への自覚要請であり、このことがなお一層に女性の処女性や、無垢なる「神聖」への際限なき注文に繋がっている。ＲＡＡが女性募集に際してうたったスローガン、「性の防波堤」に応じた女性は、たちまちのうちに自国の男を裏切った売国奴として非難されてしまうのだ。これを救うロジックは「強制性」であるが、田村が見る女性たちは、思いのほかの生命力をもって生活の困難を切り抜けていく。田村がそれを解読するためには「無能力者」として、考えることのないばかな存在として切り捨てるしかなかった。日本と朝鮮半島で繰り広げられた「被占領地」の経験は、男たちのルサンチマンによって、本来語るべき女性たちの言語を奪っているのだ。

## 4

本来語るべき女性たちの言葉はどのように取り戻していけばいいのか。この問いに応えていくために、私はやはり文学のなかを彷徨いたい。戦後文学に特異な位置を占めた女性作家に池田みち子がいる。女・田村泰次郎と呼ばれ、「肉体文学」の書き手として活躍した彼女を覚えている読者は少ない。だが、私は彼女の文学的行程の中に、「慰安婦裁判」をやわらかく氷解させていく鍵のようなものが潜んでいるように思えてならない。「慰安婦」という言葉で括られ、法の言葉によって単一化されてしまった彼女たちを、その各々の身体に差し戻して、個別の顔を与えるためにはどうしたらいいのか。本稿の最後にこのことを考えたい。

池田みち子は一九一〇年に京都に生まれ、二〇〇八年、九七歳で逝去した。戦前期には赤色救援隊に参加、検挙などの弾圧を受けて上海に渡った。帰国してから写真公社に勤務しながら小説を書いたが、戦後の出版ブームの中に台頭して、流行作家となった。彼女の作品の特徴は、女性の主体がどのように身体や性と関わっているかということにあった。必然的に戦後期に表向きには自主営業となった性産業に携わる女性たちや、「変態」として忌避された同性愛者たち、あるいは日常生活の中に潜む夫婦の微妙な感情のやり取りなどが、彼女の作品に多く現われた。当時としては大胆な性描写によって注目され、文芸誌や中間小説誌ばかりでなく、カストリ雑誌にも多く寄稿した。

池田の描く女性たちは、田村が非難する「無能力者」である。困難な現実に直面すると、殆ど思考を停止させて、まるで穴倉にこもる小動物のように自閉する。一九四七年に刊行した『情人』（パトス）には、一九四六年に書かれた短編が集められている。戦時下から戦後への困難な生活がそこには描かれているのだが、女主人公の姿を通して池田が主張するのは、女たちは戦時下に既に虚脱していたのだということである。国家が総力戦で戦う戦時下にあってすら、女たちには国家の恩恵は少しも届かず、苦難と忍耐を要求するばかりである。打ち続く生活の困難の中で、女たちは考えることを停止する。その他に方途はない。「麗しき女体」という作品は、親を失った女主人公が吉村という男の援助を受けながら暮らしている話である。彼女には高雄という最愛の恋人がいるが、彼には生活力はない。彼女から金を貰って生活している。双方にばれてしまった主人公は、同じアパートの〈パンパン〉の世話で、酒場に勤めに出るようになる。それでも二人の男は彼女を「お前は考へがなさすぎる」と説教をして関係を続けようとする。この女主人公にどのような選択が許容されているというのだろう。流されるように浮遊する、この女主人公の虚無は男たちには理解されない。彼らの都合によってさんざんにされてきた主人公は、まさしく戦後空間を生きる女たちの空虚を代弁している。それは国家が彼女らの身体の自然を奪ったメタファーとなっていることを想像させる。

　寄る辺ない女たちの虚脱や空虚が、決して男たちに理解されないであろうことを池田は作品の中で語りつくす。売春防止法以降の彼女たちを追った池田は『災禍の芽』(現代社、一九五八)、『流れる女体』(文芸評論新社、一九五八)などで、彼女たちに随伴した。『山谷の女たち』(現代社、一九六七)はその極北を描いた作品集である。戦後、性産業に従事してきた女性たちは、一九五七年の売春防止法の施行によって行き場を失う。戦争直後に二〇歳前後であった彼女たちも三〇歳を越えようとしていた。性産業において加齢はその「商品価値」を減じる大きな要因となっている。新たな職場を求めて女たちは飲食業や簡易売春へと流れていったが、一九六〇年代にはその職場も失っていく。住居をもなくした彼女たちは山谷にたどり着く。池田は高度経済成長前夜の山谷のドヤ街簡易宿泊所に泊まり、彼女たちの生活を見つめた。徹底した他者としての視点を注ぐ池田の筆致は、時に女たちを過酷に見据える。裸に剝かれた女たちの生がそこには置かれている。過剰な同情や、あるいは聖化、被害者性の強調など微塵もない描写の力は、逆に女たちに個別に顔を与え、個別に彼女ら自身の主体を炙り出していく。

　一九八二年に発表した長編小説『生きる』(新潮社)はその集大成といってよい。第二次世界大戦時の東京大空襲で家族を失ったケイは、食べていくために街娼となり、吉原や立川基地を流離して、年をとってからはバーや飲み屋で働くようになる。しかし、そこでも生活費を得ることが難しくなったとき、ケイは山谷の簡易宿泊所で暮らすようになる。季節労働者や臨時雇い、出稼ぎ労働者など肉体労働に従事する男性たちが通り過ぎていくこの街に、性産業や飲食業を経て、最後の居住地として女たちはたどりつく。ケイの実直な性質に目をつけた簡易宿泊所の主人は彼女に「番頭」になることを依頼する。この街の「番頭」はサービス業のそれとは趣を異にしている。「番頭」は確実に一日ずつの宿泊料を徴収し、もめごとがおこればそれを仲裁するのだが、基本的には宿泊者の個人的な事情に立ち入らずに、寡黙に等距離を保ちながら、彼らと接していく。ケイは胸の蝶の入れ墨を隠しながら生きていくのに、この街のそうした希薄な人間関係が気に入った。ケイはこうして山谷の観察者となる。

この小説はそのように他者との関係を定めながらも、それでも人間の感情があふれ出す瞬間を描いている。名前もわからないままに死んでしまった宿泊者や、犬を預けていった若い労働者、ケイはその一人一人にふと暖かい視線を注ぐ。このことが自分の過去や現在をつないでいっているのだ。耐えがたいほどの苦痛の中ですごしてきたケイのかたくなな心と体は、それでも暖かい心を求めてやまない。この『生きる』はまさしく戦後経済成長の先兵として過酷な労働に携わった人間たち、またその再生産の道具として身体を市場へと投げ出した女性たちを、高度消費社会へと移行する日本がどのように過酷な処遇をしていったかを描き、何よりもついに果たさなかった戦後処理がどのように底辺を生きる人間たちを疎外して、棄却したかがはっきりと描かれている。

池田は山谷を舞台に娼婦たちの行く末をなぜ見つめ続けるかという問いに次のように答えている。

なぜ、山谷ドヤ街ばかり書くのか、と人に聞かれる。十年ぐらい前、娼婦ばかり書いていた時期があって、その頃も、なぜ、娼婦ばかり書くのか、としばしば聞かれた。そんなとき私は、どう答えればよいのかいつも戸惑った。私は、私の性格の中に、落ちこぼれて行く人たちと同じような崩れている部分があって、それが彼等、彼女等に近親感をおぼえる、と思った。落ちるところまで落ちてしまって、これ以上は落ちようがない場所に居坐ると、競争心や虚栄心にわずらわされることがないので、一種の気楽さがある。その気楽さを私は好きである。(『無縁佛』あとがき、作品社、一九七九)

彼女が言う「崩れている部分」とはまさしく何もかもが虚しくなりながらも、それでも生きようとする身体の生理的な欲求に、生きがいとか勇気とか、矜持とかいう精神的な装いを削ぎ落とした無謀にも自棄にも似た生存の形のことである。だが、「崩れる」とはそうやって社会規範をドロップ・アウトするという意味だけではなく、その社会規範自体が「崩れ」の要因を抱え持っているにもかかわらず、その「崩れ」を社会から放逐して、忌避し、無視し、あげくには矯正しようとしたりする偽善へ対する告発でもある。社会構造そのものの根本的な道義性の鈍磨や倫理観の欠落を偽善的な言葉で糊塗して、なお一層の酷薄な仕打ちを繰り返す政治や法や行政を、そのままに認めることが出来ようか。被圧迫者の内的な焦燥は、時として規範を嘲笑するかのような「逸脱」を行使する。それは社会一般に「崩れ」と呼ばれて忌避されるが、この「崩れ」こそが小説の言葉を語りだすスイッチであるのだ。「崩れ」がまるでなかったかのように偽装し、整合させようとする世間の欺瞞に、池田は無意識ながらも生理的に反撥した。それは数十年にわたる山谷通い、そしてそこでの幾多の山谷をめぐる人々たちとの出会いと別れ、あるいは山谷闘争裁判の傍聴といった行動となって、彼女の生活の主たる部分を占めるようになった。

いま一度、朴氏の『帝国の慰安婦』とこの池田の作品を結びつけるならば、そこに自ずと同じ問題を抱え持った共有点が照らし出されてくる。完全に無辜なものも、完全に悪なものも世の中には存在しない。そう措定しようとする国家の欲望にこそ、懐疑の眼は注がれるべきであろう。性という全き個人的な身体の経験が、国家の欲望に絡め取られる時、それは実体としての個々の身体や感情や情動を離れ、一律的な「表現」へと置換されてしまう。そこには顔も体もない、のっぺらぼうな「名づけられたもの」だけが亡霊のように居座っているのだ。

朴氏が『帝国の慰安婦』で表現しようとしたのは、まさしく「慰安婦」と名づけられた女性たちに、本来の顔、身体を与えることであった。問題となった兵士たちとの「同志的な」関係という表現は、まさしく壮大な誤解を生み出していく起因の言葉となったが、いま目の前にする一個の人間に与えられた彼女たちの人間的なまなざしが、否定的に語られるべきものなのであろうか。「慰安婦」たちがそこで勝ち得た感情や情動を、私は極めて人間的に優れたものだと信じる。それを国家に連動させていく思考の行程こそに本来の問題はあるのであって、ここで紡がれた感情の高さを否定することはできない。もちろん、戦前期日本の国家主義によって生まれたこの圧倒的な苦難を記憶し続けることは、日韓両国の使命である。だが、いままた「慰安婦問題」の悲劇を解決するために、戦前期の国家主義と同じ構造を持った国家愛や愛国心を持ち出すことの不当性にも気づくべきであろう。諸悪の根源としてそれがあるなら、それを失くすための努力は払われねばならない。朴氏が根拠として提出した文学は、「虚構」ではあるが「嘘」ではない。そこには私たちが想像もつかない他者の呻吟や歓喜、絶望や悲哀が刻印されている。

人間にとって自分があるカテゴリーに分類されてしまうことは苦痛以外の何ものでもない。標本化された「慰安婦」イメージに、個々の顔と身体を与えようとした営みとして、朴氏の『帝国の慰安婦』を読んでいきたいと思う。それは国家の管理から自らの性を奪い返す作業でもあるのだ。

# 戦時性暴力とミソジニー

## 芥川龍之介『藪の中』を読む

西　成彦
Nishi Masahiko

# 1

「ヤスクニ」に「英霊」として祀られているような旧日本軍兵士は、勇敢に闘ったのはなるほどそうであったかもしれないが、彼らがその合間に乱暴狼藉（無差別殺人や性暴力）をはたらいた可能性があるという疑いは、百年経とうが、二百年経とうが、消えることはないだろう。そもそも「ヤスクニ」に参ろうとする人々は、「国のため」に戦った兵士に対して、感謝の意を表するだけでは済まされない。それは、国家のために命を差し出すよう強いられた、ある種の「犠牲者」に向かって哀悼の気持ちをささげ、彼らが戦闘の合間に犯したかもしれない恥ずべき素行にも思いを馳せて、自分をもまた恥じるという、そんな老若男女であるはずで、そうでなければならないと私は思っている。「ヤスクニ」が参拝者を厳かな気持ちにさせるとは、そもそも、そういうことなのである。

戦後生まれだし、従軍経験のない私のような人間にとって、森鷗外が『鼠坂』（一九一二）に書き、石川達三が『生きている兵隊』（一九三八）に書き残したような日本人男性の非人道的な行為は、後世の私たちが未来永劫引き受けるしかない、文字通り、国民的記憶の「恥部」である。千田夏光の『従軍慰安婦』(一九七三)以降、少しずつ「従軍慰安婦」の話題が巷でも囁かれるようになる一九七〇年代から八〇年代にかけて(それは山崎朋子の『サンダカン八番娼館』(一九七二)や森崎和江の『からゆきさん』(一九七六)が先を争うように読まれた時代でもあった)、まさに軍国主義日本の恥ずべき「闇」の深さは、めまいを誘うほどだった。私のような戦後生まれが「憲法第九条」に感謝するとしたら、そうした「闇」から少なくとも自分は自由だと思える、甘ったれた安堵感に由来する。

そして、こうした日本史の「恥部」が、まさに「植民地支配」の「恥部」でもあることを指し示すかのように、韓国をはじめとするアジア諸国(やオランダ)から「元慰安婦」らの「名乗り」があり、一九九〇年代に、日本の男は、老いも若きも、よほどの「恥知らず」でないかぎりは、はげしい「羞恥」にとりつかれたのである。日本のフェミニズムが、そうした「羞恥心」を日本の男たちのあいだに掻き立てたことも確かである。当時の男たちは、はっきりと自分は「恥じ入る」と宣言できたタイプと、臆面もなく「恥知らず」としてふるまったタイプに二分された。

ただ、そんな一九九〇年代の日本では、「河野談話」や「アジア女性基金」あたりを分水嶺として、いつまで、どこまで「恥じ入り」つづけるべきかをめぐる煩悶が深まっていった。私が「鼠坂殺人事件」と題する森鷗外論[1]を書いたのは、そんな時代だった。法的拘束力は持たないことを謳いつつ、しかし「国際法廷」を銘打った「女性」たちを中心とした「女性国際戦犯法廷」に関して賛否両論が喧しく飛び交っていた、その時代背景を強く意識した。

『鼠坂』という作品は、鷗外(森林太郎)自身の日露戦争従軍経験を下敷きにした一種の「戦場小説」

だが、満洲の民間女性への強姦、そして殺害にまで及んだとされる日本人は、兵士ではなく、軍に帯同していた新聞記者との設定だ。しかも、この作品が「小説」として巧妙なのは、単純に戦時性暴力をリアルに描くのではなく、レイピスト自身が「武勇伝」としてあることないことを綯交ぜにして触れまわったしっぺ返しとして、日露戦争以来の知己である酒宴のあるじが、悪趣味にも本人の目の前で、再度、過去を暴き立てることになるという構成それ自体である。そこには第三者もいれば、家のあるじの女房も、男たちに酌をしながら、同席している。せっかくの酒宴を楽しみにやってきたはずの男は、いつしか「罪状認否」を迫られることになり、完全に気分が動転してしまう。そして、そのまま寝室に通されて体を横たえた男は、夢魔にとりつかれて絶命する。新聞には「脳溢血症」とのみ報じられた死の真相は、「七年前」の満洲の夜の「死霊」が帝都東京のど真ん中で、殺人鬼に復讐を遂げたとの説明が可能である。そんなふうに語り聞かせる「怪談」仕立てにできているのが、『鼠坂』である。

私は、明治以降に日本が行なった海外派兵（民間人の随行も含む）が、どれだけの無法行為に手を染めたかをずばり告発した作品として、小品ではあるものの、この小説は後の『生きている兵隊』に並び称せられてしかるべき、「戦時性暴力告発小説」の傑作だと考えている。この作品が戦後のある時期まで鷗外の作品のなかでもほとんど注目の対象とされてこなかったのは、それがあまりにも直球勝負の「反戦小説」だったからではなかったかと思う。

『鼠坂』が秀逸なのは、恥ずべき戦場での悪行を露悪的に描いただけで終わらせようとしなかったことである。同作品が描くのは、そのような蛮行をひとは（首謀者でさえもが）面白おかしく加工して、露悪趣味の「武勇伝」に変えてしまうという、人間という生き物の浅ましさ、しかもそうした悪趣味な物語が、軍国主義国家の巷間にあっては女性までが立ち会う場で「都市伝説」のように流通し、伝承されていってしまうという人間の愚劣さ、そこまで含んだおぞましい人間模様の全体像なのである。森鷗外は、そうした「都市伝説」の創造と伝承にみずから関与したのだということになる。

そして、犯罪被害者に生じるとされる「フラッシュバック」なるものが、犯罪加害者にもまた、いつ降りかかってこないとも限らない、そういった事例を示したという意味でも、鷗外の「心理学者」ぶりが如何なく発揮された作品だとも言えるだろう。こうした人間観察は、日本においては「旧日本軍兵士」の「名誉」を守るとの名目から「英霊」の過去を蒸し返すまいという「国民的総意」の形成（「ヤスクニ」とはそうした創られた総意のシンボルだと言える）にも預かって力があったかもしれない。しかし、少なくとも鷗外は、そうした日本社会の構造そのものを、文学者ならではのやり方で「暴露＝告発」してみせたのである。

ただ、二〇〇〇年の私は、さしあたり、そこまで考えるのが精一杯だった。民族がたどった「汚辱の歴史」を蒸し返すことを楽しむ下品さと、それをいつまでも否認しつづけようとする歴史修正主義の頑迷さ――『鼠坂』が描こうとしているのは、その一対であると。

私の思考は、ひとまずそこで停止した。

ありえた強姦殺人、ありえたひけらかし、ありえたフラッシュバック、ありえた都市伝説、ありえた隠蔽……。

『鼠坂』はいかなる歴史教科書も描きえないような人間の滑稽さと醜さを、たくみに描き出していた。

## 2

その後、二〇〇〇年代の日本では、いわゆる「右傾化」に拍車がかかり、「ヤスクニ」の聖域化は進んだし、「アジア女性基金」も所期の目標を十分には果たせないまま活動を終え、「慰安婦問題」をめぐっては膠着状態がつづいていた。そんななか、日本では民主党政権が誕生して間もない二〇一一年八月、韓国の憲法裁判所が「韓国政府が日本軍「慰安婦」被害者の賠償請求権に関し、具体的解決のために努力していないことは「被害者らの基本権を侵害する違憲行為である」」との裁定を下した。ソウルの日本大使館前に少女像が設置されたのは、同年の十二月だった。

じつは、私が朴裕河氏の存在を知ったのは、二〇一〇年の七月だった。当時の彼女は『帝国の慰安婦』などという本を日韓両国で出版することなど、おそらく考えておられなかったと思う。韓国で刊行された『和解のために』（二〇〇五）が、佐藤久訳（平凡社、二〇〇六）として日本で刊行されるや否や、同書は大きな話題を呼び、大佛次郎論壇賞を受けるに至った。もっとも、同書は「慰安婦問題」を単体で取り上げた本ではなかったし、その後の彼女は、日韓の「和解」の話題からは少し遠ざかり、「元在朝日本人」（要するに「引揚者」）の問題へと関心をシフトされていた[2]。また、日本文学研究者の間で、朴裕河氏と言えば、むしろ早稲田大学で博士学位を受けられた博士論文を基にした『ナショナル・アイデンティティとジェンダー』（クレイン、二〇〇七）のインパクトのほうが大きかったかもしれない。「国民的文豪」としての夏目漱石を、ジェンダー論の観点から再審に付した同書は、いまでも漱石の価値を見定めようという研究者にとって避けては通れない基本文献だと思う。

そして、そうした朴裕河氏の本領を見通したかのごとく、植民地文化学会代表の西田勝さんは、〈植民地主義と女性〉なるフォーラムを同学会の年次大会の目玉企画として発案され、そこに朴裕河氏をパネリストとして招かれた。そして、たまたま私は「コメンテータ」として、その場に声をかけていただいたのだ[3]。

じつは、そこでの朴さんの話は、まるで企画者の意図を裏返すかのようで、植民地支配の下に置かれた韓国・朝鮮の「男性」の話が主だった。

《植民地化という事態》は、《植民地の男性たちが女性を養う経済的主体としての位置を失ったこと》を示したという。有名な「アリラン」の替え歌のひとつ[4]に対する朴さんの読みは、そこには《女性たちが売られていく状況〈中略〉をただ見ているしかなかった男性たちの無力感とくやしさと軽蔑の感情〈中略〉がにじんでいる》(十一頁)というものであった。「無力感」にうちひしがれた男が「売られていく同胞の娘」を見ながら、「同情」や「義憤」などよりも、まず「くやしさ」や「軽蔑」に悶え苦しまなければならない。そんな植民地の男性にとって、仮にそれが「日王のために死ぬこと」でしかなかったとしても、それが《男性性を回復する》(十二頁)ための道のひとつだったのである。要するに、そのフォーラムで朴さんが語られたのは、植民地支配が被植民者の男性に及ぼした《去勢》(一〇頁)的な作用についてだった。

この発表を受けて、コメンテータの私は、「去勢」の危機にさらされた男性の「男性性回復」という企てを《虚勢》(四一頁)の名で呼び、軍国主義が宗主国から植民地に至るまでの男たちに強いたのは、おしなべて「虚勢を張ること」だっただろうと補足する形で応じた。「抵抗する男性」には徹底的に「去勢」を施し、その代わり、「愛国的な国民(=皇民)」としてのみ「虚勢」を張らせる──それが軍国主義国家の男性操縦法だった。それは植民地に特有の現象ではなく、国民国家自体がそういった操縦法で男たちを飼い馴らすのだ。そして帝国日本は、植民地台湾や植民地朝鮮において、長いあいだ徴兵制を敷かなかったため、現地の男性たちには「虚勢」を張ることを強いず、許しもしなかった。

そして、そうしたなかで、女性はおとなしく「守られたい女性」に扮するか、でなければ「虚勢を張る男性」に奉仕する「〈軍需品〉としての女性」[5]になるか、どちらかなのだった。

二〇一〇年当時は気づかなかったことではあるが、今となってふり返れば、近代国家の「男性ジェンダー化」をめぐる朴さんの批判的な視座は、すでに培われ、そうした視座こそが「慰安婦問題」の深い理解を可能にするのだという強い確信が、彼女のなかには胚胎されていたのだと思う。

そして、単に戦場や植民地の女性を性的に搾取する「強引で横暴で、むやみに虚勢を張る男性」とは別に、「女性たちが売られていく状況(中略)をただ見ているしかなかった男性たち」をも同時に見据えないことには、植民地女性の悲哀は理解できない。「植民地主義と女性」というお題をふられた朴さんは、こうしたまわり道を経ることで、歴史の真実への肉迫を試みられたのだった。

◆

以下は、私なりの『藪の中』読解だが、おそらく植民地文化学会での朴裕河氏との名刺交換、その後の『帝国の慰安婦』（朝日新聞出版、二〇一四）との出会いを抜きにしては着想できなかった論考だと思っている。

そして、以下の論は、そもそも韓国の聴衆を強く意識して書かれたものである。二〇一六年四月二九日、ソウルの韓国外国語大学校で開催された記号論学会[6]での原稿（英文）に多少の調整を加えた。「従軍慰安婦」問題（や戦時性暴力問題）は、歴史認識のレベルでは「加害国と被害国」という二項対立に足場をおいた議論に陥りがちだが、そうした二項対立を超えて、「女と、女を苛み、見殺しにする男」という、民族国家の境界を「横断」するもうひとつの区分に沿っての捉え直しもまた求められていると思う。

私が朴裕河氏の議論の立て方から最も多く学んだのは、「家父長制」を問い直す際には、世界を股にかける「男たちの共謀と共犯」を同じく国境横断的に「告発＝暴露」する姿勢が不可欠だという認識だ。

## 3

芥川龍之介の作品のなかでも『藪の中』（一九二二）は世界的によく知られている。黒澤明の『羅生門』（一九五〇）の名声が、このことに貢献していることは言うまでもない。

この小説の中では一人の女性（＝真砂）が名うての盗人《ぬすびと》（＝多襄丸）によってレイプされ、同行していたその夫（＝武弘）が殺害されるという筋書きになっている。ただ、武弘を殺したのは自分だと、盗人も女も、そして武弘の亡霊さえもが主張するのだ。そして、その下手人の誰であったかに関しては、まったく決め手を欠いたまま小説は終わる。この意味で、同小説は「推理小説」の体をなしておらず、それがかえってこの小説の「メタ推理小説」としての名声を高める結果につながったと考えるべきなのかもしれない。

しかし、ここでは『藪の中』を、「殺人小説」と読むのではなく、「性暴力小説」として読むことにしたい。それこそ森鷗外の『鼠坂』の延長にある作品として同小説を読んでみようと思うのである。武弘を殺害した三人（武弘自身を含む）の相矛盾する証言をただ並置するという芥川の手法は、性暴力に関わった当事者――レイプ犯、レイプ被害者、そしてその被害者に近い立場にある傍観者――の内面をそれぞれ浮き彫りにするという心理主義的な選択に基づいているのではないか。そんなふうに考えてみようと思うのである。「証言」のあいだの不整合を問うても、そこは堂々めぐりにしかならないからである。

『鼠坂』のレイプ犯は、かつての自分の蛮行を自慢げにふれまわった過去があるにもかかわらず、いざ「罪状認否」を求められると、《人が出たらめを饒舌《しやべ》つたのを、好くそんなに覚えてゐるものだ》と、すっかり腰が引けてしまう。しかし、このような無実潔白の主張に騙されてはならない。男性同士の会話にあっては、性暴力に関する話題が忌避されるどころか、むしろ愛好される傾向があり、しかもそうしたホモソーシャルな場での語りにあっては、話に尾ひれをつけるような誇張が一般的で、『鼠坂』においては、《まだ二十《はたち》にならない位な、すばらしい別品だつたと云ふのだ》と、噂話のレベルでは被害者は「別品」であるのが当たり前であるかのように脚色されている。そして、『藪の中』においても、多襄丸は《わたしにはあの女の顔が、女菩薩《によぼさつ》のやうに見えた》と、大言壮語に酔いしれる。

家父長制的な構造の中では、かりにレイプが発生しても、本来は恥ずべき男のほうではなく、辱められた女のほうこそが「恥じる」ようにできている。まずはこの理不尽を念頭に置いて考えなければならないのだが、その結果、性犯罪に関しては、恥ずべき男のほうが「饒舌」で、被害者のほうは「沈黙」を強いられるという転倒が生じてしまうのである。『鼠坂』や『藪の中』は、この改まるべき「ねじれ」をみごとに暴き立てていると言えるだろう。恥ずべき側の存在がかたくなに恥じることを拒み、恥じる必要などないはずの人間が恥じることを強要される。結果的に、恥知らずな男たちは過去を語ることに、まるで悪びれることがなく、逆に被害者のほうはひたすら黙りこむのである。「性暴力小説」なるものは、加害者と被害者のあいだに生じる、この非対称性を「告発＝暴露」するという使命を引き受けようとする小説のことである。

## 4

『藪の中』が「性暴力小説」として秀逸だとすれば、そこではレイプ犯の自慢話ばかりでなく、被害者自身、そしてその身内の悲痛な声が丁寧に拾われているからだろう。そこは、被害者やそれを取り巻く人々の悲しみや怒りにいささかも触れようとはしない『鼠坂』との大きな違いでもある。「盗人」に凌辱された女性が、その被害体験の後にも苦しまねばならなかったことは、彼女の「懺悔」を読めば分かる——《紺の水干《すゐかん》を着た男は、わたしを手ごめにしてしまふと、縛られた夫を眺めながら、嘲るやうに笑ひました。夫はどんなに無念だつたでせう。〔中略〕わたしは思はず夫の側へ、転《まろ》ぶやうに走り寄りました。いえ、走り寄らうとしたのです。しかし男は咄嗟の間に、わたしを其処へ蹴倒しました。丁度その途端です。わたしは夫の眼の中に、何とも云ひやうのない輝きが、宿つてゐるのを覚りました。〔中略〕其処に閃《ひらめ》いてゐたのは、怒りでもなければ悲しみでもない、――唯わたしを蔑《さげす》んだ、冷たい光だつたではありませんか？》

要するに、性犯罪被害者の女性は、初発の凌辱に苦しめられるだけでなく、第二、第三のはずかしめにも身を晒さなければならなかったのである。

そして、とうとう彼女は、その夫を殺そうと決意した――《もうかうなつた上は、あなたと御一しょには居《を》られません。わたしは一思ひに死ぬ覚悟です。しかし、――しかしあなたもお死になすつて下さい。あなたはわたしの恥を御覧になりました。わたしはこのままあなたを一人、お残し申す訳にはまいりません。》

彼女は自らを恥じ、その場に夫が居合わせたことをそれ以上に恥じて、まずは夫から、そして次には自分自身をこの世から消し去ろうと考えたのである。

ところが、彼女は自刃に失敗し、一人だけ生き延びて、清水寺の僧侶を前に「懺悔」の言葉を列ねることになった。もしも彼女が夫の殺害にまで及んでいなかったら、彼女は自分が受けた性暴力被害について、わざわざ他人に語ったりしなかっただろう。《盗人の手ごめに遇つた》彼女は、《夫を殺した》という罪状を語るにあたって、その殺人の動機を説明するために、みずからの被害経験を〔行きがかり上〕語ったにすぎない。「手ごめ」そのものは、相手が誰であれ、語るべき被害などではなかったのだ。性犯罪は、それだけではその事実を言語化する条件にはならない。『藪の中』は、性犯罪をめぐる語りなるものが、どちらかといえば、恥知らずな性犯罪者の側によって独占されてしまう傾向にあることを、はっきりと開示している。そして、その独占が破られるのは、被害者の側が家父長制的な権威を傷つけるほどの暴力にみずから訴えるときだけなのである。

# 5

ところで、『藪の中』は、アルゼンチンのアドルフォ・ビオイ・カサーレスとホルヘ・ルイス・ボルヘスが『世界のベスト探偵小説Ⅱ』*Los mejores cuentos policiales II*（一九八三）に収録したことでも知られているが、二人は、この風変わりな「探偵小説」の特徴として「超自然性」を挙げている。それはおそらく殺害されたレイプ被害者の夫もまた「巫女《みこ》」を介して「証言」に及ぶことを意識したものだろう。

たとえば、彼（巫女の声）は、次のように言う――《おれの前には妻が落した、小刀《さすが》が一つ光っている。おれはそれを手にとると、一突きにおれの胸へ刺した。》

そして、その彼（巫女の声）は、自分の妻が「盗人」に言い寄られ、自分を裏切るさまを見なければならなかった「無念さ」を聞き手に伝えないではおれないのである。彼はみずからの妻がこう言ってのけたと証言する――《あの人を殺してください。わたしはあの人が生きていては、あなたと一しょにはいられません。》

そして、彼（巫女の声）は、妻によって裏切られた「絶望感」を切々と語って聞かせようとする。「盗人」から《自分の妻になる気はないか？》と話を持ちかけられた妻の表情を思い浮かべながら、《おれは（中略）あの時ほど、美しい妻を見た事がない》とまで言う。《おれは妬《ねた》ましさに身悶えを》するしかなかったのだ。もし妻を「盗人」に寝取られることがなければ、彼は妻を愛しつづけることができただろう。にもかかわらず、不慮の事故のせいで、彼はもはや彼女と添い遂げることができなくなってしまう。「性暴力小説」としての『藪の中』に真正さが宿っているとしたら、このあっけないまでの「心変わり」が物語の主題になっていることに由来する。

しかし、ここで私はもうひとひねり加えてみようと思う。もし『藪の中』の多襄丸が、ただの無頼漢ではなく、外国から来た兵士であったとしたらどうなるのかと問うてみることだ。その場合、妻を寝取られた夫の「絶望」は、倍化される。他の男に妻を寝取られただけではなく、異民族に寝取られたという屈辱感が加算されるはずだからである。女性に標的を絞った性的な攻撃は、植民地化され、占領された側の男女のあいだにも罅《ひび》を入れ、その相互信頼を引き裂くのだ。

話題を少し大きくするならば、大西洋を舞台にして数世紀にわたって展開された奴隷交易は、奴隷制社会の中に、まさにこうした「分断」をもたらした。そこでは奴隷女たちがつねに同族の男を裏切るかもしれない存在として怪しまれた。そして、実際に彼女らはしばしば混血の子どもを産み落とした。明治期以降の日本が、植民地や占領地において、現地の日常生活を破壊し、現地人の心にトラウマを刻みこんだとしたら、それは個々の「性暴力」の行使によってだけではない。植民地や占領地の真砂は、多襄丸の暴力に物理的に苦しめられただけでなく、武弘の「嫉妬」や「蔑み」にまで付き合わされなければならなかったのだ[7]。

二〇世紀の東アジアで相互の不信を修復困難なまで根強いものへと変えてしまった日本軍兵士（およびそれに随行した軍属）の性暴力に関して、それを正面から取り上げた小説というのは、きわめて限られている。であるならば、かりに「仮説」であろうとも、『藪の中』を「戦時性暴力を描いた小説」として読むことは、目的さえ誤らなければ許されるだろう[8]。

そして、この読みは、いわゆる狭義の「戦時性暴力」の範疇にはあてはまらないかもしれないが、確実にそれとは「地続き」[9]だと言える「従軍慰安婦問題」を考えるうえでも有益だろう。もともと住んでいた土地から誘拐・拉致され、前線へと送られて、日本軍（皇軍）兵士による断続的な凌辱に苦しまなければならなかった女性たちは、要するに真砂だったのではなかったか？　彼女らは、いつ終わるとも知らされない凌辱に耐えつつ、同時に、同胞たち（とくに男性）の「蔑み」に満ちたまなざしにも苦しめられなければならなかったはずだ。真砂を奪われた武弘の「嫉妬」や「怒り」は、多襄丸に対してのみならず、真砂自身にさえ向かっていってしまった可能性が高いのである。『藪の中』が、恐ろしいのは、そうした人間心理を描き切っているからだ。

もちろん、芥川はこの小説が戦場を舞台にした同時代小説として読まれることを自分では予想はしていなかったかもしれない。しかし、アジア太平洋戦争を『藪の中』が予言するかのような小説であったと考える権利が、私たちにはある。それは一種の義務でもあるとさえ私は思っている。

アルジェリア独立戦争に際して民族解放戦線（ＦＬＮ）と行動を共にした精神科医のフランツ・ファノンは、《植民地化はその本質において、すでに精神病院の大いなる供給者としてあらわれていた》[10]と書いていた。精神科医やカウンセラーの欠乏は、植民地や占領地の人々の精神障害を野放しにすることを強いたが、一日本人として、過去の戦争責任・植民地支配に対する責任を引き受けるためには、元植民地や元日本軍占領地域でその後に進行した「脱植民地化」、そして「国民国家形成」のプロセスとは、それ以前の暴力がもたらした精神的な外傷との闘いでもあったということを見逃さないことだと思っている。であればこそ、私は日本の作家が書いたものにすぎなくはあっても、『藪の中』を「戦時性暴力を描いた心理小説」として東アジア諸国で共有化し、今後の相互的な歴史認識に向けた素材として活用することを提唱したい。そこには植民者と被植民者、性暴力の加害者と被害者の双方が分け隔てなく描かれていると考えるからである。

芥川龍之介自身に「女嫌い《ミソジニスト》」としての側面があったに違いないが、しかし、『藪の中』の芥川は、女性を標的とするような男たちの「ホモソーシャルな共謀」を勇敢に描き切っている。「巫女の口を借りたる死霊」の証言によれば、《あの人を殺してください》と叫ぶ真砂に対して、まったく《返事をしない》まま、多襄丸は武弘に向かってお伺いを立てたというのである——《あの女はどうするつもりだ？殺すか、それとも助けてやるか？》

このとき、二人の男は、最終的な（それは悪魔的とさえ言っていいだろう）合意に達する。それはあたかも女性に対する生殺与奪の権利は、つねに男性に握られているとでも言わんばかりである。この多襄丸の質問を耳にした武弘は、多襄丸に対する評価を、（巫女の声を通して）こんなふうに語ることになる——《おれはこの言葉だけでも、盗人の罪は赦してやりたい。》

一人の女性に対してライバル関係にあたる男同士が、一方的に絆を確認し合ってしまう。真砂が、口をふさがれた武弘の「目」のなかに見出した「蔑んだ、冷たい光」とは、結局は、女を交渉の場から締め出してしまう男同士の共謀の必然的な帰結であったと理解すべきだろう。

家父長制的なシステムは、男同士の共謀に基づいて女を搾取＝利用し、悪用＝虐待する。

要するに、『藪の中』は、たった一人で恥じ入るしかなかった女の悲劇である。

真に「恥じる」べきは誰なのか？　にもかかわらず女に「恥」を背負わせることで、自分たちを免罪してきたのは誰か？　アジア太平洋戦争の時期に、日本の軍人や軍属が行なった恥ずべき「戦時性暴力」について考えるときに、まず立ち戻るべき原点はここであり、歴史認識は、「加害国と被害国」という二項対立を超えて、「女と、女を苛み、かつ見殺しにする男」という民族国家的境界を横断する男性中心主義」を問い直すことを通してこそ整序されるべきだろう。

《あの時ほど、美しい妻を見た事がない》というような述懐が、武弘の口からこぼれるとしたら、これは多襄丸と武弘の「共謀」がそこではたらいているからだと言うしかない〔11〕。

## 6

武弘の心を蝕んでいた「ミソジニー」をも問うてみるということは、べつに多襄丸の免罪を意味しない。問われるべきなのは、多襄丸の破廉恥さを許容してしまう男性中心主義がそのひとつであることは言うまでもないが、そこへはとどまらず、表面的には対立しているかに見える男と男のあいだの「共謀

＝共犯」でもあるからだ。であればこそ、歴史の清算にあたって、家父長制の果たした責任を問うことのない「妥協」は、真の「和解」に向けての道を切り拓かない。それは、所詮、真砂を外に置いためくらましの「野合」でしかないからだ。

朴裕河氏は、戦時性暴力に巻きこまれた当事者間の「和解」を提唱されているが、それが「真砂を置き去りにした、多襄丸と武弘の和解」であってならないのは言うまでもない。そして、「和解」に真砂もまた関与するのであれば、そこでは家父長制の上に胡坐をかいてきた多襄丸や武弘の行動様式にしみついた「男性性」を思い切って恥じ入ることを回避しない、そんな国境をまたいだ男たちの「共働」が不可欠だと思う。植民地支配を介して支配者と被支配者の関係に置かれた男同士が、その非対称性のなかで、それでもひそかに通じ合ってたかもしれないという過去を、両者が認め合うこと。男女間の「和解」もさることながら、男たち同士の「和解」を「野合」にしないためには、それなりの工夫が必要だと思うのである。

日本では「多襄丸の免罪」をもくろむ勢力が一定の影響力を行使しているのに対し、韓国では「真砂と武弘の和解」を民族の名において進めようとする動きが大きな成果を上げている。しかし、そんなななか、朴裕河氏の問題提起は、「多襄丸に対する問責の再開」を強く促すと同時に、「真砂と武弘の和解のやり直し」をも提案するという二つの方向性を示している。日韓両国で彼女の仕事を忌避する勢力が生まれるのは、そうした朴さんの「二刀流」に対して、それぞれに反発と抵抗が生じるからだろう。しかし、そこに「三すくみ」が存在するという事実から目を背けつづけるかぎり、真の問題解決はないというのが朴さんの立場であり、それは「真砂の尊厳回復」だけではなく、「植民地支配によって去勢されかかった武弘に対するセラピー」にも関わる問題なのである[12]。むろん、多襄丸に「加害者臨床」が必要であるのは言うまでもない。

**註**

[1] 初出は『20世紀をいかに越えるか』（姜尚中・西成彦・西川長夫編、平凡社、二〇〇〇）。大幅な加筆修正版は『胸さわぎの鷗外』（人文書院、二〇一三）に所収。

[2] 『引揚げ文学論序説――新たなポストコロニアルへ』人文書院、二〇一六。

[3] 『植民地文化研究』⑩、植民地文化学会、二〇一一。同誌からの引用に関しては本文中に頁数を明示した。なお、この日の朴裕河氏の発表は《二〇〇八年一〇月に韓国の西江大学人文科学研究所主催の国際シンポジウムで報告し、その後論文にまとめたもの（「植民性とジェンダー」『西江人文論叢』第24輯、二〇〇八・十二）をもとにしている》（一六頁）とのことである。

[4] 「アリラン、アリラン、アラリヨ／アリラン坂を越えて行く／田畑は自動車の道となり／娘はカルボ（女郎）に賣られ行く」（池田浩士＝編『カンナニ・湯淺克衞植民地小説集』インパクト出版会、一九九五、五〇八頁）――湯淺克衞作「カンナニ」の初出は、『文學評論』一九三五年四月号。三・一独立運動と、その武力鎮圧を描いた作品の後半部を全面的に削除されての掲載だったが、該当部分は無傷のまま残された。

[5] 《オランダ人慰安婦が日本軍にとって征服の結果として得た〈戦利品〉だったなら、日本人・朝鮮人・台湾人慰安婦は士気高揚の目的で常に必要とされた〈軍需品〉だった。》（『帝国の慰安婦』朝日新聞出版、二〇一四、一七三頁）

[6] "Incompatibility and Authenticity of Testimonies, an Analysis of Akutagawa Ryunosuke's *In a Bamboo Grove*", The 3rd International Conference of Semiosis Research Center, "Narrativity & Beyond, Transmedia, Experience, Mediation".

[7]《「謝罪」というものが、「憎しみ」を解くための応答の行為なら、韓国（および北朝鮮）の中にも慰安婦たちに「謝罪」すべき人たちはいる。（中略）「植民地化」とは、そのように、国家（帝国）に対する協力を巡って、構成員の間に致命的な分裂を作る事態でもある。》（前掲『帝国の慰安婦』、五〇頁）

[8] 前掲『胸さわぎの鷗外』所収の「鼠坂殺人事件」は、日本近現代文学における《加害者文学の稀少性》（二八頁）を埋め合わせるための方便として、『藪の中』を「戦時性暴力の文学」として《接ぎ木》（三一頁）する読み方を試みたものである。本稿はその延長線上に位置づく。

[9]『ナショナリズムとジェンダー』（岩波書店、一九九八）の上野千鶴子は、沖縄における「少女強姦」と「基地売春」を例に挙げながら、これらは《女性に対する日常的構造的暴力》の点からして《地続き》としている（一二六頁）。

[10] フランツ・ファノン『地に呪われたる者』鈴木道彦・浦野衣子訳、みすず書房、一九六九、一四三頁。

[11] アンドレア・ドウォーキンは「イスラエル、それは結局のところ、だれの国なのか？」ISRAEL: Whose Country Is It Anyway?（『批評空間』第Ⅱ集3号、岡真理訳、一九九四）のなかで、イスラエルにはびこる「ホロコースト・ポルノグラフィ」なるものについて、次のように指摘している――《ナチスによって破壊されようとしていたユダヤ人の女性たちは、今再び、ナチスに代わってイスラエルの男性によって破壊されようとしている。イスラエル人男性のセクシュアリティは、ホロコーストによって形成されたのか？ それが、彼らに絶頂感をもたらすのか？》（八〇頁）

　日本軍慰安所制度をそのまま「ホロコースト」になぞらえるべきであるかどうかについては、場を改めて議論を要すると考えるが、「ホロコースト」と比べても、本来的に「ポルノグラフィ」的な要素を有する「日本軍慰安所制度」が、戦後（日本敗戦後／朝鮮半島解放後）の韓国でその特徴を封印されたわけでなかったことは、本書に収録された四方田犬彦氏の論考を読んでいただければ分かるだろう。また、山下英愛氏は『ナショナリズムの狭間から――「慰安婦」問題へのもう一つの視座』のなかで、朴裕河氏の『和解のために』に言及のあった《「慰安婦」をテーマにヌード写真集を刊行した女優の李丞涓《イスンヨン》事件》（平凡社、二〇〇六、一〇三頁）について次のような考察を行なっている――《そもそもこの企画は女性を男性の暴力の対象、支配の対象として描く性の商品化市場において、日本の帝国主義軍隊によって被支配国朝鮮の女性の性が蹂躙されるという設定が、男性読者を満足させるだろうとの商品価値を見込んだものだった。〔中略〕そのような意味で、図らずも韓国の男性の本音を露呈した事件だった。だが事態の展開は、そのような ジェンダー・ポリティクスの本質に目を向けるよりも、〝民族の純粋な女性が被害にあった民族問題をポルノ産業に利用しようとした〟制作者と女優の不道徳さの問題として推移した。》（明石書店、二〇〇八、二四八〜二四九頁）

〔12〕 同じ韓国・朝鮮人でも「兵士」として奉仕した植民地の男性と、「慰安婦」として同じく奉仕した女性とでは、法的な扱いが異なっていたことを朴裕河氏は次のように指摘している——《彼女たちは兵士の「命」に代わる「性」を「国家」（＝男）に捧げるべく連れてこられた存在である。それでいながら兵士のように靖国が待っているわけでもなく、遺族たちが年金を受ける保証があるわけでもない》（前掲『帝国の慰安婦』、二一八頁）というわけだ。そして《国家は戦争に国民を動員し、男性の身体（生命）のための法は用意しましたが、女性の身体（性）のための法は用意しなかったのです》（同、三一九頁）とも書かれている。しかも、これはあくまでも日本における法の話なのだが、韓国側で日本軍に奉仕した韓国・朝鮮人男性に対する評価は、きわめて皮肉なものであるようだ——《「慰安婦」にシンパシーを持っている韓国も朝鮮人兵士を親日派とみなして、彼らの霊をなぐさめる碑が韓国に建てられるのをいまだに拒否している状態だ》（同、一七四頁）。要するに、日本の法は、多襄丸と武弘の野合を準備し、韓国側の世論もまた、武弘と真砂とのあいだの和解を追求するかに見えて、じつは、多襄丸と武弘の連帯責任という固定観念から自由でありえなかったことになる。

# III

# フェミニズムの足場をみつめる

**加納実紀代**（かのう・みきよ）
一九四〇年、京城（現ソウル）生まれ。女性史研究。著書に『女たちの〈銃後〉』（筑摩書房、一九八七年）、『戦後史とジェンダー』（インパクト出版会、二〇〇五）、「ヒロシマとフクシマのあいだ――ジェンダーの視点から」（インパクト出版会、二〇一三）など。

**藤井貞和**（ふじい・さだかず）
一九四二年生まれ。詩集に『藤井貞和詩集』（思潮社、一九八四）、『春楡の木』（思潮社、二〇一一）など。批評に『人類の詩』（思潮社、二〇一二）、『構造主義のかなたへ』（笠間書院、二〇一六）など。

**熊谷奈緒子**（くまがい・なおこ）
一九七一年生まれ。国際大学准教授。専門は国際政治学、国際機構論、国際紛争処理論。著書に『慰安婦問題』（ちくま新書、二〇一四）。

**上野千鶴子**（うえの・ちづこ）
一九四八年生まれ。社会学者。東京大学名誉教授。著書に『ナショナリズムとジェンダー 新版』（岩波現代文庫、二〇一二）、『おひとりさまの最期』（朝日新聞出版、二〇一五）など。

# 「帝国の慰安婦」と「帝国の母」と

加納実紀代
Kanou Mikiyo

## ◆「母」と「便所」

一九七〇年夏、小柄なミニスカートの女性が、たった一人で、東京の駅や集会でビラをまいた。七〇年代はじめにもりあがった女性解放運動、ウーマン・リブはここから始まったとされている。ビラのタイトルは「便所からの解放」。なんとも〈下品〉なタイトルだが、そこにはこんなことが書かれていた。「男にとっての女は、母性のやさしさ＝母か、性欲処理機＝便所かという二つのイメージに分かれる存在としてある」。それによって「やさしさと、やさしさの肉体的表現としてのSEXの両方をあわせもつ、総体としての〈女〉」は切り裂かれ、男自身も貧しい性を生きさせられているという。

女性の名は田中美津。このとき二七歳だった。研究者ではなく活動家でもなく、女性解放の本1冊読んだことがなかったという[1]。直感にもとづく「天の声」というわけだが、日本近代の性政策を言い当てている。明治国家は姦通罪や家制度で女性に「貞節」を課す一方、公娼制によって男の婚外セックスを容認した。それによって女性に国民の再生産を担わせ、男性には性欲処理を保障しつつ「富国強兵」に専念させたのだ。全国に設置された陸海軍の所在地には膨大な公私娼街が形成されてゆく。その結果、女は「良妻賢母」と「娼婦」に二分される。それは階級的な分断でもあった。

戦時になれば、「娼婦」は「慰安婦」となる。「便所からの解放」はドギツイ言葉でそれに言及している。「〈軍国の妻の貞操と従軍慰安婦の精液に汚れた性器〉とは、性否定の意識構造の両極に位置しているのだから！　貞女と従軍慰安婦は対になって支配権力の侵略、反革命を支える」。

そのあと出したビラ「闘う女から、闘う農民へ」でも、「貞女は「日本の母」として銃後の支えをなしてきたのだ。そして前線では、従軍慰安婦が貞女の夫の排泄行為の相手＝「便所」を勤め、性管理を通じて男を軍隊の秩序に従順で、人殺しに有能な「天皇陛下の赤子」として育てていったのだった」とある。「母」と「便所」が性的存在である「総体としての〈女〉」の切り分けだとすれば、「軍国の妻」と「慰安婦」は一つのコインの両面ということになる。

「慰安婦」問題が一般に知られるようになったのは、七三年に千田夏光『従軍慰安婦』が双葉社から出てからだが[2]、リブはそれ以前から「慰安婦」を問題にしていたのだ。『従軍慰安婦』で千田は、リブとのニアミス体験を書いている。「三年半ほどまえ、慰安婦について私が多少知っているという話を伝え聞いて、新左翼系女子学生が訪ねてきた」。その女子学生は新左翼運動にも「慰安婦」が存在することを言い、旧軍と新左翼が「精神において同じです。男の女に対する蔑視、差別、これが女を単なる慰安の対象にしてきたのです」と語った。それに対して千田は、慰安婦は戦力と治安維持のための「道具」であり、女性差別とは関係ないとしている[3]。

千田によれば、女子学生はC大のC派所属、全学連大会での告発についても熱っぽく語り、支援を要求したという。だとすれば彼女は、七一年七月、中核派全学連第三〇回定期大会で「性の差別＝排外主義と戦う決意表明」のビラをまいた岡野澄江である[4]。彼女はそのビラで、田中美津の孤独な戦いに嘲笑を浴びせる男子学生たちに満腔の怒りをぶつけ、返す刀で「抑圧民族である日本人としての抑圧するものの醜さ」を問う。そして「慰安婦」問題についてつぎのように言う。

「日本陸軍慰安婦の九〇%は朝鮮女性だった。……日本女性と朝鮮女性は、慰安婦という、女の引き裂かれた性を本質的に共有している。だがしかし、日本女性慰安婦は自分たちと同じ慰安婦である朝鮮女性に対し、抑圧者日本人として対し、自分を彼女らと区別している。区別することで、より一層転落していった」。

七二年一〇月に出た『リブニュース・この道ひとすじ』創刊号によれば、すでに七〇年十二月八日の「侵略に向けて、女は産まない育てない」デモの呼びかけビラで、朝鮮人「慰安婦」に言及されている。「貞女は貞女であることによって侵略を支え、貞女であることによって朝鮮の女に対する陵辱に荷担したのだ。支配民族としての日本の女は、他の民族とのかかわりの中でこのことを踏まえ、日常生活の中で意識化していかなければならない」。

ここには〈性における被害〉と〈民族における加害〉の二重性への認識がある。観念の世界の生硬な言葉ではあるが、リブの声からは朴裕河『帝国の慰安婦』とひびきあう「帝国」の女の苦渋がうかがえる。

## ◈ 二度ころされる

しかしこうしたリブの視点は、その後の日本の女性運動にはひきつがれなかった。リブ運動がほぼ終息した七五年、国際女性年を期して国連主催の世界女性会議が開かれ、官民挙げて男女平等への動きが高まった。八〇年代には雇用機会均等法などの法整備もあった。しかし「慰安婦」問題は、九〇年代はじめ、韓国の元「慰安婦」金学順《キムハクスン》の名乗り出によって社会問題化するまで、日本のフェミニズムの課題になることはなかった。

それはわたし自身の問題でもある。わたしは七〇年代半ばから「銃後史」と称して戦時女性史研究に取り組んでいたので、千田の本や金一勉『天皇の軍隊と朝鮮人慰安婦』で知った「慰安婦」問題はもちろん気になっていた。大阪の元遊郭（飛田新地）にかよって女性経営者から聞き取りをしたこともある。しかし結局、何もできなかった。

それどころか大阪の聞き取りでは、痛恨の思い出がある。女性経営者によれば、日中戦争が始まると、稼ぎがいいので前借金が早く返せるという仲介業者の言葉につられ、飛田新地から何人もの女性が「慰安婦」として中国に渡った。そしてすっかり荒れすさんで帰ってきた女性もいたという。何度目かに訪ねたとき、「なんなら紹介しまひょか?」と聞かれた。願ってもないことだった。それなのにわたしは、いざとなると尻込みし、せっかくの機会を生かすことができなかった。その女性を傷つけることになるのではないか、そう思ってしまったのだ。

いかにも女性を思いやっているようだが、ここには「良妻賢母」の側に立つ女の〈上から目線〉がある。恥ずかしいことをさせられて、かわいそうに……。彼女の体験を不道徳な、恥ずべき行為とみているからこそ、「傷つける」と思ってしまうのだ。森崎和江『からゆきさん』（朝日新聞社、一九七六）を読んだとき、そのことを痛感した。そこにはこんな言葉があった。

「……おなごのしごとをしてもなお、その苦海を泳ぎわたって、生活の場を築こうとした人びとの、切ないまなざしを感じる。

そのかたちなき心の気配。そのなかにはいってからゆきを感じとらねば、売りとばされたからゆきさんは二度ころされてしまう。一度は管理売春のおやじや公娼制をしいた国によって、二度目は、村むすめのおおらかな人間愛を失ってしまったわたしによって。」


からゆきさんは二度ころされてしまう――。痛烈なことばである。ただ悲惨なこと、恥ずかしいこととして聞こうとしなかったわたしは、元「慰安婦」女性を二度ころしたことになるのだろう。

それだけに二〇年前、森川万智子構成・解説による『文玉珠　ビルマ戦線　楯師団の「慰安婦」だった私』[5]を読んだときは感動した。この本は優れた女性問題の研究書として第一六回山川菊栄賞を受賞したが、周辺には「運動の足を引っ張ることにならないか」と危惧する声もあった。当時「慰安婦」運動の主流は「慰安婦＝性奴隷」とし、国家補償を要求していた。しかしこの本で語られている文玉珠の「慰安婦」生活は、「性奴隷」の語になじまない。

文は日本の歌を覚えるなど、日本兵に気に入られるよう努めた。おかげで人気者になり、ビルマ（ミャンマー）のラングーン（ヤンゴン）の市場でハイカラな服や宝石を買ったり、軍事郵便で大金を貯金したりしている。だからと言って、彼女の日常が悲惨でなかったわけではない。そのなかで上等兵ヤマダイチロウ（仮名）との〈愛〉は、どれほど救いだったことか。彼は文に結婚を申し込み、朝鮮人になってもいいと言ったという。上品でやさしくてひょうきんで賢くてと、五〇年ののちにも文は手放しでヤマダをほめる。

こうした文の姿にわたしは感動した。どんな苛烈な状況にあっても、ひとは生存戦略を駆使してアイデンティティを求め、愛を育むこともできるのだ。文は九六年に亡くなったが、増補新版の解説によれば、森川は言葉もできないままミャンマーを訪ね、合計一四ヶ月にわたってジャングルや高地に文の足跡を訪ね歩いた。その結果、文の証言の確かさとともに「ヤマダ」の存在を特定している。

ヤマダの本名はホンダミネオ。文はホンダに言及するとき「ウリホンダミネオ（わたしのホンダミネオ）」、「ウリホンダさん（わたしのホンダさん）」と言い、「少女のような恥じらいを含んだ微笑み」を浮かべたという。そして軍事郵便払い戻し裁判のため日本をおとずれたときは、「ビルマで一緒に苦労したヨシコ（文の慰安所での名前）が、こうして日本に来ていますよ。ホンダさん、あなたは生きていますか」と、テレビカメラに向かって呼びかけたという。

森川は、日本軍兵士と朝鮮人慰安婦を〈支配／被支配〉の枠組みでだけとらえるのではなく、森崎が『からゆきさん』でいう「切ないまなざし」、「そのかたちなき心の気配」にわけいって、文を感じとろうとした。その結果、文玉珠という「慰安婦」は二度ころされることなく、「帝国」の犯罪性をより深いところから問う存在として、わたしたちの前に立ち現われることになった。

## ◆「平和の少女像」をめぐって

しかしこうした文のありようは「慰安婦」問題否定の論拠にされてきた。いまもネットでは、貯金センターの原簿という公文書に残る文の多額の軍事郵便貯金をとらえ、やっぱり慰安婦は荒稼ぎの売春婦にすぎないという声がとびかっている。その意味では二〇年前に案じられたとおり、運動の足を引っ張ったことになる。

それ以上に問題だと思うのは、問題解決をめざす支援者たちの姿勢に「二度ころされてしまう」に通じるものが感じられることだ。この二〇年、「慰安婦」問題は「強制連行」の有無を焦点に展開されてきた。否定派が「強制連行」を示す史料（公文書）はない、「慰安婦」は金稼ぎのための売春婦にすぎないとするのに対して、支援者たちは史料の発掘に努める一方、「強制」は募集段階だけでなく、性行為を強制される拘束的な日常そのものというように定義しなおされ、「性奴隷」という言葉が登場して現在に至っている。

なぜ「強制」の有無が焦点になるのか。「慰安婦」問題の〈解決〉を日本政府による被害者への謝罪と国家補償とした場合、国家による物理的力を含む「強制」の存在が証明される必要があるからだろう。わたしもそうした認識を共有していたが、「強制性」に焦点が絞られることには危惧を持っていた。九三年、わたしは「問題は「強制」の有無か」と題してこんなことを書いている[6]。

「(危惧の理由の)一つは植民地責任の問題である。上坂冬子は、補償請求訴訟の一人である元慰安婦の金学順が以前キーセンとして働いていたことを言い立てて「強制性」に疑義を呈し、日本の女性との間に差別はなかったとしている。

たしかに慰安婦にされた朝鮮女性には、強制連行された人ばかりでなく、ほとんどの日本人慰安婦同様にすでに性産業で働いていた人も多かったろう。しかし彼女たちが働かざるをえなかったところに、日本の植民地責任の問題がある。日本は公娼制を朝鮮に持ち込み、「婦女売買に関する国際条約」の適用外として日本女性と差別した。つまり日本女性は条約により二十一歳未満で「醜業」に就くことはタテマエとして禁止されていたが、植民地朝鮮では一八歳以上ならよいとしていたのだ。

また、慰安婦の悲惨を「強制性」に象徴させることは、彼女たちのなかに「処女」と「非処女」の分断をもたらす恐れもある。」

わたしはいま、韓国の「平和の少女像」をめぐる対立の根っこに、二〇年以上前に書いた「処女」と「非処女」の分断を感じている。なぜ日本政府や否定派は、日本大使館前の少女像の撤去に躍起になるのだろうか。日本政府はウィーン条約を盾に「公館の威厳」の侵害をあげる。「公館の威厳」とは「国家の威厳」でもあるのだろう。二〇一六年末、釜山の総領事館の前にもあらたに建てられたことから、日本政府は大使・総領事の一時帰国を含む制裁措置をとった。ちっぽけな少女像が建つことで、なぜ日本国家の「威厳」はそれほど侵害されるのか。

「平和の少女像」は、二〇一一年十二月一四日、元「慰安婦」が日本大使館前で始めた水曜デモ一〇〇〇回を記念して韓国挺身隊問題対策協議会（「挺対協」）が建てたものだが、像が一四、五歳の少女をイメージしたものであることは、制作者のキム・ソギョン、キム・ウンソンの口から語られている[7]。――いまデモをしている元慰安婦は高齢だが、日本の蛮行被害を受けたときは一四、五歳の少女だった。

その幼い少女は日帝のため家族と祖国を失い、長い苦難の歳月を生きた。日本政府関係者は、自分たちの先代が踏みにじった少女の像を通じて、過去の日本の罪を直視すべきである――。これが制作者の意図だという。その設置を韓国国内のみならず、アメリカ、カナダ、中国、オーストラリアにまで展開している韓国の運動も、同じ姿勢にたっているのだろう。

日本の戦時体制はアジア太平洋戦争開戦後、男子労働力の不足を補うため、若い女性を勤労挺身隊として工場等に動員、一九四四年八月には女子挺身勤労令をだして一四歳から四〇歳までの女性に一年間の勤労を義務づけた。朝鮮半島でも国民学校を通じて募集し、十二、三歳から一四、五歳の少女を勤労挺身隊として富山や名古屋の軍需工場で働かせた。これが韓国では「慰安婦」と混同され、少女の「強制連行神話」を生んだという。韓国の支援団体の名称が「挺身隊問題対策協議会」であるのはそのためだ。一九九〇年代はじめには「慰安婦」と挺身隊が別物であることは明らかになっていたが、神話はいまも生き続けているらしい。

もしも「慰安婦」を記憶する像が一四、五歳の少女像ではなく、年老いた姿やいかにも「性奴隷」を思わせる姿だったらどうだろうか。じつはわたしは、日本政府や否定派はこれほど撤去に躍起にならないような気がしてならないのだ。二〇年前、七社すべての中学の歴史教科書に「慰安婦」記述が入ったことから否定派の動きが一挙に強まり、「新しい歴史教科書をつくる会」が結成された。地方自治体による「慰安婦」記述の削除の請願・陳情も相次いだが、その要請文には中学生の教科書に性的記述が入ることの問題性があげられていた[8]。彼らには一〇代なかばの少年少女、とくに少女はあくまで性的に無垢な存在でなければならないのだ。

彼らのなかには「処女」と「非処女」、リブのいう「母」と「便所」の分断がある。すでに「汚染」されている娼婦ならともかく、「良妻賢母」予備軍の少女（処女）を強制的に「便所」にしたとなれば由々しい「蛮行」である。拳を固めてヒタとにらみすえる少女（処女）像は、日本の「蛮行」の記憶を再生産し、突きつけつづける。「美しい国」日本の「威厳」は著しくそこなわれる。

それかあらぬか、二〇一七年一月、自民党外交部会等では、「少女像」という呼称に批判続出。「少女像と呼べば、実際に少女が慰安婦をやったと思われる」というわけだ。その結果、政府では「少女像」の呼称をやめ、「慰安婦像」と呼ぶことになったという（「慰安婦像「少女」呼称に批判集中」『産経新聞』二〇一七年一月二八日）。像の撤去は困難なので、せめて呼称を抹殺しようというのだろう。

「処女」と「非処女」の分断は、韓国の運動の側にもあるように思える。性暴力が重大な女性の人権侵害であるのはいうまでもないが、それは被害者が「処女」か「非処女」かには関係ない。にもかかわらず韓国の運動は、「慰安婦」の被害をあくまで純潔無垢な少女像として表象する。それは〈処女喪失〉を「慰安婦」被害の象徴として記憶しつづけることだ。そのことによって「慰安婦」としての日常や以後の人生の辛酸、その中でもひとは、文玉珠にみられるように希望や誇りを見出して生きるものだが、そうした日々は捨象される。韓国の基地村で米兵相手に性を売った金蓮子は、支援者との齟齬をつぎのように語っている。

「それで私は、この現実を克服し耐え抜いてきた人生の希望について語りたかった。テントを張って新しい生活を始めようともがいたこと、その中で感じた希望と誇り。そして私が変わったきっかけについて話したかった。……しかし、主催者側は、私が米軍を相手に売春をして大変だった理由、自殺したかった経験について話すことを期待した。」（金蓮子著・山下英愛訳『基地村の女たち――もう一つの韓国現代史』御茶の水書房、二〇一二）

これは彼女たちを「二度ころす」ことではないだろうか。少女像設置を進める韓国の運動と、撤去に躍起となる日本政府や否定派は、〈処女崇拝〉と〈売春婦蔑視〉において同じ地平にあるように思える。だとすれば対立の解消は、容易なことではないだろう。

「平和の少女像」には〈性〉だけではなく、いうまでもなく〈民族〉がからむ。その錯綜した構造にメスを入れ、解放後の韓国社会が目をそむけ封印してきたものを、完膚なきまでに剔抉したのが朴裕河の『帝国の慰安婦』である。これまで書いてきたことでわかるように、わたしの「慰安婦」問題認識は「強制連行」焦点化批判など、朴と共通する部分がある。「処女」としての少女像批判にも共通性がある。しかしそこに〈民族〉をからめたとき、その精緻な分析と韓国社会に向ける痛烈な批判に目をみはった。そこには痛ましいまでに強靭な〈知〉の力がある。

朴は「聖少女」としての少女像は「慰安婦」のリアリティを表わさないという。そもそも朝鮮人「慰安婦」には二〇歳過ぎの女性も結構いたし、「日本の服を着せられて日本名を名乗らされて「日本人」を代替し」、「日本軍兵士を愛し、……死に赴く日本軍を最後の民間人として見送」ったりもした。それが植民地朝鮮の「慰安婦」というものだった。そこには「被害者で協力者という二重の構造」がある。それは「慰安婦」だけでなく植民地のすべての構成員が強いられた分裂状態だった。

少女像が「聖少女として純潔と抵抗のイメージだけを持っている」のは、そうした「協力と汚辱の記憶を当事者も見る者もいっしょになって消去した」結果である。〈まったき被害者〉としての少女像は、「恥ずかしい記憶を忘却し糾弾して〈我々〉の外に追いやってきた解放後の六〇年を集約してもいる」と朴は言う。

## ◈『帝国の慰安婦』にみる底深い悲惨

こうした認識は、『帝国の慰安婦』全体につらぬかれている。朴は朝鮮人慰安婦を「帝国の慰安婦」とし、戦争というよりも植民地支配に伴う被害者とする。占領地・戦闘地の中国や東南アジアの「慰安婦」は戦時性暴力の被害者だが、「植民地となった朝鮮と台湾の「慰安婦」たちは、あくまで「準日本人」としての「大日本帝国」の一員であった」と言う。これはわたしには目からウロコだった。インドネシア等では「強制連行」を示す史料もあるが、なぜ朝鮮ではみつかっていないのか。なぜ拉致強姦のような性暴力（の証言）が中国、フィリピン等に比べて非常に少ないのか。胸にわだかまっていたこうした疑問は、これで氷解する。植民地と占領地・戦闘地はちがう。考えてみれば当たり前のことだが、それを「慰安婦」問題について指摘したのは、朴裕河以外にわたしは知らない。

そして朴は言う。「もちろん実際には決して「日本人」ではあり得ず、差別は存在した。それでも彼女たちが軍人の戦争遂行を助ける存在だったのは確かである」。だとすれば朝鮮人「慰安婦」と日本兵は、あえていえば〈同志的〉関係である。そのなかでは日本兵との〈恋愛〉もあれば、日本の勝利を願う

〈愛国〉もあるだろう。さきの文玉珠は日本の敗戦を知ったとき、一朝にして敗者となった日本軍人に涙を流している。「それまで「日本は世界でいちばん強いのだ。日本人はいちばん上等な人間なのだ」と言っていた軍人たちが、国が負けたら小さくなってしまっている。情けなかろうと思ったら、また泣けてきた。／そのときのわたしは、まだ日本人の心をもっていたのかもしれない」〔9〕。「慰安婦」としての文は、まさに「準日本人」だったのだ。

しかしこうした朴の主張は、韓国社会や日本の支援者の間に激烈な反発と怒りを生んだ。ナヌムの家の元「慰安婦」により名誉毀損の訴訟も起こされ、朴は厳しい法廷の場に立たされている。しかしわたしは、『帝国の慰安婦』がひらいたものの奥深さと残酷さに言葉を失う思いだった。

朝鮮人慰安婦が「準日本人」として「軍人の戦争遂行を助ける存在」だったということは、中国戦線での「殺し尽くし、焼き尽くし、奪い尽くす」の三光作戦にみられるようなすさまじい侵略戦争の協力者にさせられたということだ。『帝国の慰安婦』には、性の相手だけでなく、国防婦人会のかっぽう着姿で傷ついた兵士の手当てをしたり洗濯をする「慰安婦」の引用もある。彼女たちが世話をした兵士たちは、民家を襲って食糧を奪い、女性を拉致強姦したかもしれない。戦時強姦は犯罪だったから書かれたものはないというのが定説だが、そんなことはない。かつてわたしは男性の戦争体験記を二〇冊以上読んだが、その中にはいやというほど中国戦線での強姦体験が書かれているものもあった〔10〕。

「帝国の慰安婦」であるということは、そうした兵士たちの〈悪行〉をも支えたということなのだ。だとすれば、中国の民衆からみれば、日本名を名乗り日本の服を着せられた朝鮮人「慰安婦」は、憎悪と蔑みの対象だったかもしれない。ビルマの市場で日本の軍票を惜しげなく使ってハイカラな服やダイヤモンドを買った文玉珠も、現地の人びとの怨みをかった可能性がある。日本軍敗退後、軍票けただの紙屑になってしまったのだから。

かつて朴は「「あいだに立つ」とはどういうことか」[11]で、日本軍捕虜だった元オランダ兵による一枚の絵を紹介している。その絵には、全裸の「日本人看護婦」が卑猥なジェスチャーをし、捕虜が少しでも興奮すれば監視員が彼のペニスを打つという拷問の光景が描かれている。朴はその「日本人看護婦」が朝鮮人「慰安婦」であった可能性を示唆し、そのオランダ人には彼女が〈加害者〉として記憶されていることを指摘している。これについても支援者の間から批判がでた。全裸の女性が朝鮮人「慰安婦」だったかどうかはわからない。もしそうだったとしても、真昼間そういう姿を男たちに晒したとすれば、それ自体悲惨なことである。そんな批判もあったと記憶する。

しかし朴がこの例をあげたのは、元オランダ兵にはその女性があきらかに〈加害者〉として記憶されていることに支援者の留意を促し、「複雑な関係網全体を克服する方法」(ドミニク・ラカプラ)を模索するためだったといえるだろう。

ついでにいえば、朴も書いているように、棒を持った監視員が朝鮮人だった可能性は高い。アジア太平洋戦争開戦後、日本軍は大量の捕虜の監視役として植民地男性を動員した。その結果、日本敗戦後、過酷な捕虜の処遇の責任を問われ、BC級戦犯として朝鮮人一四八人が有罪となり、うち二三人が死刑になっている。植民地支配による被害者でありながら、日本の加害責任を背負わされたのだ。そして生き延びた元戦犯たちをみる韓国社会の目は冷たいという。「親日派」とみなされたのだろう[12]。

「慰安婦」についても同様の構造はある。冒頭に書いたリブの言葉を思い出す。「そして前線では、従軍慰安婦が貞女の夫の排泄行為の相手＝「便所」を勧め、性管理を通じて男を軍隊の秩序に従順で、人殺しに有能な「天皇陛下の赤子」として育てていったのだった」。これはあまりにも残酷な言葉だが、植民地支配のもとで「帝国の慰安婦」であるということは、たんに「性奴隷」として拘束的な日常の中で性行為を強要されるというだけではない。それによって侵略戦争を支えるという〈加害〉をも背負わされるということなのだ。これ以上の悲惨があるだろうか。

朴が言うように、そこにある「被害者で協力者という二重の構造」、それによる究極の悲惨は、慰安婦だけでなく植民地のすべての構成員が強いられたものである。その悲惨から「協力者」を消去し、「被害者」としてだけ記憶することからは植民地支配がもつ悲惨の底にまでは届かない。朴裕河は孤立のたたかいに満身創痍、しかしそれでもなおその底深い悲惨の直視を呼びかけている。

## ◆「帝国の母」たち

そのとき日本の女たちはどこにいるだろうか。『帝国の慰安婦』は直接それには答えてくれない。「大日本帝国」の侵略拡大において、朝鮮女性が前線で「便所」として協力させられていたとき、日本の女は「母」として銃後にいた。

わたしはここで、「日本の女には、七年間の貸しがある」という言葉を思い出す。作家田村泰次郎が中国戦線から復員して、第一声として放った「放言」である。田村は一九四〇年から四六年まで、一兵卒として中国山西省の戦場で過ごした。戦後すぐ、その体験をもとに捕虜になった中国女性との〈恋愛〉

を描いた「肉体の悪魔」、朝鮮人「慰安婦」の日本軍兵士への熱情と死を描いた「春婦伝」を発表し、いちやく流行作家となっている。

なぜ「日本の女には、七年間の貸しがある」のか。「戦地で私たちの相手になったのは、大陸の奥地へ流れてきた朝鮮の女性たち」だったからである。この言葉は、朴裕河が言うように朝鮮人「慰安婦」が「代替日本人」であったことを示すとともに、日本軍の男たちにとって、戦場での〈性〉は当たり前だったことを示してもいる。その相手は当然日本女性であるべきなのに、慰安婦としての「日本女性は数すくなく、ほとんど将校によって独占されていた」。そして圧倒的多数の女たちは国内にいて男たちの相手をしなかった。だから「貸しがある」というわけだ。この「放言」は田村によれば、敗戦直後の男たちの気持ちを代弁するものとして流行したという（『わが文壇青春記』新潮社、一九六三）。

この言葉は女性からみるとどうなるだろうか。日本社会では〈性〉は男女の間に非対称性がある。〈性〉はたいてい日常生活を共にする男女の間で営まれるが、戦争は男女を前線と銃後に引き裂く。あしかけ一五年続いた「昭和」の戦争では、軍は「慰安婦」をあてがって男たちに〈性〉を保障する一方、女たちには禁欲をもとめた。「貞女」として戦争のための人的資源の再生産を担わせるためである。リブの言葉を借りれば、「貞女は「日本の母」として銃後の支えをなしてきたのだ」。

それが「大日本帝国」が構築したジェンダー秩序だったから、前線で相手をしなかったといって女たちが責められるいわれはない。田村の「貸しがある」発言には、そうした男性中心の体制と、男の性欲を本能とする「男性神話」[13]への安住がある。人間の性欲も文化的に構築されたものであることはつとに明らかになっているが、かつての橋下徹発言に見られるようにいまも強固に生きている。

しかし田村の「放言」に、まったく聞くべき点がないわけではない。日本女性が「貞女」でいられるのは、前線の朝鮮人「慰安婦」あってのもの。田村の発言には、それに無自覚な女性たちへの批判も感じられる。「貞女」と「慰安婦」は、同じコインの両面とはいえ、そこには圧倒的な非対称性がある。「貞女」は社会的に認知され賞賛されるが、「慰安婦」は「醜業」視される。『帝国の慰安婦』で朴裕河が言うように、「性を提供する仕事は、たとえ制度的に問題がなかったとしても社会的－心理的認知を受けられる仕事ではなかった」。しかも彼女たちは「最前線でも爆弾と暴力に苛まれながら、兵士たちの欲求に応えなければならなかった」。

田村はこの「放言」から二〇年近くのち、小説「蝗」でそうした朝鮮人慰安婦を描いている。朴裕河はこの作品を、「男女差別の上に、宗主国国民による植民地差別の構造」に支えられた「男性による女性の〈手段化〉〈モノ化〉〈道具化〉の状態」を明らかにしたものと評価している。

「男性による女性の〈手段化〉〈モノ化〉〈道具化〉」は、「帝国の母」についても言える。しかし彼女たちの多くは「貞女」に安住し、「慰安婦」に対する眼差しを男たちと共有した。四〇年以上前、リブが言ったように、「貞女は貞女であることによって侵略を支え、貞女であることによって朝鮮の女に対する陵辱に荷担したのだ」。

これもまた、悲惨の極みではないだろうか。日本の女性たちは「貞女」として「銃後の護り」に努め励み、そのあげくに夫や息子を失い、空襲、原爆などの被害を受けた。これ自体悲劇だが、それによって侵略戦争を支え、「朝鮮の女に対する陵辱」への〈共犯性〉を問われる。「被害者で協力者という二重の構造」は「帝国の母」たちにもある。

「帝国の慰安婦」と「帝国の母」に共通する「被害者で協力者という二重の構造」。その底深い悲惨から抜け出す道は、けっきょく女性を「母」と「便所」に分断利用する「帝国」の解体をめざすことからしか開けないだろう。

それは過去の「大日本帝国」だけの問題ではない。『帝国の慰安婦』で朴は、日本に先んじてアジアを植民地支配した西欧諸国も性的慰安施設を容認していたことを指摘している。そこで働く女たちは、「家父長制と、自国の勢力を海外に伸ばそうとした帝国主義、そして帝国主義を支えた国家主義」によって海外移動を助長された貧しい女たちだった。「慰安婦問題とは、国家や帝国といった政治システムの問題であるだけでなく、より本質的に資本の問題」だと朴は言う。「慰安所は表面的には軍隊の戦争遂行のためのように見えるが、その本質はそのような帝国主義と、人間を搾取して利潤を残そうとする資本主義にある」。

だとすれば、それは現在ただいまの問題である。朝鮮人「慰安婦」を「帝国の慰安婦」と見ることで、朴裕河は過去の「大日本帝国」のみならず、グローバル時代の現在までも批判する道をひらいたといえるだろう。

**註**

［1］ 田中美津『何処にいようと、りぶりあん』（社会評論社、一九八三）所収「便所からの解放」の解説。

［2］ 和田春樹『アジア女性基金と慰安婦問題――回想と検証』（明石書店、二〇一六）によれば、「慰安婦」問題を最初に指摘したのは六四年に出た「日・朝・中三国人民連帯の歴史と理論」（日本朝鮮研究所）だという。

［3］　丸山友岐子は、七七年、『女・エロス』9号に「男性ライターの書いた「従軍慰安婦」を斬る」を書き、金一勉『天皇の軍隊と朝鮮人慰安婦』、吉田清治『朝鮮人慰安婦と日本人』とともに千田の『従軍慰安婦』も批判している。「男たちの〝良家の子女〟に捧げる敬意と娼婦に投げかける侮蔑と嫌悪は、いわば硬貨のウラオモテみたいなものなのである。どちらも男たちの抑圧の結果が生んだ女の生き方であることにちがいない」。まさにリブである。丸山の文章は、加納実紀代編による戦後思想のアンソロジー『性と家族』（社会評論社、一九九五）に収録されている。

［4］　全学連第三〇回定期大会でのビラ「性の差別＝排外主義と戦う決意表明」は、『新編日本のフェミニズム1　リブとフェミニズム』（岩波書店、二〇〇九）に収録されている。署名は澄江。

［5］　梨の木舎、一九九六、新装増補版、二〇一五。二〇一六年、女性文化賞受賞。

［6］　初出タイトル「一九九三年・八月・三題」『インパクション』82号、一九九三、『戦後史とジェンダー』（インパクト出版会、二〇〇五）所収。

［7］　北原恵による制作者へのインタビュー「ハルモニたちとともに、日本大使館を見つめ続ける」（『インパクション』185号、二〇一二）。

［8］　加納実紀代「世紀末教科書狂奏曲と性の二重基準」『インパクション』102号、一九九七参照、前掲『戦後史とジェンダー』所収。

［9］　森川万智子構成・解説『文玉珠　ビルマ戦線　楯師団の「慰安婦」だった私』、一四三頁。

［10］　例えば、森金千秋『悪兵』叢文社、一九七八。加納実紀代「戦争体験記のなかの「女性体験」」参照、前掲『戦後史とジェンダー』所収。

［11］　『インパクション』171号、二〇〇九。

［12］　内海愛子『キムはなぜ裁かれたのか――朝鮮人BC級戦犯の軌跡』朝日新聞出版、二〇〇八、ほか参照。

［13］　彦坂諦『男性神話』径書房、一九九一。

# 『からゆきさん』と『帝国の慰安婦』

藤井貞和 Fuji Sadakazu

# 1　日本近代文学の逃げ

一九一〇年（明治四三年）の〈韓国併合〉を直接の契機として、日本植民地主義が、朝鮮民族の主権、ならびに長らくつづいてきた固有の歴史を、決定的に、そして根こそぎ収奪することと、日本近代文学の成立とは、一つの視野に置かれるべきではないか。いや、そう思うだけならば私一箇とて可能だとしても、日本人であろうと、韓国人であろうと、あるいは在日であろうと、日本文学の、あるいは文学じたいの研究の徒であるならば、純粋な（韓国および日本）国内系の問題群の取り組みと別に、日／韓、あるいは東アジアで、まさに協同して向き合わなければならない課題であるはずなのに、日本人研究者の場合、腰が引けてなかなか取り組まれにくい現況と見られる。

帝国主義下、〈植民地主義日本〉のもとで、小説作品も、詩作品も、あるいは批評的言説にしろ、いやおうなしにその状況に差し込まれて書かれ、書かされてきたという、日本近代文学の意識また無意識にある加害者性について、取り組んできた研究者は、一握りという感がある。

あるいは文学じたいに潜むかもしれない被害者性について。

複雑な民族感情や宗教意識のからむ日／韓の作品じたいをどう扱えばよいのか、思い半ばで途方に暮れる。

## 2　正面から問いつづけてきた

文学研究者が、他の研究領域、たとえば歴史学などの鋭意の「論客」たちに対して、何か特別の立場にいるはずもない。小説作品や詩作品を、他の研究よりは重視するかもしれないとともに、書くことや書かれる表現、映像、アートを含む表現行為をおもにあいてとしてきた。

それらのテクストは歴史のなかで意図的に焼却されたり、隠蔽、変型されたりすることがあるから、断片をあさり、散在からの復元を試み、資料の欠損部についてはoral literature（伝承、説話、聞き書きや民俗調査を含む）で補塡し、他領域の（歴史学や社会学の）成果を大胆に「利用」させていただきなどする。研究じたいが場合によって作品的価値を有することもよく観察されるところだ。

収奪され、喪失させられた〈歴史〉じたいをあいてに、歴史学その他はどう成り立たせればよいのか。文学研究者の出番だとしても、大学にまでデモが押しかけ、被告席を用意させられるとは、過酷に過ぎるところこれを称して誤りだろうか。

取り組まないことが日本近代に仕組まれた加害者性、そして文学じたいに潜む被害者性なのだとしたらば、『ナショナル・アイデンティティとジェンダー』（副題「漱石・文学・近代」、二〇〇七）の著者、朴裕河は、『和解のために』（二〇〇六）、『反日ナショナリズムを超えて』（二〇〇五）と、韓国人研究者として、正面から問いつづけてきた。いま『帝国の慰安婦』(二〇一四)に至る。新刊『引揚げ文学論序説』(二〇一六)をも見る。

## 3 行文の背後に帝国を

テクストの表面の意味の背後にある意図を浮かびあがらせるためには、研究者の文体を必要とする、ということだろう。「かっこ」(引用符)のたぐいを引用以上の目的で多用することもある。そのために読み取りにくい行文に呻吟することもあるのは、「論客」たちの論考にしても経験される、おなじような苦心があるのではなかろうか。第3部第1章「否定者を支える植民地認識」から一カ所を引こう。

「慰安婦」たちが兵士たちに「群がってきた彼女たちは商売熱心に私たちに媚び」たとか「実に明るく楽しそう」で、『性的奴隷』に該当する様な影はどこにも見いだせな」(小野田寛郎二〇〇七)いように見えたのはそういう構造によるものだ。彼女たちが商売熱心に「媚び」たり、そのために「明るく」振る舞い、「楽しそう」にもしていたとしたら、それは彼女たちなりに「国家」に尽くそうとしてのことなのである。業者の厳しい拘束と監視の中で、自分の意志では帰れないことが分かった彼女たちが、時間が経つにつれて最初の当惑と怒りと悲しみを押して積極的に行動したとしても、それを非難することは誰にもできない。……(二三一頁)

とある。私には朴裕河のこのような文体が非常によくわかるし、共感できる。じかに伝わってくる「当惑と怒りと悲しみ」とともに、行文の背後に「国家」（＝帝国）をしっかりとおさえ、本書の趣旨にかかわる業者を告発する姿勢をくずさず、抑圧による強制によって彼女たちが「戦争を支え」ることの本性がその真の意味での被害者性にほかならないことを、「そういう構造」つまり「構造」というキーとなることばによってあらわしている。

## 4　加害者根性を告発する

さらに引くと、「娘子軍《じょうしぐん》」として〈隠れるべき穴を掘り、逃走中に爆弾を運び、包帯を洗濯もした。そしてその合間に兵士たちの性欲に応えていた。……そのような彼女たちの働きは、見えない抑圧構造が強制したものだった。〉（同頁）

これらの文体を私はしっかりした、あえて言えば美しいそれだと思う。しかし、こういう文体について、「許せない」「わけがわからない」、あるいは朴裕河の日本語を「粗雑」だと批判する向きが、あちらからもこちらからも聞かれる昨今だ。このたぐいの表現談義に不幸な対立が芽生えるかもしれないことを悲しむ。

私の感触だと、本書はこのような文体によって、抑制をきかせつつ、最初から訥々と書かれており、いまの日本社会での、おそらく多数派でありつづける、元日本軍兵士たちの加害者根性（被害者でなく、加害者根性）を、はっきりと告発の矢面に立たせる。

文学批評の持つある種の無防備さ（文学研究ならば避けられないかもしれない無防備さ）はいつでもあって、韓国社会や在日からの反撥や倫理批評を誘発し、日本社会からはご都合主義的な読みでの欲望に沿う危険もあって、そのことがまた韓国での反日の欲望をそそるという、その結果、上の引用の一部分は韓国語版で告訴され、検察か司直かにより削除を命じられた三四カ所のうちの一つだ。

## 5 引き下がれない一線

私としては、起訴を避けてほしいという思いがあって、五四人の「抗議声明」に賛同してきた。韓国でも、日本でも、そして中国社会でも見られた、古来ありふれた、ある意味、珍しくもない言論事件であり、それに対する研究者や文人による、やむを得ぬ抵抗もまた、引き下がれない一線であって、支援するのは同業者として、当然の役割ながら、今回は削除を命じられるという、問題の争点じたいを抹消する、どこが告訴の対象なのかをわからなくする暴挙であり、告訴される研究者にとっては生活の支えじたいを脅かされる危機でもあることを、きわめて憂慮しないわけにゆかなかった。

『帝国の慰安婦』韓国版での削除箇所を日本語版で確かめるために、削除箇所というのを日本語訳で読ませていただいたが、それによると、たとえば千田夏光『従軍慰安婦〝声なき女〟八万人の告発』（一九七三）について、朴裕河が「千田は〝慰安婦〟を、〝軍人〟と同様に、軍人の戦争遂行を自身の体を犠牲にしつつ手助けした〝愛国〟を行った存在であると理解している」「いかなる本よりも慰安婦の本質を正確に捉えたもの」と書くと、そこが削除箇所となる。

つまり〝慰安婦〟が〝愛国〟的行動に出たという行文について、ハルモニたちへの名誉毀損という判断で削除が命じられた。「慰安婦の本質」というような言い回し一つ、許されないということだろう。千田の本からの朴裕河による理解だ、という重要な文脈は消されてしまう。

## 6　名誉毀損とは

告訴の原点は、名誉を侵害したとのはげしい批判だ。

法廷の弁論にも、ハルモニの一人が証言して、朴の「妄言」を批判し、教壇に立つ資格のない人だと訴える。ハルモニたちが名誉毀損を感じれば、告発じたいは受理されるということかもしれない。ハルモニたちに対して、私はつよい畏敬の念を感じるし、彼女たちの「証言」がけっして妄言でないこともまた、そこが原点なのだから、名誉毀損とはそういうことだろう。

朴の研究の基本は日／韓の、ナショナリズムじたいを冷静に分析するところから開始されるのだから（『ナショナル・アイデンティティとジェンダー』に見る）、それがほんとうに「妄言」か、どうしてもここは正面からぶつからないわけにゆかない。「妄言」かどうかで争うとは裁判のなさけなさと言うほかない。

政治家や外交関係者のしごとならば、内心と無関係に情勢から判断して交渉し妥協する場合があるから（むろんかれらの「良心」を頭から疑うわけでない）、逆に言えば研究者の主体は政治的判断と無関係に別個に独立して存在する。世には意図的な名誉毀損があるし、低劣な文学作品がもたらす弱い者いじめに泣かされる場合もある。『帝国の慰安婦』がまったくそんな俗悪さから切れて、文学研究者の思いに発し、取り組まれ、ひいては韓国社会での学問と正義の在り方とを今後に占う、一箇の試金石になると私には考えられる。

## 7 軍関係施設か遊郭か

〝日本人慰安婦〟が、匿名などで研究者のインタビューに答えている場合はあるものの、ついに名告り出なかったと言われる。そればかりか、日本国内での元兵士たちはどこにいるのか、いま、かれらのすがたも視界から消えつつある。現在、九〇歳代のある著名な文学者が、国内で学徒動員されて兵役にあったとき、衛生サックを配られて非番の日に外出した、と以前、ある研究会(折口信夫関係の集まりだったが)の席上で語っていたのを聞いたことがある。それを特に追究することもなく聞き逃してきた自分だ。若いかれはどこかの遊郭へ繰り出したのだろうぐらいに漠然と聴いていた。

しかしながら、思い返してみると、かれの出かけて行ったさきが遊郭だとする場合に、「サック」を配られて送り出されるということがあるのかどうか、私はわからなくなってきた。やはり八〇歳代後半の、軍隊経験のある、一近代文学研究者に手紙を出して、何かわかることがないかを尋ねるという、私の取りえた調査はその程度でしかない。国内での兵役の場合に遊郭へ出て行くことはありうるという感触を持つ。

アニメ映画『この世界の片隅に』(二〇一六)は、その同名の原作(こうの史代)においても、呉軍港の

たる。森崎が参考にした書の一つに『東亜先覚志士記伝』（三冊、一九三六）がある。玄洋社や黒龍会という国粋主義的侵略の担い手たち、まさに帝国の侵略者じしんである民間の当事者たちが、内部深くから曇りなく書きあげた歴史の〝一等〟資料であり、娘子軍の「愛国的行動」にふれる辺りにも、紙背から読まれるべき歴史的「証言」性は疑いようがない。

## 9　尊厳と名誉とのために

森崎はからゆきさんの二〇年後に、第二次世界大戦下、南方に日本軍が攻めてゆくようになって、公娼制が東南アジアの各地に再開され、現地の娘たちも公娼にくわえられ、また軍関係の慰安婦隊が送り込まれることなど、あますことなく論じている（二三三頁）。森崎がこのドキュメントを書いた理由はあまりにも明瞭だ。おキミさんから書き始めたことでもわかるように、日本近代に翻弄された〝底辺の〟女性たちのまさに尊厳の確認と名誉の回復とのために。

アジアと女とが一つになった、いくぶんか「あたたかく」からゆきさんと呼ばれる、その呼び名を森崎は本書のうえに題名としてかぶせた。まったく間然するところのない森崎の筆致だ。森崎以前に彼女たちの尊厳と名誉とのために渾身の筆を揮った著述をほかに知らない。朴裕河『帝国の慰安婦』がそこを受けとめて『からゆきさん』の引用を試みたことを、恣意的とはけっして判定しえないと思われる。

第1部第1章は1〈「強制的に連れて」いったのは誰か〉につづき、2〈「からゆきさん」から「慰安婦」へ〉によって実質的にこの本の叙述をひらく。近代文学研究者として、朴裕河が日露戦争時代、そして〈韓国併合〉をふまえ書き起こすのは当然であり、森崎のあとを引き受ける、まっとうな書き方だろう。

## *10* 始発点にいた日本人女性

朴裕河は書く。

韓国併合以前から多くの日本人たちは朝鮮半島に渡ってきて暮らすようになっていた。その中には騙されて売られてきた少女や、生きることに困窮していた貧しい女性たちが少なくなかった。彼女たちの〈移動〉に手を貸し、黙認したのは国家権力と民間業者だった。

その意味で後日の「慰安婦」の前身は「からゆきさん」、つまり日本人女性たちである。（三七頁）

むろん、九〇年代以後に問題化される、最初から軍人をあいてとする軍慰安婦とおなじではない。それでも、日本近代の経済的、政治的勢力を拡張する目的で出かけていった男たち（軍隊はその中心になった）を、かの地にしばっておくためには、からゆきさんが動員された。そのような日本人女性の場所を朝鮮人女性が代替し、業者たちもまた暗躍するようになる。業者たちのなかに多くの朝鮮人同胞が存在していたことを朴裕河はつよく告発するのだ。

〈からゆきさんの後裔として「慰安婦」を位置づける〉という趣旨の箇所も司直によって削除されて

しまったが、本書の趣意が抹消されなければならない理由はまったくないと言いたい。

貧しさおよび家父長制の残酷さを指し示しつつ、軍関係施設の内外で暗躍する業者たちの存在を見逃さず、韓国人研究者の責任で書き綴った、このたびの朴裕河『帝国の慰安婦』には、『からゆきさん』の一世代後を引き受けて、その発生から叙述する真摯さがある。文学研究にはまだ希望があるということだろうか。

# 朝鮮人「慰安婦」をめぐる
# 支配権力構造

熊谷奈緒子 Kumagai Naoko

## ◆はじめに

このエッセイは、朴裕河教授の著書『帝国の慰安婦――植民地支配と記憶の闘い』（以下、『帝国の慰安婦』日本語版、二〇一四）が描いた朝鮮人「慰安婦」の実相と心理を、政治学的な知見から改めて捉え直す試みである。本書が、朝鮮人「慰安婦」が管理売春の状況に置かれ、日本軍の同志的枠組みの中にあり、愛国に動員されたとみなした状況、いわゆる「帝国」の状況を支配権力構造の面から明らかにし、その構造における朝鮮人「慰安婦」の実相と心理の位置づけを確認する。上記の表現については元慰安婦の名誉を毀損していると韓国人元慰安婦とその支援者側が批判しており、これらの表現が含む真意を明らかにすることを本稿は目指す。

## ◆朝鮮人「慰安婦」をめぐる「帝国」の複合的支配構造

著者は「慰安婦」問題を「戦争」の問題ではなく「帝国」の問題と位置づける。「帝国」とは「強者主義的な〈支配欲望〉」（『帝国の慰安婦』、一〇頁）であり、大日本帝国のみではなく、個人間、男女間、国家間に存在する支配欲望すべての総体を表わしたものである（同、一〇頁）。この場合、支配は国家的支配、植民地的民族主義的支配、男性優位主義的家父長制的支配を意味する。どの視点も「慰安婦」問題で既に議論されてきたが、いずれも一つの視点に集中しがちな捉え方であった[1]。しかし、著者は、「支配の欲望」として表われる国家的支配、植民地的民族主義的支配、家父長制的支配の構造とその相互関係を包括的に捉え、それが朝鮮人「慰安婦」の心理や言動に与える「影響」を明らかにした。それを通じて著者は、韓国社会で形成されてきた「若く無垢な少女が日本軍に強制連行されて慰安所で悲惨な生活を送り、日本軍の敗戦に際しては多くの慰安婦は日本兵に虐殺された」という見方よりも、はるかに複雑な朝鮮人「慰安婦」の心理と実相を浮き彫りにした。特に日本の植民地統治下での被支配者女性としての朝鮮人「慰安婦」の立場は、日本の軍事進出先の慰安婦とは異なるものであることが明らかにされたといえるであろう。

「帝国」のもとでは、国家的支配、植民地的民族主義的支配、家父長制的支配が交錯している。そこにおいて人間は、それぞれの社会的分類に属しつつ重層的な支配を受ける。「朝鮮人慰安婦」は「朝鮮人」という民族ゆえに日本の植民地統治に基づく支配下にあると同時に、「日本国民」としても大日本帝国の戦争遂行の権力行使の影響を受ける。さらには「慰安婦」という「女性」として、家父長制的価値観と制度の支配を日本人と朝鮮人の男性から受ける。どの支配構造においても朝鮮人「慰安婦」は常に被支配者であり、抑圧される側であると位置づけられる。

構造的支配は以下の四種類の権力形態をもって形成、実行、維持されるといえよう。第一に直接的権力がある。これは支配者が望むことを、抵抗する被支配者に強制的に行わせるものである（Dahl、一九五七）。第二に被支配者が望むことをできなくなるような権力の行使がある（Bachrach and Baratz、一九六二）。第三に支配者のために被支配者が行う行動を被支配者自身が自分の願望であるとまで捉えてしまうような状況もあり得る（Luke、一九七四）。第四にはその延長として、究極の支配として、支配者の願望の被支配者における内面化がある。つまり被支配者が自己の主体性（アイデンティティ）、信条と考えているものが実は支配者の願望に応えた結果生じたものであるという意味で、心理的に内面化するという権力支配まで想定しうる（Digeser、一九九二）。これら四種類の権力形態は、政治的強制、物理的暴力、脅迫、社会的言説を用いた文化的ヘゲモニーなどの形をとることも周知のことであろう。

第三、第四の権力形態では、被支配者は、自己の無力の自覚に基づいて抵抗を諦め、抑圧的状況を軽減するため支配者の要求へ適応する過程にある。第四の権力形態では被支配者自身の主体性の内に抑圧を包容するようになる。こうした支配権力構造は被支配者の中に相反するアイデンティティを生み、服従と抵抗が入り混じる言動も時に生み出す。

また、構造的支配ゆえに被支配者の言動には共通のパターンが見られる一方で、国家的支配、植民地的民族主義的支配、家父長制的支配が交錯した状況は、支配者、被支配者の各主体に文脈によって変容するアイデンティティを生み、それは主体間に階層意識と仲間意識、敵対と協力といった両義的関係を生ずる。

支配権力構造のこうした観点が示唆する研究上の重要な教訓は、被支配者、支配者の言動はそれぞれの主体性や意図を必ずしも反映しない可能性が非常に高く、それゆえに、言動から主体性や意図を容易に推論できないということである。そうした推論には、非常に慎重な資料選択、精読、解釈を要する。

## ◈「帝国」下の朝鮮人「慰安婦」の心情の表現をめぐる論争
### ——学問研究の自由、研究発表の自由、そして被害者の人権

日本文学研究者である著者は国家的支配、植民地的民族主義的支配、家父長制的支配の下にある朝鮮人「慰安婦」の大変繊細かつ複雑な心情をフィクション、証言など様々な資料を駆使して解釈した。そこにおいて朝鮮人「慰安婦」の位置づけや心情の表現として、「(日本に)愛国的」、「(日本軍の)同志」、「(日本兵士の)売春婦」といった表現を使用した。これらは植民地下での表面上は協力的に見えながらも根底に存在する大変微妙な支配関係の特異性と複雑性を象徴的に表現し、メッセージ性を高めている。実際著者は特に象徴的表現の示唆として「〈愛国〉的行為」(『帝国の慰安婦』、七四頁)、「〈同志的関係〉」(同、八三頁)、植民地の女性の「〈自発〉性と〈積極〉性」(同、二三二頁)というように山カッコを使っている。ただ、ある元慰安婦たちと支援者はそうした表現によって元慰安婦が非難され、彼女らの名誉が毀損されたと考え、著者を民事と刑事裁判で訴えた。この裁判は慰安婦問題を学問的に議論する際の表現の仕方が、学問の対象である元朝鮮人「慰安婦」の名誉を毀損したかを審査するものとされる。つまり「帝国」の支配下にあった朝鮮人「慰安婦」のあり様や心情の表現が、彼女らの名誉を毀損したかを審査するというのである。

たしかに明確な被害者がいるトピックにおいては、「学問の自由」のうちでも、「学問研究の自由」はともかく、「研究発表の自由」の側面に係わる研究内容の表現、発表形態と発表の場を考慮する必要が

ある。上述したように被害者である朝鮮人「慰安婦」は著者の指摘した三つの支配構造、国家的支配、植民地的民族主義的支配、家父長制的支配すべての被支配者である。かつて若くして非戦闘員ながら戦地に送られ、戦時中も戦後も長く差別と貧困にさらされ、さらには対日協力者としてのレッテル（上野、一三二頁）を貼られるという幾重にもわたる虐げを受けてきた、今は高齢の女性という絶対的な弱者である。そうした弱者についての表現には細心の注意と配慮が払われる必要がある。

また、各社会にはある研究発表を名誉毀損として規制するかについて、その社会が言論の自由、学問の自由を獲得してきた歴史的経緯に基づく基準がある（猪木、一八〇頁）。植民地支配と戦後日本と近い関係を築いた軍事政権体制からの民主化の経験と記憶ゆえの、韓国社会特有の「規制基準」は存在するだろう。

ただそうした研究発表の自由の「規制基準」の社会的弊害は常に検証されるべきである。さらに学問発表や表現の自由について研究者が過敏になると、いわば自己検閲が働いて「研究の自由」そのものが制限されかねない。そこで研究者には研究内容の表現の正確性、必要性、適切性の慎重な判断が求められる。そのために研究者は内容表現における事実のソースの妥当性と解釈のロジックの明確性に留意し、研究対象が置かれた社会的文脈に鑑みての表現を選択することが要求される。

## ◆「帝国」下における朝鮮人「慰安婦」
### ――「愛国」、「同志」、「売春婦」の背後にある支配権力構造

以下では、「帝国」支配において朝鮮人「慰安婦」が日本兵士に「愛国」的、「同志」的で、そして日

本兵の「売春婦」であったと表現された状況を、朝鮮人「慰安婦」が置かれていた支配権力構造の観点から捉え直すことで、これらの表現の真意を明らかにしたい。

まず著者は、元朝鮮人「慰安婦」が「日本人」として置かれた状況で抱く屈折した「愛国的」精神を見出す。日本語を話し、「皇国臣民ノ誓詞」を暗唱もできる朝鮮人「慰安婦」（『帝国の慰安婦』、七七頁）にとっての「愛国」は、国家的支配、植民地的民族主義的支配、そして家父長制的支配が生み出したものである。朝鮮人「慰安婦」は、植民地宗主国が戦争を遂行し、慰安所を必要としたから、被支配地の「朝鮮」人としてそして家父長制的慣行の中で要求される「女性」として朝鮮人「慰安婦」にされた。故郷に戻れないほど遠く離れた戦地の慰安所の厳しい管理下で日本軍将兵への性的奉仕を要求される悲惨かつ絶望的状況を受け入れ、諦めの中でとにかく目の前の役割を忠実に果たす（同、二三一～二三二頁）ことで慰安婦は自己存在意義を得た。それが日本兵への慰安・慰労という「愛国」（同、七四頁）の行いであった。しかしそこから得られる自己存在意義としての誇りは所詮「自己欺瞞」である（同、七四頁）。またそれは「偽り」のもしくは「内面化された愛国」（同、七七、二三二頁）と表現される。つまり「愛国」というのは抑圧の下、「抵抗」と「諦め」の次の段階として支配者の要請を自分の願望と同一視しようとする内面化の努力の過程、自分を騙す過程の産物である。

「愛国」には国家の欺瞞の要素も働いていたとも指摘されている。国家は、朝鮮人業者と朝鮮人「慰安婦」を共に〈忠良なる臣民〉（同、一一一頁）としながらも、朝鮮人業者が国家の名の下に朝鮮人「慰安婦」を支配する関係を生み出す。業者は「国家のために」という名の下に、慰安婦達がより多く客をとるように時に暴力をもって管理し競争させていた（同、一〇九頁）。そうした業者に対し、ある慰安婦は

「なぶり殺したはず」と表現するほどの憎しみを持っていた（同、一一〇頁）。

しかし、〈忠良なる臣民〉たる朝鮮人「慰安婦」は大日本帝国の軍事進出先での現地人との関係に民族的階層構造を見出し、〈二番目の日本人〉（同、一一二頁）として、軍事支配現地の中国人やインドネシア人に対して権力行使ができた（同、一一二頁）。

国家の欺瞞性が表われる最たるものは、朝鮮人「慰安婦」が日本人になることを要求されながら日本人とは差別されていたということであった。朝鮮人「慰安婦」は階級的民族的二重差別の下、日本人「慰安婦」よりも厳しい環境、山中や奥地の駐屯地など、に置かれた（同、二三二頁）。朝鮮人「慰安婦」はよりまともに生き延びるため、あるいは差別されないために「日本人以上に日本人にならなければならなかった植民地の構造」（同、二三三頁）を包含した、日本人以上に国家に奉仕しなければならないという強力な国家支配の下にあったのである。

確かに朝鮮人「慰安婦」は、実際に目の前にいる慰安の対象である日本兵士に純粋に親近感、尊敬、時に愛情を持つことがあったかもしれない。ただそうした心情は、実は目の前にいる疲弊した人間への同情といたわる気持ちという純粋に人間性の問題と考えるべきだろう。そしてこうした心情でさえも、支配権力構造における被支配者としての立ち位置から朝鮮人「慰安婦」を脱却せしめないのである。

次に、朝鮮人「慰安婦」と日本兵士の「同志的関係」（同、八三頁）という表現を支配権力構造の観点から分析してみたい。「同志」という言葉はイデオロギーに基づく政治的闘争、敵の存在を前提にした戦場での兵士の絆を表現する。そこにおいては共通の目的達成のための機能的協力はもちろんのこと、それをも超越したゆるぎない政治的使命感の共有、時に共通の故郷、経験、記憶に基づいた、また運命的な心理的紐帯の存在がある。大日本帝国が遂行する戦争の大義、戦う使命感、そしてそこに付随する逆境を生き抜く連帯感こそが同志的関係の基盤となるものであろう。しかし、「帝国」による戦争において、日本人との関係では朝鮮人でしかも女性であった朝鮮人「慰安婦」側の協力は、軍の効率的管理のための慰安提供という機能的協力、しかも「帝国」の支配下での協力である。よって日本人兵士との「同じ日本人」としての〈同志的関係〉さえも、根強い植民地支配構造下にあり、実は「外見を裏切る差別を内包」していた（同、八三頁）。

そもそも朝鮮人「慰安婦」が日本人の格好をさせられ源氏名を与えられたからといって、日本人としてのアイデンティティを持ち、機能的協力さらには心理的紐帯の表われとしての「同志」関係を意識していたとは考えにくい。確かに慰安婦は「兵士とともに『死ぬ準備』」（同、一二五頁）をするほどの心理的紐帯を表わしていたとされるが、著者はそれをあえて「持たせられた〈誇り〉」（同、一二五頁）と解釈して、「愛国」同様極限の状況の中で形成され、自己内面化しきれていない「誇り」の欺瞞性を見る。つまり朝鮮人「慰安婦」の同志的言動は、被支配者として抑圧的立場にある中での機能的役割と心理的紐帯を自己に受け入れさせる過程で表われたものといえる。

日本軍兵士との何等かの真の心理的紐帯があるとすればそれは軍や戦闘の枠組み、つまり「帝国」の枠組みから離れて初めて兵士が見出す慰安婦のありがたさによるものだった。疲弊し、ときには絶望した日本兵が慰安婦に見せるのは、「天皇や国家が許さなかった「涙」」（同、八八頁）であり、そこにおける日本兵士と慰安婦の関係は国家的支配や植民地的民族主義的支配を超越したものである。著者はそうした人間関係の空間を、「〈戦場＝国家の空間〉を裏切る、不穏で、不敬的でさえあった空間」（同、八八頁）

とし、慰安婦と兵士のそれぞれの「羞恥」と「憐憫」をもとに「感情の連帯」が許される空間（同、八八頁）であったと表現する。

「愛国」、「同志」といった慰安婦の積極性の表現に対して元慰安婦や支援者が敏感に反応する背景には、そもそも「慰安婦」問題は民族の歴史を否定された植民地支配、民族支配の苦痛の歴史が集約されたものという韓国人の広い理解がある（南基正ソウル大日本研究所副教授、二〇一五年十二月の日韓合意に対するコメントの一部。朝日新聞二〇一五年十二月二九日）。「慰安婦」問題解決のための一九九〇年代の韓国の社会運動もこうした見方を助長した。家父長制的価値観を問題視する女性運動として始まった「慰安婦」問題対策は、男性中心の韓国社会の中で影響力を持つためには男性の共感も呼ぶ民族主義的言説を帯びざるをえなかった（山下、一四九頁）。その民族の苦痛の歴史を前提とすれば、支配者であった大日本帝国への「愛国」や「同志」という要素を、その最たる被害者であるはずの朝鮮人「慰安婦」に対して、現在の韓国社会が見出す余地はないということになる。

また、そうであるからこそ韓国人にとって朝鮮人「慰安婦」は売春婦であってはならない。韓国社会は売春婦である自発的な日本人「慰安婦」と、大日本帝国により慰安を強制された朝鮮人「慰安婦」を対比させる構造のもとに、後者の被害性を捉えてきた（山下、一四〇頁）。韓国社会は「無垢な少女が強制連行されて犠牲になった」という慰安婦像を公的記憶としたが、それは多様な支配形態の下での慰安婦の複雑な実態、売春も含んだ実態を包括しきれない限られた記憶にすぎない。

そもそも売春は合意に基づく対等な商業的契約という一般的理解があるが、実は売春は以下のような支配、権力関係、強制性を内包し、それらに付随する多様な被害をもたらす。まず意思の問題として、

「意に反して」という明らかな抵抗の意思と、その対極にある「同意に基づいて」という合意の意思との間には、「同意なしに（without consent）」という状態がある。実はそこにこそ弱者の、特に性被害にあった女性の置かれた状況があり（Pateman、一九八〇）、それは売春で存在する状況でもある。実質的には拒否の意思をもっていないながらも、拒否の意思表示は所与の環境、慣習、時に懲罰の可能性のためにできない。こうした「同意なし」の売春の支配権力構造は、物理的暴力を用いての強姦の支配権力構造よりもはるかに複雑である。

このような事実上の強制性はさらに、売春の実態が対等な者同士の自発的な契約関係という理解からはかけ離れていることによって明らかになる。売春の売り手は売春婦ではなく業者であり、女性は交換の主体ではなく客体＝商品である（上野、二一六頁）。実際慰安婦は商品として扱われていた（『帝国の慰安婦』、二一六頁）。客体として女性は売り手、買い手という主体や制度（慣習）の権力支配下に入る。娘売りの慣習における客体である売春婦、慰安婦は、「親のため、家族のため」という操られた願望が抵抗感の中に入り混じった気持ちを持った中で業者、主人とそして最終的には買い手の男性に売られる。客体である女性は業者が設定する前借金制度から抜け出ることができず、主人の支配を受け続ける。

また、たとえ対等な合意が明確にある売春であったとしても、そこには売春婦の身体と自我の男性への従属（subjugation）が結果的に生じる（Pateman、一九八八）。一般の労働契約でもそうだが、身体と自我（self）は切り離せないものであり、労働者の自我も雇用者にある程度従属させられる。一般の労働契約では雇用者は労働者の身体を使った労働サービスから生まれる商品の生産を目指す一方で、売春契約では契約男性は女性の身体そのものを直接に利用する（Pateman、一九八八）。そこにおいて自我の従属のレベル、道徳的自律の喪失の程度は、一般の労働契約の場合に比べて当然に高い（Pateman、一九八八）。そこでは売春婦の主体性の喪失という究極の形での権力支配が生まれる。

さらに慰安婦の場合、売春の慣行は構造的支配の下に行われた。朝鮮人「慰安婦」は軍の大将を上回る稼ぎを得ていたという事例は日本人男性による朝鮮人「慰安婦」支配の存在を否定しない。朝鮮人「慰安婦」は金を稼いでも、自身を「慰安婦」という立場にした日本軍による慰安婦としての要請という支配の枠組みを脱することはできない。さらにこの支配の枠組みは家父長制的価値観の持つ女性に対する矛盾した要求ゆえに、慰安婦を時間的な二重の抑圧の下に長期にわたり置いてきた。戦時中は慰安婦に性的奉仕を要求する一方、戦後は元慰安婦が女性の貞操という価値観に反したということで、元慰安婦を社会的に差別してきたのである。

このように支配権力構造の観点は「売春」の背後にある強制性とその被害を浮かび上がらせる。しかしそれが社会的理解として存在するかは別の問題である。どの国においても売春婦への制度的心理的差別、侮蔑が根深く浸透している。「売春」という表現を通じてその背後の強制性が一般世論に伝わることは難しい。売春差別反対を説くフェミニスト運動でさえも売春婦への差別が一九七〇年代にもあったという（藤目、鈴木、加納、一九九八）。

「売春」という表現が元慰安婦の自発性を示唆し、被害性を否定するという解釈には、売春婦には苦痛はないという誤解があることを著者も指摘している（著者のインタビュー、朝日新聞二〇一六年十一月二七日）。ただ、元慰安婦側が名誉毀損とまで解釈していることをさらに掘り下げれば、彼女たちが売春・慰安に潜む強制性を超えた人間の価値の徹底的な貶めに戦中戦後さらされてきたことも浮かび上がる。つまり売春という言葉は道徳的批判（自主的に性を、しかも日本兵に売って金儲けをした、など）のみならず、元慰安婦の総体的な被害性と苦痛を虚偽とし、全人格的な侮蔑と無関心のみを払ってきた社会の姿勢を象徴するものと元慰安婦は捉えていると考えられる。元慰安婦たちは、自分たちの証言、体験が虚偽であり、聞くに値しないと扱われてきたことが悔しく悲しい、自分の言うことを信じてもらえると嬉しいという趣旨の発言をする[2]。多くの慰安婦たちは親に売られ、民間業者に騙され、雇い主そして兵士の暴言・暴力を受けた。著者は、そうした遍歴に鑑みて慰安婦たちの「人間としての尊厳を失わせる最後の一振りを行ったのは、軍人」（『帝国の慰安婦』、二二一頁）であったと指摘する。慰安婦たちはこの最後の一振りの後にも、戦後社会において長きにわたり沈黙のジレンマと証言への不信の声にさらされた。慰安婦としての事実上の強制の被害のみならず、被害さえも虚偽とされ認知されないという「人間性の否定」という追い打ちを象徴する言葉として、「売春」という言葉は元慰安婦たちにとって存在すると考えられる。

## ◆おわりに——学問の自由が導く朝鮮人「慰安婦」の真の理解

『帝国の慰安婦』で使用される「愛国」、「同志」、「売春」という用語は、「帝国」の支配抑圧の下、朝鮮人「慰安婦」が生き残るために、「抵抗」を諦め支配者の要求を受け入れ内面化する過程における心情と言動を表わすものである。これらの用語は朝鮮人「慰安婦」の被害性という前提を一見裏切るような印象を持つものであるからこそ、その抑圧の複雑さと人間心理への深い影響をかえって効果的に表現できるのではなかろうか。

その支配の枠組みを超えて純粋な人間性の発露としての日本兵に対する繊細かつ温かい心情も確かに存在はしたが、それは支配の枠組みに由来するものではない。またそうした優しさの心情を持つ間においても、朝鮮人「慰安婦」は支配構造の中にいた。

『帝国の慰安婦』は日韓の和解を目指し（『帝国の慰安婦』、九頁）、朝鮮人「慰安婦」を支配した「帝国」の複雑性を、過度に学問的にならず、象徴的かつ簡潔な記述表現をもって効果的に説いている。本書は特定の学問分野の方法論や概念の定義の詳細な議論を提示する学術論文の体裁をとらずとも、朝鮮人「慰安婦」の心情と言動の背景にある「帝国」の複雑な影響の学際的洞察を明確に提示し、本稿での初歩的試みのような各学問分野における研究方法と概念をもっての分析理解のための重要な基盤を提供する。

本書の象徴的表現をめぐる裁判に対しては、学問の自由への司法の介入への警戒から、日本やアメリカからも著者の学問の自由の保障を求める声が多くある[3]。学問の自由に支えられた三〇年近くに及ぶ「慰安婦」問題研究は、「慰安婦」問題の主要論点（慰安婦と挺身隊の違い、強制連行の多様な意味、慰安所での強制性など）をさらに掘り下げ、和解への努力に今後とも貢献することであろう[4]。

著者である朴裕河教授は韓国人女性であり、元慰安婦とその女性支援者たちと同じアイデンティティを持ちながらも客観的な姿勢を保ち、現在の民族主義にとってシンプルでわかりやすい、いわゆる「モデル被害者像」（上野、一二三頁）を超越することによって、「帝国」の抑圧下にあった朝鮮人「慰安婦」が多様な形態をもって自己存在の模索に苦悩していた過程を明らかにした。こうしたすべての朝鮮人

「慰安婦」の人格を尊重した朴教授の研究こそが、彼女らの人間としての真の尊厳と名誉を回復するものであろう。

**註**

［1］例えば「慰安婦」問題を民族の問題と見るかジェンダーの問題と見るかについての議論。日本の戦争責任資料センター編『シンポジウム――ナショナリズムと「慰安婦」問題』青木書店、一九九八。

［2］例えば、女性国際戦犯法廷において、「元日本軍兵士の証言によって、自分の今までの証言が真実であることを示してくれたことが一番うれしい」と原告参加者の元慰安婦は語っている（女性国際戦犯法廷10周年実行委員会編、二〇一一、四〇頁）。宋神道氏証言（ドキュメンタリー映画「オレの心は負けてない――在日朝鮮人「慰安婦」宋神道のたたかい」二〇〇七）、カン＝イルチュン氏証言（東京大学現代韓国研究所特別研究会「慰安婦問題を考える――ハルモニの証言を聞く会」二〇一五年三月三〇日）など。

［3］「日米の学者ら抗議声明『帝国の慰安婦』著者の在宅起訴」朝日新聞、二〇一六年十一月二七日。

［4］二〇〇〇年代後半にあった狭義・広義の強制性の議論は二〇一〇年代には主流ではなくなり、慰安所も含めた強制性の中での女性の被害が共通認識となった。また慰安婦が人身売買の犠牲者でもあることも共通認識として固まりつつある。いわゆる狭義の強制連行の理解から強く影響を受けて使用されていた「性奴隷」という言葉とともに『慰安婦』という表現も併記されるようになった（第十二回日本軍「慰安婦」問題アジア連帯会議、日本政府への提言「日本軍『慰安婦』問題解決のために」二〇一四年六月二日）。

**【引用文献】**


猪木武徳、二〇一六、『自由の思想史――市場とデモクラシーは擁護できるか』新潮選書、新潮社

上野千鶴子、二〇一二、『ナショナリズムとジェンダー新版』岩波現代文庫、岩波書店

藤目ゆき、鈴木裕子、加納実紀代、一九九八、「女性史と『慰安婦』問題」(『インパクション』107号)、インパクト出版会

山下英愛、二〇〇八、『ナショナリズムの狭間から――「慰安婦」問題へのもう一つの視座』明石書店

女性国際戦犯法廷10周年実行委員会編、二〇一一、『「法廷」は何を裁き、何が変わったか――性暴力・民族差別・植民地主義』

Bachrach, Peter and Morton S. Baratz, "Two Faces of Power," *American Political Science Review*, Vol. 56, 1962, pp. 947-52.

Dahl, Robert, "The Concept of Power," *Behavioral Science*, Nov. 2, 1957, pp. 201-215.

Digeser, Peter, "The Fourth Face of Power," *The Journal of Politics*, Vol. 54, No. 4, 1992, pp. 977-1007.

Lukes, Steven, *Power: A Radical View*, Houndmills: Macmillan Education, 1974.

Pateman, Carole, "Women and Consent," *Political Theory*, May 1980, pp. 149-168.

Pateman, Carole, "What's Wrong with Prostitution?" *The Sexual Contract*, Stanford: Stanford University Press, 1988, pp. 189-218.

# 『帝国の慰安婦』のポストコロニアリズム

上野千鶴子 Ueno Chizuko

## ◆「脱植民地化」の課題

歴史学の「物語論的転回 narrative turn」によって、歴史学は大きく転換を迫られた、はずだった。歴史とは、記録以上に集合的な記憶 collective memory であり、そして集合的な記憶とは、選択的な忘却と記憶の集合であること。記憶とは「語り」によって「語り手」と「聞き手」の相互関係のあいだに、そのときその場で生産され、不断に再定義される経験であること。だからこそ、誰が何を誰に対して語るのか、が問われること。今や歴史家は、「記憶」という概念抜きには、歴史を語ることができない、はずだった。

歴史学に、この「物語論的転回」を持ち込んだのは、ポストコロニアリズム postcolonialism という思潮だった。ポストコロニアリズムは、権力の非対称性のもとでの「立場性 positionality」という名の、「語り」の複数性を持ち込んだからだった。語りは決して単一ではない。「公式記憶 public memory」の「支配的な語り master narrative」というものがあれば、必ず少数者の「対抗的語り counter narrative」や代替的な「もうひとつの語り alternative narrative」というものもある。そしてこうした「対抗的な語り」の産出そのものが、「歴史の実践doing history」になる、ということを挑戦的に示したのが、『ラディカル・オーラル・ヒストリー』〔保苅、二〇〇四〕の著者、オーストラリア、アボリジニーの研究者であり、将来を嘱望されながら夭折した歴史人類学者の保苅実だった。

そして権力の非対称性のもとでの「語り」の複数性については、ポストコロニアリズムに俟つまでもなく、フェミニズムが「女の言説」のなかでつとに主張してきた。ポストコロニアリズムそのものが、フェミニズムと手を携えて発展してきたともいえる。

歴史家にとっては、この「語りの複数性」という概念が気に入らないらしい。そもそも、「歴史」が「語り」と等値されること自体が、許しがたいもののようだ。なぜなら「真実」はたったひとつであり、それは「立場性」の如何を問わず、万人に認められるべきであり、その真実の真実性を裁定する審判者は、訓練を受けた歴史家であるべきだからだ。歴史家は、歴史の法廷の裁判官であるという特権的な地位を、手放したがらないように見える。

歴史学は大きく転換を迫られた「はずだった」と書くのは、期待に反して、歴史学が変化したようにはいっこうに見えないからである。九〇年代後半に「慰安婦」問題をめぐって構築主義vs.実証史学のあいだで「上野・吉見論争」が起きたことになっているが、そして一部の歴史家のあいだでだけ、「上野は反省した」ということになっているらしいが、わたしは少しも反省などしていない。それどころか、朴裕河の『帝国の慰安婦』〔朴、二〇一四〕をめぐる論争において、二〇年近く前の論争があたかもデジャビュのごとく繰り返される事態を見て、歴史家たちは何も学んでいないのか、と暗澹たる思いにとらわれる。

『帝国の慰安婦』が歴史書として読むに値しない、という批判は、主として「実証史学」の水準（事実の認否）で行われている。だがわたしの目から見れば、『帝国の慰安婦』がもたらした学問的なインパクトは、「実証」の水準にではなく、「語り」と「記憶」の水準にある。そしてそのことを見逃す『帝国の慰安婦』評価は、すべて的外れだといってもよい。『帝国の慰安婦』は、それと言挙げしていないが、ポストコロニアリズム――「脱植民地化」と訳される――の課題をつきつけた。

日本の「敗戦」、朝鮮の「光復」から七〇年余。かつて植民地帝国であった日本にとっても、旧植民地にとっても「脱植民地化」の課題はいまだに果たされていない。もちろん日本だけでなく、旧宗主国だった欧米帝国主義国家が、旧植民地からの移民統合の課題に苦しんでいるように、「支配と抑圧」のツケは、支配者の側にも来ている。だが、圧倒的な権力の非対称関係のもとでの「脱植民地化」の課題は、支配側と被支配側とで異なる取り組みを要求する。日本は旧植民地人を、いちどは強制的に「日本人化」したあとに、卑劣きわまるやりかたで再び「外国人化」した。その「戦後責任」ともいうべき「負債」を日本は支払わなければならないが、それは日本と日本人の側の問題である。朴裕河は、韓国の側の「脱植民地化」の課題に、真剣に取り組んだ。それが『帝国の慰安婦』である。

植民地の記憶は、支配側にとっても被支配側にとっても「忘れたい過去」である。とりわけ蹂躙された側にとっては、恥辱と屈従の記憶である。『帝国の慰安婦』が、朴の同国人をよりつよく怒らせたとしてもふしぎではない。

## ◈「構造的強制」の暴力

本書の最大の特徴は書名にあらわれたとおり、「帝国」、すなわち日本の植民地支配を主題化したことにある。「戦時性暴力」の枠組みのなかで語られてきた「慰安婦」を、植民地支配の枠のなかで捉えることで、「朝鮮人慰安婦」と他の慰安婦被害とのあいだに一線を画した。「慰安婦」問題は当初から「朝鮮人慰安婦」問題としてスタートしたのだったのだし、日韓のあいだで「慰安婦」問題の解決がもっともむずかしいのも、他の占領地にはない「植民地」支配が入るからだ。「挺対協」のリーダーだったユン・ジョンオク教授が二〇〇〇年、女性国際戦犯法廷に「限界」を指摘したのもその点だったはずだ。

植民地支配という圧倒的な権力の非対称性を、著者は「構造的強制」と概念化する。

「迎合の程度は違えども、構造的に誰かが国家による国民動員の〈協力者〉になるほかなかった状況こそが〈植民地という事態〉だった。」〔朴、二〇一一年、四九～五〇頁〕

「植民地となった朝鮮と台湾の「慰安婦」たちはあくまでも「準日本人」としての「大日本帝国」の一員であった。」〔同、七六頁〕

「このようなこと〈愛〉がめずらしくなかったのは、朝鮮人慰安婦と日本兵士との関係が構造的には「同じ日本人」としての〈同志的関係〉だったからである。そのような外見を裏切る差別を内包しながらも。」〔同、八三頁〕

「「朝鮮人慰安婦」とは日本軍朝鮮人兵と同じく、抵抗したが屈服し協力した植民地の哀しみと屈辱を、

身体で経験した存在である。」〔同、一五六頁〕

「〈慰安婦と兵士〉はそのように、同じく国家によって動員された存在でありながら、そしてその「国家」が自国である場合は、同志でありながら、構造的に加害者と被害者となった。」〔同、二九五頁〕

ほとんどくどいくらいに繰り返されるこのメッセージは、読み間違えようがない。日本名を名のり、和装をし、愛国婦人会の襷をかけ、ときには看護婦の役割も果たしていた「慰安婦」たちは、朴のいうとおり、あきらかに「日本軍」の一部であり、しかも「日本女性」の二流の身代わりとしてふるまうことを期待されていた。

「被害者で協力者という二重の構造」〔同、一五六頁〕は、他国（台湾を除いて）の性暴力被害者にはない。二流の「代替日本人」として「協力を強制」された人びと。これまでの「慰安婦」研究書とちがって、本書に向き合った日本の読者に「厳粛」（高橋源一郎）な感銘を与えたとしたら、この「帝国の原罪」とでもいうべき構造を目の前に突きつけられたからである。そして「自発性」と「協力」までを動員してしまう植民地支配の罪の重さを、肺腑に沁みるように感じさせたからである。そしてそれこそが著者の意図だったことだろう。「屈辱と抵抗」の記憶だけを戦後の「公式記憶」としたことで、この強制された「協力と自発性」の記憶は抹消された。著者が「慰安婦」の「第3の声」を拾おうとしたのも、抹消された記憶を復権するためだろう。それというのも「彼女たちに降りかかった〈強制性〉の複雑さ」〔同、五七頁〕を論じるためだった。

## ◈エイジェンシーの回復

ポストコロニアリズムとフェミニズムを生み出した前世紀の思潮であるポスト構造主義は、「構造と主体」の二律背反のあいだに、「エイジェンシー」という隘路を見いだした。そしてそれこそが、近代の主客二元論を超えるエピステーメーを提示し、決定論的な歴史観をオープンエンドな非決定論へと変えた。そのことは、相対主義やニヒリズムを少しも意味しない。歴史はいつでも、いまだ語らざる者によって書き換えられ、語り直される、したがって決定版の歴史というものはないという、未来に希望をつなぐものだ。

ポスト構造主義の影響をもっとも強く受けたのが、文学研究である。だから『帝国の慰安婦』が文学研究者の手によって書かれたのはふしぎではない。反対に、その影響にもっとも頑強に抵抗したのが歴史学だったかもしれない。歴史は物語ではない、と。

「物語論的転回」は、「語る自己(語り手)narrative self」を措定する。ラカンなら「話す主体sujet parlant」と呼ぶかもしれない。だが「構造主義のリミットとしての」(浅田彰)ラカンを超えたところで、未来を非決定に開いたのがポスト構造主義なら、「話す主体」は言語に全き従属をするとは限らない。「話す主体」は、言語の誤用、流用、濫用を通じて、構造に攪乱や変革をもたらす主体でもある。どれほど強い構造の制約下にあっても、どれほどわずかな機会集合のうちにあっても、なおかつそのもとで行使される「行為主体性」、それがエイジェンシーである。エイジェンシーは一〇〇%の自由な主体を意味しないが、他方で構造への一〇〇%の従属も意味しない。

ポストコロニアリズムのもっとも重要な理論家のひとりであり、ポストコロニアリズムにジェンダー的な介入を果たしたガヤトリ・スピヴァクが『サバルタンは語れるか』〔Spivak、一九八八＝一九九八〕で論じたのも、もの言わぬサバルタンのエイジェンシーだった。インドの独立闘争の過程で一九二六年に一〇代で自死を遂げたブヴァネーシュワリー・バドゥリが、月経の始まる日を選んで縊死したことを、スピヴァクはメッセージとして読み取る。若い女性の自死の原因としてありがちな「不名誉な妊娠」という家父長制的な「動機の語彙」に回収されることを、彼女は死に際してさえ、全身で拒否したのだ。死者にすら、声はある、もしそれを聴き取る者がいさえすれば。

女性史にとっては、「歴史に女性のエイジェンシーを回復する restore women's agency to history」は必須の課題であった。そして歴史に埋もれた女性のエイジェンシーを掘り起こすことに、女性史は一時期熱狂的に取り組んだ。

だが、エイジェンシーという概念は女性史に皮肉な効果をもたらした。それまでのように「構造」に翻弄されるだけの受け身の「犠牲者史観」を覆すことになったからだ。たとえていうなら女性は家父長制の「植民地」のようなものだが、そのもとで個々の女性のエイジェンシーは、抵抗から反逆のみならず、協力から共犯までの多様性を見せたからだ。

そしてスピヴァクによれば、ポストコロニアルな状況のもとにおいては、抵抗がつねに抵抗になり、服従がつねに服従となるとは限らない。「服従が抵抗になり、抵抗が服従になる」両義的な実践となる両義的な文脈のもとに個人が置かれることが、ポストコロニアル状況というものだ。服従と抵抗とは、あるいは加害と被害とは、境界できっぱり分けられるようなものではない。

アウシュヴィッツの「真の犠牲者」は、死者しかいない。死者は口をきくことができない。生き延びて証言した者たちは、「真の犠牲」の周辺にいた者たちだ。

同じように元「慰安婦」の証言においても、抵抗してなぶり殺されたり、過酷な状況に斃れた犠牲者たちの声を、わたしたちはついに聴くことができない。わたしたちが聴くのは、この想像を絶する逆境を生き抜いた者たちの声だ。「慰安婦」訴訟原告のひとり、宋神道さんに「命きたない」というみごとなせりふがある。自分は「命きたない」から生き延びた、と。「命きたない」とは生き延びる意思のことだ。生命への執着や家族への思い、過酷な生活のなかでのわずかな喜びや誇り、そして日本兵との愛などがそのなかにあったとして、一体誰に責められるだろう？ そしてそのようなエイジェンシーの行使のなかにこそ、犠牲者となった者たちの生存戦略があったはずであり、それを知ったわたしたちは、苦難を「生き延びた者」としての生存者に、「サバイバー（生還者）」の名を冠して、あらためて満腔の敬意を表するだろう。

『帝国の慰安婦』が拾うのは、「犠牲者化」のマスター・ナラティブが聴こうとしなかった「第3の声」だ。それらの証言の多くは、朴自身が聴いたものではない。すでに運動団体によって聞き取られていた『証言集』から引かれている。「語られ」ているのに、「聴かれなかった」声たちだ。

## ◆「自発性」とエイジェンシー

『帝国の慰安婦』をめぐる訴訟において、日本兵との「自発的」な「同志的関係」が、元「慰安婦」被害者たちがもっとも反発した部分だという。三・二八集会でも、「上野は被害者のエイジェンシーを強調しようとしている」という声を聞いた。そのとおり、だが、この指摘をわたしは批判とは受けとめない。すでに述べたように、エイジェンシーとは、女性史・ジェンダー史が獲得した、決して失ってはならない概念だからだ。生き延びるための生存戦略の中にも、「愛」や「恋愛」と当事者が呼ぶ「自発的な関係」があることを、誰も否定することはできないし、その「自発性」を認めたからといって、本人が置かれた抑圧的状況を否定することには少しもならない。

だが、主体にわずかでも能動性や自発性を認める「エイジェンシー」概念を持ち込んだとたん、とりわけ性暴力被害者は、微妙な立場に置かれる。「犠牲者」の正統性を奪われ、「語る」ことを抑圧されるからだ。セクハラ裁判やレイプ裁判で被害者がつねに「無垢」であること、「抵抗」を奪われたことを強調しなければならないのは、ほとんど二次加害とも言える。沖縄の米軍による強姦事件でも、一九九五年の「12歳少女」の被害は県民の激昂を引き起こしたが、その前年の「19歳女性」の被害は、問題とならなかった。

この問題に関連して、つねに念頭に浮かぶ連想がある。それは沖縄の集団自決問題である。「集団自決」という表現そのものが、「軍による民間人の強制集団死」を覆い隠す婉曲語法であるという批判がある。戦後沖縄の公式戦史official historyは、そのように沖縄県民の「犠牲者化」を語ってきた［沖縄タイムス社、一九五〇］。その公定の歴史にもとづいて、大江健三郎が『沖縄ノート』［大江、一九七〇］を書いた。だが、二〇〇五年になって、慶良間島の元指揮官と座間味島元指揮官の遺族による名誉毀損の訴訟が、著者と版元の岩波書店に対して起こされた。最高裁まで争われた結果は、軍命がなかったことが事実として認定されたが、名誉毀損もまた、著者が知りうる事実ではなかったと棄却された。同時期に「集団自決」をめぐる新証言が登場した［宮城、二〇〇〇］。座間味島では、指揮官は島民の集団自決に反対したが、事実は村の助役による呼びかけだったことが判明した。その「事実」を知っていた証人は、長きにわたって沈黙を守っていたが、死の直前にそれを明らかにした。かつて「軍命」によるものと虚偽の証言をした証人は、その後苦しみぬいて、ようやく証言を覆したのだ。

この「事実」をもって、「強制はなかった、自発的だった」と言いうるだろうか？「軍官民共生共死」の体制のもと、日本軍の玉砕に民間人は運命を共にすることを強制されていた。

沖縄の「集団自決」は、いったんは島民の「忠君愛国」の行いとして「自決」と概念化され、次に沖縄戦史の記述の過程で「軍の命令」と犠牲者化された。さらにその次の段階で、事実関係を争う中で犠牲者の自発性（エイジェンシー）が「事実」として発見され、軍の指揮官の「名誉回復」がなされた。だが、被害者のエイジェンシーの強調は、「構造的強制」のもとでの軍の抑圧性を少しも免罪しない。それどころか、そのような「自発性」までを動員する総力戦体制の、底なしの怖ろしさと罪深さをわたしたちに思い知らせる。

沖縄の戦後補償で、沖縄県民の「自発性」は、さらにねじれを見せた。日本国内で唯一民間人の戦死傷者に対して、軍人恩給並みの補償が支払われた「戦傷病者戦没者遺族等援護法」(一九五二年制定)の適用に当たって、日本軍の被害者だった民間人たちは、「戦闘協力者」として再定義された。壕から強制的に追い出された民間人たちは、軍に壕を「自発的に提供した」ことになった。「軍命」があることが戦後補償の条件だったからである。「集団自決」が軍の指揮命令下で行われたかどうかが争点になるのも、「援護法」の適用に関係していた。証人は「軍が関与していない」とは証言できず、長く「事実」を封印してきたのである。すなわち、沖縄の民間人死者たちは、日本によって「三度」殺された、と言ってもよい。一度目は実際の死によって、二度目は「自発性」を否定されることによって、そして三度目は「自発性」を捏造されることによって。そして忘れてはならないのは、いずれの「自発性」も、圧倒的な構造的暴力のもとで強制された、ということだ。

これが沖縄軍司令官であった太田中将の遺書にあった、「沖縄県民かく闘へり、県民に対し後世特別の御高配あらんことを」の「御高配」の結果だった。沖縄県民は、本土の空襲被害者には決して適用されなかった民間人の戦争被害に対する補償を例外的に政府から得たが、それはナショナリズムの言語に「自発的に」服従することを通じてだったのだ。その「構造的強制」の暴力に、わたしたちは言葉を失う。

犠牲者のエイジェンシーとは、マイノリティの歴史研究が切り拓いた、無視してはならない重要な概念である。エイジェンシーを唱えることがすなわち加害の免責になるという、あれかこれかの議論は短絡的であろう。そのうえでわたしたちに問われるのは、犠牲者のエイジェンシーを無視することなく、だからといって加害者や加害の構造を免罪することのない、より複合的で複雑なアプローチなのである。

## ◈ 刑事起訴をめぐって

以上のように、本書が「慰安婦」問題研究に切り拓いた地平は、画期的なものである。にもかかわらず、本書は民事訴訟の対象となり、次に刑事告訴の対象となった。

「朴裕河氏の起訴に対する抗議声明」にわたしが参加したのは、「学問研究への国家権力の介入を拒否する」という立場からであった。「声明」にある一文、「この本によって元慰安婦の方々の名誉が傷ついたとは思えず」を引いて、当事者たちが「傷ついた」と感じていることを否定するのかと反論が寄せられたが、被害者が「傷ついた」と感じたからといって「名誉毀損」の罪が自動的に成り立つわけではない。そもそもこの「抗議」は元慰安婦に向けられたものではない。韓国の名誉毀損の刑事裁判はまず被害者の告訴があって成り立つというが、それを刑事裁判を維持するに足ると判断するのは検察である。告訴の内容を「名誉毀損に当たる」と判定するのはあくまで検察なのだから、検察という国家権力が書物の内容を「名誉毀損」と判定することに対して謙抑を促したものである。

「抗議声明」は、賛同人であるわたしたちが、本書を元「慰安婦」に対する「名誉毀損」とは読めない/読まないと判断を示したものだ。著者もくりかえし、反論も批判もよい、だがまず起訴を取り下げて法廷とは異なる場で論争しようと呼び掛けてきた。だからこそ三・二八集会では、少なくとも刑事起訴に対する抗議だけでも合意ができないか、とわたしは提案したのだが、それは批判派によってヤジのうちにかき消された。刑事起訴は、書物の読み方に対する国家権力の介入を許すことである。

加えて、起訴そのものが社会的制裁の機能を果たすことは、自分自身が被告人になってみればわかるだろう。だからこそ、三・二八集会後のレポート集の中でわたしは、「いかなる問題があれ、書物の著者を刑事被告人として法廷に立たせることで、本人が受け取るであろう社会的・心理的ダメージの大きさに思いが及ばない、あるいはそういう報いを受けても当然であるといわんばかりの批判者たちの懲罰的な態度」に、大きな違和感を示したのだ。朴裕河の刑事起訴を「黙認」する人びとは、そのことによって、彼女に対する制裁に加担していることになる。

朴裕河は刑事裁判の最終陳述の最後で、「異なる」声に対する暴力的な抑圧と、それによって引き起こされた「言葉に言い表わせない苦しみの経験」をもとに、「裁判長」と呼び掛け、次のように述べている。

「彼らの攻撃と告発によって私の学者生活二十数年の名誉が一瞬にしてめちゃめちゃにされ、この二年半もの間苦しみの中を生きてきました。（中略）ごく少数の人だけが私の本を正しく受け入れてくれ、苦しみながらも多くの人びとに助けられてなんとか耐えてきました。告発事態でこうむったわたしの名誉毀損と心の傷は、たとえこの裁判で私が勝訴しても完全に消えることはないでしょう。」

検察は懲役三年を求刑した。彼女がしたことは、それだけの刑事罰に当たるほどのことだったのだろうか？　判決は幸いにして「無罪」を宣告したが、検察はただちに上告し、今後の展開は予断を許さない。

この二年半、これほどのストレスのさなかで、彼女が心身を病むこともなく（何度も体調を崩したと聞いた）、失職や辞職することもなく、国外に避難することもなく、自死することもなく、ひとりで闘いぬいてきたことは驚嘆に値する。批判者たちは、彼女の知的・精神的な強靭さに依存しているのではないか。もし彼女が精神を病んだり、自死したりしていれば（そんなことは想像したくないが、そうってもふしぎはないほどの窮境に彼女は立たされたはずだ）、批判者たちはひとりの知識人の社会的生命のみならず、生存さえ奪ったことになり、そうなればそのことは長く運動の汚点として残るだろう。それさえも「勝利」と「誤認」するまでに、批判者たちの感覚は麻痺しているのだろうか。もし自分が同じ立場に立たされたら、と想像してみればよい。「慰安婦」被害者に繊細な共感を寄せる人びとが、著者の置かれた立場に共感も想像も及ばないとしたら、その「共感」とは一体何だろう。

一冊の論争的な書物が巻き起こした「事態」は、誰をも傍観者の位置に置かない。それ以前に「慰安婦」問題そのものが、日本人であれ韓国人であれ、誰をも「第三者」の位置に置くことを許さない。事態の硬直にも打破にも、わたしたちはひとりひとり責任を負っている。その責任を他の誰よりも誠実に果たそうとした一冊の書物とその著者の置かれた立場そのものが、「脱植民地化」の課題の困難さを語ってあまりある。

**【参考文献（abc 順）】**

保苅実、二〇〇四、『ラディカル・オーラル・ヒストリー――オーストラリア先住民アボリジニの歴史実践』御茶の水書房
宮城晴美、二〇〇〇、『母の遺したもの――沖縄・座間味島「集団自決」の新しい証言』高文研
大江健三郎、一九七〇、『沖縄ノート』岩波新書、岩波書店
沖縄タイムス社編、一九五〇、『鉄の暴風』朝日新聞社

朴裕河、二〇一四、『帝国の慰安婦——植民地支配と記憶の闘い』朝日新聞出版
Spivak, Gayatri, Chakravorty, 1988, Can the Subartan Speak? In Marxism and the Interpretation of Culture, edited by C. Nelson and L. Grossberg. Urbana and Chicago：University of Illinois Press.＝一九九八、上村忠男『サバルタンは語ることができるか』みすず書房

# Ⅳ 東アジアの未来を考える

**天江喜久**（あまえ・よしひさ）
一九七二年生まれ。台湾・長栄大学台湾研究所副教授。専門は台湾研究、東アジア比較文化。論文に「朴順宗：二二八事件中 朝鮮人／韓僑的受難者」（『臺灣風物』六四巻第三期、二〇一四）、"Becoming Taiwanese: Appropriation of Japanese Colonial Sites and Structures in Cultural Heritage Making–A Case Study on the Wushantou Reservoir and Hatta Yoichi," in Michael Hsiao, Hui Yew-Foong and Philippe Peycam eds., Citizens, Civil Society and Heritage Making（ISEAS, 2017）など。

**小倉紀蔵**（おぐら・きぞう）
一九五九年生まれ。京都大学大学院人間・環境学研究科教授。著書に『朱子学化する日本近代』（藤原書店、二〇一二）、『新しい論語』（ちくま新書、二〇一三）、『北朝鮮とは何か――思想的考察』（藤原書店、二〇一五）など。

**金　哲**（キム・チョル）
一九五一年、韓国生まれ。延世大学校国語国文学科名誉教授。著書に『국민이라는 노예――한국 문학의 기억과 망각（「国民」という奴隷――韓国文学の記憶と忘却）』（サムイン、二〇〇五）、『복화술사들――소설로 읽는 식민지조선（腹話術師たち――小説で読む植民地朝鮮）』（文学과知性社、二〇〇八、日本語版『植民地の腹話術師たち――朝鮮の近代小説を読む』渡辺直紀訳、平凡社、二〇一七）、『抵抗と絶望――植民地朝鮮の記憶を問う』（田島哲夫訳、大月書店、二〇一五）など。

# 他山の石

## 台湾から『帝国の慰安婦』問題を考える

天江喜久
Amae Yoshihisa

◆

朴裕河『帝国の慰安婦』は太平洋戦争中の朝鮮人慰安婦をテーマにしつつも、特定の時代と民族の枠を超え、近代以降の日本帝国主義下の「からゆきさん」から、「大日本帝国」崩壊後冷戦構造下の米軍基地におけるセックスワーカーなど現代に至るまでの「慰安婦」の系譜を明らかにする労作である。著者の朴裕河は先行研究を丹念に読み込んだうえで、一九九〇年来、韓国で半ば神聖化されてきた「日本軍に強制連行された二〇万の少女たち」像に果敢に立ち向かう。それは韓国で「常識」とされている公定言説に異議を唱える危険かつ孤独な作業であると言える。その過程で、慰安婦が日本軍に強制連行されたのではなく、その多くが日本人または朝鮮人の業者に騙されて戦地に連れて来られたこと、「少女」ではなく平均年齢二〇歳の女性であり、二〇万ではなく、恐らく五、六万人であったとする観点を紹介しているものの、本書は研究の重点を慰安婦の総数や「強制連行」か「自発」かといった歴史問題に置いていない。著者が問題視しているのは第一にそうした政府や一部の左派知識人が築き上げた言説の暴力性である。慰安婦の中には愛国心に駆られ自発的に「身も心もお国に捧げた」者もいれば、戦争の過酷な環境の中で日本人兵士と恋に落ちる者もいた。また、ひとえに慰安所と言っても、最前線と後方とではその日常生活が大いに異なり、後者では部隊の将校たちに可愛がられ、大切にされた者もいる。元慰安婦の中には、日本政府に謝罪賠償を請求するのではなく、逆に赦したいと思っている人もいるそうだ。しかし、「強制連行された無垢な少女」像は韓国ではかつて植民地として日本帝国に蹂躙されたとする国民意識と重複するため、自然と肥大化し、異なる声は絶対化した言説の前で必然的に排除され、語ることすらできなくなってしまった。これは異なる経験を持つ元慰安婦に慰安を与え、正義を求めるどころか、再び「お国のため」に利用されるアイロニーを生み出してしまった。それと同時に、韓国の運動家たちの強硬な姿勢は日本の右派勢力を刺激し、慰安婦が「高給取りの売春婦」という真逆の言説を増長させる羽目となり、著者が指摘しているように本来非常に複雑な問題が極端な二分法に収斂され、問題は膠着化し、両国の関係は大いに悪化した。著者が二番目に問題視しているのは慰安婦問題が「被害者韓国」と「加害者日本」という民族対立の構図をなしている点である。著者はこうした構図が問題の本質をついていないばかりか、逆に問題を単純化し、国民感情の悪化をもたらし、日韓の和解を阻害していると考える。著者はその巧妙な手法によって慰安婦問題を日本固有の歴史問題としてではなく、近代以降の国家主義、資本主義、そして家父長主義に起因する普遍的な問題として捉えなおす。そして、問題の責任が日本だけにあるのではなく、近代国家の勃興そして帝国としての領土拡張の過程で女性を商品化し、国家が主導する戦争の際には女性に身体の供出を求めるパラダイムにあると論じる。それは先に触れたように、「慰安婦」が太平洋戦争以前にも、その以後にも存在していることからも明らかである。したがって、本書は慰安婦の本であって慰安婦の本ではない。慰安婦問題を通して、その背後に潜む「帝国」を可視化させ、近代アジアの再考を読者に呼び掛けている力作と言えよう。

## ◈「民族の預言者」としての朴裕河

本来、学問において、著者の素性から著作の内容を判断するのは公平とは言えない。しかし、現実には著者は読者のそういう視線（gaze）から逃れ得ない。ましてや、慰安婦のように政治化したテーマであればあるほど、読者は著者のバックグラウンドを詮索するものである。『帝国の慰安婦』の反響もまた著者の国籍やジェンダーと大いに関連しているし、著者もまたそれを十分に認識したうえで、いやむしろそれを逆に利用して読者に訴えかけている感がある。つまり、「韓国人」・「女性」である朴が語ることに、善かれ悪かれ、意味があると言える。例えば、日本人が朴のように「帝国」という枠組みを提示し、その文脈で慰安婦問題を再考することは出来ても、韓国人同胞に対し、日本を赦さなければいけないとは決して言えない。また、著者の韓国、アジアに蔓延る家父長主義を辛辣に攻撃する姿勢は、自身がその恩恵を受けてきた男性に属すのではなく、むしろ、その体制の下で苦しめられてきた女性であるがゆえにより説得力をもつ。さらには著書の中で慰安婦の多種多様な物語を提供し、公定の慰安婦像をあえて「冒瀆」する著者が「被害者側」の韓国人であることに感銘を受けた日本人は少なくないはずである。無論その逆も然りである。本書出版後、韓国での一連の騒動は著書の内容も然ることながら、著者のエスニシティーあるいはジェンダーと決して無縁でない。そして、こうした反響を著者も出版社の担当者もある程度予想はしていたはずである。そう考えると、本書の出版は勇気ある行動というよりは、むしろ受難の覚悟と言えよう。知日派である著者の和解への強い信念が彼女を預言者として立ちあがらせたと筆者は考える。その勇気と使命感に敬意を表したい。

## ◈他山の石――台湾から眺める

いかなる歴史もそれを一つの視野（perspective）として捉え、多様な視点から複眼的に眺める姿勢の大切さを筆者は台湾で学んだ。台湾では戦後、国民党の一党独裁政権下、民衆は中華思想史観をたたき込まれた。つまり、台湾は新たに中国の一部として見なされたため、青天白日旗が翻る下、学校では「中国五千年の歴史」や「三民主義」が教えられ、道路名や公共空間の記念建造物などはほとんど中国式に変えられた。それは過去五〇年間、日本植民地統治を受けた「台湾人」を再び「中国人」足らしめる脱植民地化政策の一環であると同時に、内戦で中国大陸を失った国民党政権の正統性を維持するための政治的メカニズムでもあった。しかし、こうした「作られた伝統」は一九九〇年代の島内民主化とともに見直しが迫られ、李登輝が総統に就任した一九九六年を前後に「国史」を台湾の住民を主体として見直す作業が進められた。その過程で、それまで無視されて来た原住民ら被抑圧者の視点を踏まえたナラティブが出現したほか、過去日本統治の下で皇民化教育を受け、太平洋戦争に出征した台湾籍元日本軍軍人・軍属が堰を切ったかのように戦争体験談を語るようになった。ちなみに、台湾籍元日本兵は口を揃えて、日本教育を受けた自分たちは愛国心に駆られて「志願」したと誇らしげに語り、その語りの中で

「強制」の二文字は見当たらない。二〇〇〇年に政権交代が行われ、野党の民進党の陳水扁が総統に就任すると、本土化・台湾化の動きは加速し、近年では「当時日本の領土であった台湾は第二次世界大戦に勝利してはいない」、「台湾は日本を相手に抗戦していない、逆に台湾はアメリカ・中華民国の連合国軍の空爆を受け、多数の死傷者を出した」という台湾のトポスに立脚した歴史が公に語られるようになり、戦後国民党政権の下で築き上げられた国家神話は音を立てて崩れ始めている。二〇〇八年に国民党が八年ぶりに政権に返り咲き、保守勢力が「脱中国化」に歯止めをかけようと試みたものの、台湾の民衆はまるで長い夢から覚めたかのようであり、時すでに遅しの感がある。二〇一六年、二・二八事件と戦後の白色テロの元凶とされる蒋介石の銅像が全島各地の学校などの公共空間から撤去され始めた。さらには孫文の中華民国の「国父」としての歴史的地位に異議を唱える動きも出ている。国民党レジームによって崇拝された「民族の英雄」の偶像打破は止まることを知らない。ごく最近では台湾からオランダ人を駆逐し、台湾を中国の領土として取り戻した明朝の遺臣・鄭成功すら台南一帯に居住したシラヤ族を虐殺したとしてその歴史的評価の見直しが求められている。また、歴史の見直し・書き直し（rewriting）といったポストコロニアルな試みは、先に述べた戦争経験者の物語に限らず、過去にあまり語られることのなかった日本統治期の記憶の再生産にも及んでいる。その語りは「経済搾取」、「日本化の強制」などという植民地権力の暴力性を強調するものではなく、教育・衛生・交通などの発達による社会の近代化・文明化、そしてその環境の変化による日常生活の変化を国家の枠組みやイデオロギーを超えて「大衆の歴史」として描写している。その語りの中で台湾が日本の一部だった過去はしばしノスタルジックかつロマンチックに語られる傾向にあり、それが日本の保守主義者によって日本の過去の植民地統治を肯定的に捉え、台湾を「世界一親日国家」、中国の覇権を食い止める台湾は「日本の生命線」として仕立て上げる結果を招いている側面があるのもまた事実である。しかし、ここで筆者が強調したいのはこれらの「下からの」大衆の歴史によって、ナショナル・ヒストリーの主体が「国家」から「国民」へとシフトし、相対化されたことである。国家神話の打破は民衆のエンパワメントをもたらし、二〇一五年三月のひまわり学生運動や近年の大規模な反核運動など市民社会の活性化に繋がった。

## ◆ 台湾の慰安婦

慰安婦の問題に限れば、台湾ではその数が日本や韓国に比べるとはるかに少ないため、民衆の関心はさほど高くなく、日本と台湾の関係を揺るがすような力とはなっていない。しかし、その言説、またストーリー・メイキングの過程とエージェントは韓国と酷似している。すなわち特定の政党や支援団体の作り上げた「慰安婦は日本軍に強制連行された」という言説がメディアを通して「神聖化」され、その「冒瀆」が許されない点である。二〇〇一年に小林よしのりの『新ゴーマニズム宣言SPECIAL 台湾論』(小学館、二〇〇〇)の中国語訳が台湾で発売されると同時に、その中での台湾の実業家・許文龍が「慰安婦の強制連行なんて嘘」、「慰安婦は皆軍の慰安所でよい待遇を受けた」といった個所が問題になり、一部の市民・政治団体が抗議デモを展開し、『台湾論』を焚書する騒動へと発展した。結果、小林の台湾入国が一時禁止され、発言の責任者である許文龍も謝罪を強いられた。また、最近では二〇一六年六月に国会での質疑応答の際に野党側の議員に慰安婦問題について質疑された行政院院長・林全が「慰安婦の数は多く、強制連行された者もあれば、進んで慰安婦になった者もいる」と発言したところ、野党議員と一部メディアのバッシングを受けたため、その晩すかさず、「自分の問題に対する認識が浅かった」「大部分の者が強制されたと信じている」と自身の「失言」を謝罪した。植民地期や太平洋戦争の記憶が肯定的に語られるのが許されるのに、慰安婦の問題になると手のひらを返したように自由な討論が許されないのは慰安婦＝強制連行＝性奴隷という一般認識が強く、それを否定する者は一概に「反自由主義者」の汚名を着せられるためであろう。台湾のフェミニズム運動は民主化とともに歩んできたため、温度差こそあれ、慰安婦の問題は台湾島内において政党や政治イデオロギーを超えた数少ない共通イシューであると言える。

台湾慰安婦の研究に関して言えば、朱徳蘭の一連の調査及び慰安婦の支援団体婦女救援基金会が出版した書物、ドキュメンタリーなどがある。朱は歴史学のアプローチで台湾軍、総督府などの文献を読み込んだうえに、生き残りの元慰安婦に聞き取りを行なっているものの、その研究は「加害者日本」と「被害者台湾」といった従来の枠を超えるものではない。よって、慰安婦を「敵国民」と「帝国臣民」とに分別し、前者が侵略の結果として得た「戦利品」であったのに対して、後者が兵士の士気高揚のために必要とされた「軍需品」であったとする『帝国の慰安婦』の視点を共有することはない。

## ◆異なる声を傾聴する

しかし、異なる声は台湾にも確実に存在する。それは言うまでもなく慰安婦の悲惨な境遇を否定することにはならない。例えば、ドキュメンタリー映画『阿媽的秘密』(一九九八)の中で元慰安婦の阿桃が慰安所での生活を回顧する際、押し寄せる感情をこらえることができず、号泣するシーンがある。嗚咽しながら、「くそババア」と漏らしたのをおそらく台湾の視聴者のほとんどは気づかなかったに違いない。彼女が「くそババア」と罵ったのは誰なのか。おそらく朴がその著書の中で指摘している慰安所の管理人、もしくは仲介業者であろう。軍に協力して彼女たちを搾取した者たちが彼女たちにとって慰安を求めてきた兵士たちよりも憎い存在だったとしても何にもおかしくない。ちなみに、一九九二年に発掘され、当時慰安婦調達の軍の関与の貴重な証拠として騒がれた台湾軍の秘密文書には三人の地元仲介業者の名前が記されている。そのうちの一人は屏東在住の日本人女性である。そして、もう一人は朝鮮人である。この「豊川晃吉」という済州島出身の男は韓国名を任斗旭といい、朱徳蘭の『台湾慰安婦』(五南、二〇〇九)によると、任の戸籍には雇用・居留を含め、四三名の男女が登録されている。そのなかの三八名が女性で、さらにその半分を超える二十一名の女性が二十一歳未満である。女性たちのうち朝鮮出身者が二十一名、沖縄出身者が一三名、日本本土出身者が四名である。これら全員が慰安婦であったという証拠はないが、本職を「発動機船水夫長」とする任の戸籍の構成は異様と言えよう。任はまた戦時中に基隆の朝鮮人組合の会長を務め、朝鮮人志願兵を引き連れ神社参拝するなど積極的に皇民化運動に参加したことが『台湾日日新報』の記事から窺える。任は戦後も台湾に残り引き続き基隆の韓国人協会の会長を務め、在台韓国人(台湾では「韓僑」と呼ぶ)の居住許可の申請手続きや仕事の斡旋に尽力した。当時約三百名ほどいた韓僑の中には二〇代の女性が多数含まれ、その多くが本国への強制送還を逃れるために中華民国籍の男性と結婚している。これらの女性がすべて慰安婦もしくは性労働者であったという証拠はないが、多くの女性が戦時中に単身で台湾に渡航している点や、戦前台湾の各都市の遊郭で多数の朝鮮人が働いていたことを考慮すると、慰安婦であった女性も含まれていたと考える方が自然であろう。祖国は解放されたものの「穢れた身」となったために故郷に戻るに戻れず台湾に残った女性のことを思うと実に不憫である。そして、それらの女性も戦後、任斗旭会長の世話にならなければならなかったのかもしれない。一九五三年に李承晩大統領が台湾を訪問した際には、任会長がしっかりと記念写真に納まっているのを見ると、不思議な歴史のアイロニーを感じる。戦後の動乱の中で台湾に残った韓国人同胞（そのほとんどが船乗りとその家族）はおそらく任の経歴を知りながら、彼の指導力に期待したのだろう。生活の保障すらない者にとっては思想より生存の方が大事なのは当然のことである。

『帝国の慰安婦』が指摘するように、朝鮮や台湾出身の慰安婦は日本人の「代替」であり、「日本人」として慰安を与えることが求められた。そして、そうした「同志関係」は時には戦場の若き男女を恋愛関係に発展させることもあった。台湾でも二〇年以上も前の話になるが、新竹航空隊の慰安所に勤めた韓国人元慰安婦の話が新聞に掲載された。記事によれば、その韓国人女性は日本人の航空隊員と恋に落ち、結婚の約束までした。しかし、その男性は終戦間際に特攻に出撃し、帰らぬ人となった。戦後、思い出の地に戻った女性は以前慰安所のあった場所で死者と契りを結ぶ冥婚の儀式を行なって韓国に帰って行ったとある。おそらく、韓国では報道されることのないニュースである。台北の婦女救援基金会の出資で二〇一五年に上映されたドキュメンタリー『蘆葦之歌』の中でも元慰安婦の女性が自分はある日本兵士と結婚を約束したと語るシーンがある。しかし、こうした証言の意味を考える試みは行われず、そうした声を不可解に感じることはあっても、真剣に聴き入れられることはない。こうした逸話が慰安婦の過酷な生活を否定するものでないことは言うまでもない。しかし、少なくともそれは万単位で存在していた慰安婦のすべてが同じ戦争経験をしたのではなく、いろいろなケースが存在したことを物語っている。そうした多様の経験を無視し、画一のストーリーを押し付けるのは元慰安婦たちに「二重の支配」を強いることに他ならない。

## ◈連鎖する帝国主義

『帝国の慰安婦』は「韓国・被害者」vs.「日本・加害者」という従来の構図を超え、問題の背後に潜む近代国家の家父長制的構造の正体を暴いている。それは問題の本質を鋭く指摘していると同時に、国家主義の枠組みの中で対立し続けることの不毛性を訴えている。著者は著書の中で問題の意識を朝鮮人慰安婦という限定された時空と民族から、女性という普遍的な弱者と彼女たちをそのような境遇に陥らせた構造、つまり「帝国主義」へとシフトさせていく。その視点かつ手法は実に見事である。そして、そうした帝国主義的構造は今日も不可視化し、継続している。性暴力や人身売買は貧困国に止まらず、我々の眼下でも頻繁に行われている。昨年（二〇一六年）中頃、甘い誘いに乗せられ五年間で〇〇本以上のアダルトビデオへの出演を強要された女性・少女の衝撃的なニュースを目にした。グラビアモデルの撮影などと騙され、怪しい契約書にサインさせられたうえ、性的交渉を拒むと違反金を盾に恐喝され、本人の意思に反した性的な搾取が繰り返されている。被害者は一人、二人ではない。何十何百人といる可能性がある。多くの人間（主として男性）はそうした背後の犯罪を知る由もなく（またそうした想像力を働かせることもなく）、ただひたすら性欲の趣くまま、女性たちを消費し、快楽に浸るのである。消費者は出演者が商品に見合う報酬を受けていると信じこみ、何の罪悪感すら持つことをしないだろう。こうした「慰安」は国家の名において動員されているわけではなく、また植民地構造や民族的要素を介しないため、「帝国の」とは決して言えないが、それを提供するエージェント（業者）の存在と騙しの手口、そして今日も日本社会に根強く残る家父長主義的要素を考慮すると、慰安婦と共通する点があるのではないかと筆者は考える。

## ◈「恨みの慰安婦」から「赦しの慰安婦」へ

筆者は『帝国の慰安婦』が「真理」のある研究・著作であると考える。真理は国籍、民族や性別など社会的枠組みを超えたところにあり、言うまでもなく、政府、政党などの利益や立場に左右されるものではない。朴の研究は国籍、性別を問わずあらゆる者の良識に訴え、罪の意識すら喚起させる。日本人、韓国人、男性または男性主義者、そして「近代」というパラダイムをアジアにもたらした西欧の帝国主義者とその末裔、誰一人としてその裁きを逃れる者はいないのではないだろうか。本書を読み進めていくにあたって、民族やジェンダーがもたらす「原罪」が明らかになっていく。そして、己の原罪に目を向けようとせず、特定の集団の過ちを責め立てる不誠実かつ傲慢な態度を裁く。『帝国の慰安婦』はあたかも日本が過去に犯した過ちに対して、「汝らのうち罪なき者、まず石を投げうて」と訴えているようである。

本書はまた優れた文学書の側面も持ち合わせる。

元慰安婦たちにいま必要なのは、「あなたが悪いのではない」という言葉である。そのような「慰安」の言葉を、「慰安」を与え続けさせられてきた彼女たちにいま、贈りたい。（『帝国の慰安婦』、三一四頁）

筆者も赦し、赦されることでしか真の和解はもたらされないと思う。しかし、真の赦しは強要することも、金で買うことも出来ない。過去に過ちを犯し、その「民族的原罪」を負う日本人はただ祈り、赦しを得られるまで辛抱強く待つしかないのである。一時代の精神であったとはいえ、法を盾に力でもって他民族を支配した帝国主義・植民地主義は罪である。著者が指摘しているように、植民地支配は朝鮮内部に「抗日」vs.「親日」の分裂を生み、その対立構造は戦後七〇年経った今なお続いている。また、戦後の朝鮮半島南北分断は各々の政権がその正統性を対日抗戦に依拠している点からしても、日韓併合と無縁でないことを我々は決して忘れるべきではない。

前記の『蘆葦之歌』は婦女救援基金会のスタッフがワークショップを通じて如何に元慰安婦の女性たちに心のケアを施してきたかを記録している。老いてなお身体の受けた傷は消えないが、スタッフの努力と協力のもと、心の傷は徐々に癒しを見つける。元慰安婦の一人は自分を騙したものは赦し、騙された自分をも赦すと言い残し、二〇一二年にこの世を去った。被害を被った者の「赦す」の一言で、加害者とその民族的罪を共有する者たちの罪は赦され、和解の道は開かれるのである。朴裕河もまた赦すことにおいてほか、和解はないと主張する。

## ◆十字架としての『帝国の慰安婦』

『帝国の慰安婦』出版後の著者が被った一連の騒動はイエスの受難を彷彿させる。ユダヤ人のラビたちが民衆を煽動し、ローマ帝国の権力を利用して、イエスを政治思想犯として処罰したように、朴に反対する知識人たちは公の場での議論を避け、司法、検察といった国家権力に訴え「異端者」を「反乱罪」に裁こうとしている。そして、朴の論点や試みに賛同する者の多くも怒涛の非難の声の前に沈黙を強いられた。「赦し」と「和解」を訴えた『帝国の慰安婦』は韓国国内では一時出版が差し止められ（後に三四カ所の削除を条件に再出版の許可が下りる）、今なお、刑事訴訟（一審無罪、現在控訴中）が続いており、「預言者」はあたかも十字架を背負ってゴルゴダの丘を上がってゆくようである。嗚呼、学問の自由の代価はかくも重いのか！　しかし、十字架の先にあるのは復活の希望である。『帝国の慰安婦』は我々がみな家父長制を基にした近代国家主義の被支配者であることを知らしめ、その呪縛からの解放を呼びかけているように思う。それは近代国家の枠組みを超えた新たな日韓関係づくりへのいざないでもある。朴があえて筆を取ったのは和解の未来を信じたからであると筆者は考える。そして、また多くの者が彼女の著作を通して同じ光を見たことであろう。この光を消してはならない。

# 慰安婦問題における人間と歴史

小倉紀蔵 Ogura Kizo

## ◆「新しさ」をめぐって

朴裕河氏の著作『帝国の慰安婦』は、新しいのであろうか。

この問いには、ふたつの答えがありうる。

ひとつは、「そうだ、新しい」というものだ。朴裕河氏を擁護する人びとの多くは、当然、この認識を持っている。「ここに提示されているのは、まったく新しい認識だ。韓国社会でこのことを公に発表することができた勇気は、最大限賞賛されるに価する」と考えている。しかし、これとは反対に朴裕河氏の著作の内容を強く批判する人びとの多くも実は、「きわめて新しい」という認識を持っている。「これほどひどい話は、いままで誰もしなかった。けしからん」というものである。「新しい」という語彙を使用しないけれども、語っている内容は「新しい」だ。あるいはその変形として、「こういうひどい話はこれまで日本の右翼や保守がしてきたが、韓国人がここまでいったのは初めてだ。けしからん」という認識がある。認識内容と国籍ないし民族名を一体化させて民族至上主義的に批判するパターンである。

他方、冒頭の問いに、「否、新しくない」と答える人びともいる。わたしの知るかぎり、朴裕河氏擁護側の人びとの一定数が、この認識を持っている。「この本に書かれてあることはさして新しくない。なんだ、このていどのことでこれほど糾弾されてしまうのか」と思っている人もいるのである。たとえばわたしの研究室に所属する韓国からの留学生は、「もっとすごいことが書いてあるのかと思って読んだら、そうでないので意外だった。このていどの内容で糾弾されてしまう韓国社会とは一体なんなのか」と語った。この学生は日本のネット右翼思想を研究しているので、彼が知っている日本右翼・保守の慰安婦認識に比べれば、『帝国の慰安婦』など「なんでもない」ということなのだろう。だが他方で、反朴裕河氏派のなかにも、「新しくない」という見解を持つ者がいる。新しくないものをなぜ糾弾できるのか（論理的にいえば糾弾できない）。それは「朴裕河は日本の右翼や保守の認識を模倣した（だから新しくない）」からである。だが反朴裕河氏派の認識は、実はこれよりは、「朴裕河は不道徳にも日本の右翼や保守が気に入るような認識を臆面もなく披瀝した。だから新しい。だからけしからん」というパターンのほうが多い。そして実はそのほかに、「パンドラの匣型」とも呼びうる、隠蔽されたもうひとつの認識がある。「朴裕河のいっていることは新しくない。だが韓国人が決していってはいけないことだ。それをいってしまった朴裕河は韓国社会で絶対に許されてはならない」というものだ。これこそ、『帝国の慰安婦』をめぐる論争がきわめて感情的になっている真の理由であると思われる。「おまえの認識は実は新しくない、王様は裸だということは、知りたくはないがだれもがうすうす勘づいている、しかしそれをいったら王国は崩壊する」という暗黒の恐怖が渦巻いている。このことは、朴裕河氏批判派が、『帝国の慰安婦』よりももっとラディカルな「歴史修正主義」的立場をとる日本保守の認識ではなく、より中間的な立場である朴裕河氏に批判を集中させていることからも理解できる（韓国批判という意味で中間的ではあるが、植民地支配批判の論点では朴裕河氏はむしろ日韓の左翼よりさらにラディカルである。このことは本稿の末尾で論じる）。認識の正誤が問題なのではなく、行為の善悪が問題なのである。

以上のことから、少なくとも次のことがいえるのではないだろうか。

まず、朴裕河氏を擁護する側の認識は、以下のふたつの枠組みに収斂される。①『帝国の慰安婦』の内容は新しい。したがって朴裕河氏はすばらしい。②内容が完全に新しくはないかもしれないが、著述内容によって公権力から訴追されたり社会的に糾弾されているのはおかしい。朴裕河氏は擁護されるべきだ。

他方、朴裕河氏を批判する側は、以下のふたつの枠組みに収斂される。③『帝国の慰安婦』は新しくて不道徳的だ。だから許されない。④新しくはないが、日本の不道徳な勢力の認識と同じか、あるいはそれにへつらうものだ。だから許されない。

また、これとは別に批判側の重要な論点には、⑤この本の叙述には論証方法における重大な欠陥がある。資料の引用などに根本的な恣意性がある。だから学問的認識とはいえない、というものがある。

以下、①から⑤までの論点に関して簡単に検討してみよう。

## ◆認識の類型

まずもっとも明解な論点として⑤があるが、この批判に応答できるのは朴裕河氏本人だけであろう。二〇一六年三月二八日に東京大学（駒場）で行われた討論会（三・二八集会）において、朴裕河氏批判側はこの論点を中心にして擁護側を追及し、「相手は結局われわれの批判に答えられなかった」と高らかに語った。しかしそれはお門違いというものだろう。叙述の方法論や技術的問題には、著者本人しか答えられない。朴裕河氏を擁護したといっても、朴裕河氏と認識は同じではない。この批判の背景には、「同じ陣営に属している人間は、細部にわたって認識を同じくしなければならない」という運動論的な心情が介在しているように思える。非学問的態度といってよいであろう。しかしそのこととは別に、朴裕河氏はこの⑤の論点に関しては真摯に応答すべきであろう。批判の内容自体は形式的には学問的姿勢に基づいているからである。

この⑤の批判は、実は①の論点に結びつく。批判側は擁護側に対して次のようにいう。「この本の内容が新しくてすばらしいというなら、それが新しくてすばらしいと主張する根拠に対して、自分たちが客観的に学問的な検討を加えたうえでの認識なのか。それとも単にこの本を鵜呑みにしているだけなのか。もし後者であるなら、学問的な欠格である。なぜそのように鵜呑みをするのかといえば、この本が提示した認識が、あらかじめ日本リベラルの好みに合ったものだったからだろう」。これは鋭い指摘である。擁護側がもし、『帝国の慰安婦』の内容が新しくて意義深いと高く評価するなら、その評価を下すための根拠は充分に学問的といえるのか、という問いである。わたしの考えでは、おそらく擁護側はこの問いには答えられない。その理由は、以下のとおりである。まずもっとも大きなものは、擁護側の多くの人（わたしを含めて）は、歴史学を専門としておらず、慰安婦問題の専門家でもないからである。植民地時代の朝鮮で起こったことを学問的に高い水準で、しかもマクロとミクロの両方のレベルにおいて理解できている人が、おそらく日本リベラルにはほとんどいない（だがのちに述べるように、そもそもそんな人間はこの地球上には存在しないのであるが）。ふたつめの理由は、まさに批判派が指摘するように、この本の叙述内容の一部が、日本リベラルの求めていたものに合致した、あるいは少なくとも日本リベラルに新鮮な肯定的印象を与えた、というものであろう。だが、このことが批判される理由はない。日本リベラルのなかで、慰安婦問題の長年の膠着状態を苦悩し、「この問題に対して新しい視角からの接近方法はないのだろうか」と考えていた人びとは多い。その思考の方向性が朴裕河氏批判派と異なるからという理由で、批判される理由はないのである（批判派といっしょに運動しているわけではないのだから）。ただ先に述べたことを含めて日本リベラルの認識水準に問題がないわけではなく、むしろ問題は多くある。しかしそのことが、この本に対する全面的否定を正当化しうるという論理はどう転んでも成り立たないのである。

②の論点に関してはどうだろうか。この本の内容が「新しくない」という人の論拠はさまざまなのだが、その理由は、この本の叙述内容のひとつひとつを見れば、いつかどこかで主張され指摘されたものが実は多い、という認識による。だからこれに対して擁護派かつ「新しい」派は、「この本のもっとも斬新な点は、植民地支配の複雑な様相を「構造」という概念で理解しようとしたこと」だという。ひと

つひとつの事例はこれまでにも指摘されたことがあったかもしれないが、植民地支配を理解するための大きな、そして重要な概念をこの本は新しく提示した、そこにこそ意味があるのだ、という考えである。したがって、擁護派のすべきことは、この「構造」とはいったいなんなのかを検討することにあるだろう。この論考の末尾で、このことを検討してみたい。そして付け加えるなら、著作の内容によって公権力から訴追されたり社会的な糾弾を受けるのが不当であるのは、いうまでもない。

③の論点は、論理的には整合性を持っている。「この本はまったく新しく、かつ容認できないほど不道徳なことを語った、だから排除すべきだ」という話である。論理的には整合的であるが、自由な民主主義社会では絶対に受け入れられてはならない主張である。自由な民主主義社会の理性的な構成員は、決してこの③のようなことをいえない。だから元慰安婦ハルモニの名誉が毀損されたという理由で提訴することによって、この本に対する社会的な制裁ないし抹殺という手段が選ばれたのではないだろうか。もしそうなら、これは根本的には、自由な民主主義社会において、その社会の理性的な構成員の範疇からハルモニたちを除外（し、かつ主体化）することによってのみ成り立つ差別的行為なのではないだろうか。だが、この本の叙述によって個々人のハルモニたちの名誉が毀損されたか否かに関しては、だれがなにを代表しているのか、という議論が緻密かつ冷静になされねばならない。「日本人は嘘つきだ」という内容の本に対して、日本人であるわたしが名誉毀損で提訴しうるか、という一般論の問題ではない。その本によってわたしが不快になった、という主観の問題だけでもない。わたしの生そのものが、この本の叙述によっていかに損害を受けたのか、という客観的な問題である。

④については、論評する必要がない。ある思考が、ほかのどの考えに近いのか、その考えに阿諛追従《あゆついしょう》

しているのか、ということを判断することは必要だし重要なことだ。もしその思考が特定の政治的勢力（往々にして外国勢力）と特別に親密な関係にあると判断されたとき、その思考を蔑視することももちろん論理的には可能である（『帝国の慰安婦』が日本保守に追従しているという意味ではない）。しかし、それが社会的排除の対象になるというのは、単にその社会の民度が低いというだけであって、その民度の低さを嘆くしかないのである。この場合の「民度の低さ」というのは、「ナショナリズムの専横」と同義である。朴裕河氏擁護派の韓国人が、「朴裕河教授はやるな、やるな、やるにちがいない、と思っていたら実際やってしまった」と語るのを聞いたことがある。同じような発言はいくつも聞いた。これは、民度の低い（ナショナリズムの専横が止まない）自国社会への諦めの言葉なのである。

## ◈ 暴力的な運動

このように整理してみると、『帝国の慰安婦』をめぐる認識は多岐にわたるが、そのいずれもが、なんらかの説得力を持っていると同時に、なんらかの問題点をも持っているということがわかる。つまり、この本をめぐる評価のいずれもが、「だれもが無条件的に安易に肯んじうるもの」ではないのである。『帝国の慰安婦』はそれほど単純な本ではない。むずかしい本なのである。この本の内容をめぐって、わたしたちは長い時間をかけてじっくりと議論しなくてはならない。

それにもかかわらず、特に朴裕河氏批判派の人びとは、あたかもこの本とこの著者を絶対悪であるかのように性急かつ声高に（威嚇的なほど大声で！）糾弾する。いちじるしく冷静さと公正さを欠いた思考停止的態度といわざるをえないだろう。

わたしの研究室所属の大学院生は、他の研究科所属の院生から、「こんな本を読むな」といわれた。それで「あなたは読んだんですか？　どうでしたか？」と尋ねたところ、「読んでない。こんな本は読む価値もない」と答えたそうだ。このようなカフカ的光景は実はいたるところで見ることができる。いったい、これがいやしくも学問の徒である者の言動であろうか。この問題をめぐって、ある陣営に所属する人びとの学問的営為はすでに崩壊しているといったほうがよいのかもしれない。むしろ慰安婦問題や『帝国の慰安婦』問題を媒介にして、日本の人文社会学系の学問の一部が崩壊していくのではないかという強い危惧を抱かざるをえない。「この本は読むな。わたしは読んでいない。読む価値がないからだ」という意味不明の言葉が大学という場所で堂々と発せられてほかの学生を威嚇している事態は、「ここははたして現代の日本なのか」という問いを惹起せざるをえない。日本なのである。京都大学文学研究科の大学院生の言葉なのである。暗澹たる思いを抱くのみであろう。

二〇一五年十一月に京都大学でわたしの研究室主催により朴裕河教授の講演会を開催した。その質疑応答の時間にこの本と著者を徹底的かつ反知性的に愚弄し罵倒した複数の質問者（というより糾弾者）はいずれも、この本を読んでいなかった。このときは留学同（在日本朝鮮留学生同盟：留学生の団体ではなく朝鮮総連系の在日朝鮮人学生の団体）の在日朝鮮人学生たちが「講演会開催反対」のプラカードを持って示威行動をしたが、彼らは講演終了後の朴裕河氏をエレベーター前まで圧迫して追いかけ、朴裕河氏に身体的な恐怖心を与えた。氏はあれほどかまびすしい批判を受けている韓国でも、このように直接的な身体的圧迫を受けたことはそれまでなかったという。ここまで来れば、すでに大学は学問をする場所ではないといえるだろう。

またわたしの知り合いは京都の某大学の教員から、「この本は読むに値しない本だ。小倉はなんであんな人（朴裕河氏）を呼ぶのか。（朝鮮）総連の人たちは（講演会に）もっと出て行って（批判を）いってやればいい」と直接いわれた。朝鮮総連という運動体を使って特定の学問的行為を破壊しようという発言としか判断しえない。これが大学の教員の発言なのであろうか。

京都地域では若い研究者が「この本を踏み絵にするのはやめてほしい」という声を挙げている（二〇一六年三月二八日に行われた東京大学での討論会の記録集にその声が収録されている）。「踏み絵」というからには、若い研究者たちに対して、教員や同僚たちが、「この本を評価するのかしないのか。評価するなら不利益がもたらされるぞ」というような言説を陰に陽にしているのかもしれない。これもまた明確かつ恥知らずな反学問的事態である。

またわたしは韓国で、朴裕河氏不在の席で彼女に対する韓国語で最大限の侮蔑表現を聞いたこともある。映画でなければ実際にはなかなか聞くことができない言葉である。食堂全体に鳴り響く叫び声といってもよい大声で、その人はその場に不在の朴裕河氏をののしりつづけた。

これらすべては、『帝国の慰安婦』をめぐって、客観的な評価を忌避してこれを排除しようという魔女狩り的な運動が展開されていることを示している。「この本は読む価値がない。だから読んでいない」と皆一様に（不自然なほど堂々と胸を張って！）いうのは、なぜなのだろうか。なにをそんなに恐れているのだろうか。たった一冊の本が破壊的な怪獣のように扱われることによってあらわになったのは、朴裕河氏批判派によるこの本に対する、想像を絶するほどの憎悪と恐怖心とである。

事実を客観的に、冷静に見る必要がある。先に述べたように、この本は簡単に評価できる本ではない。ただひとつだけ語ることができるのは、『帝国の慰安婦』は、人間と社会に対する深い洞察に溢れた本だということだ。無論その洞察がすべて正しいか否かはわからない。すべて正しいと考えるほうが非常識であり、間違いだろう。叙述のすべてが正しい本などはこの世に存在しない。洞察のすべてが新しいわけでももちろんないだろう。しかし『帝国の慰安婦』が、これまで（政治的なものも含めて）さまざまな理由により問われてこなかった多くの重要な問題を暴いてあらわにし、冷静にそれらを検討したことはまぎれもない事実であり、この本の意義の第一点はまさにそのことにあるのである。

だからこの本が提示する洞察の内容が、特定の人たちの掲げる「正義」や「正しい歴史認識」に合致しないからといって、この本を世界から葬り去ろうとするのはきわめて反学問的な暴力である。既存のフレームに合わない洞察を「不道徳」として全否定しようとする守旧主義者たちは、五年後、十年後には必ずや、日韓知性史の恥ずべき暗澹たる汚点として記録されるにちがいない。もしそうならないのならば、なんらかの政治的な理由によって（その理由はわたしにははっきりと予兆的に察知できる）、日韓の自由は死滅した状態になっていると判断されなければならない。そのとき日韓社会を真の意味での「１９８４年」的絶望が覆い尽くすであろう。そのことを真に憂うる人は、日韓に多くないのであろうか。

「洞察が既存のフレームに合致しているかしていないか」「洞察が一点の非もなく正しいか否か」が問題なのではない。この本が「果敢に洞察した」という一点こそが重要なのである。慰安婦問題を同語反復の回路から逸脱させようと挑んだ、という点のみによって、『帝国の慰安婦』の輝きは衰えないのである。

## ◈英雄化の未来

わたしは二〇一五年夏に、韓国の某新聞の記者に『帝国の慰安婦』をめぐる問題をどう考えるか」と尋ねた。彼の答えは「英雄をつくってるんだよ」という力のないものだった。朴裕河氏を糾弾しているまさにその新聞の中枢にいる者が、すでにそのような考えであることに、わたしは率直にいって驚きを禁じえなかった。もっと劇《はげ》しい糾弾の言葉が出てくるものだと思っていたからだ。彼の「英雄をつくってるんだよ」という言葉をわたしなりに解釈するなら、次のようになる（あくまでもわたしの解釈であって、彼の考えではない）。「朴裕河のようなことを韓国社会で語ってしまえば、おれたちは糾弾せざるをえない。それ以外に選択肢はありえないじゃないか(わかるだろ?・)。あらかじめ枠組みが決まっていて、おれたちにはどうすることもできない。糾弾すれば新聞紙面に朴裕河が出る。出ればどんな形であれ、朴裕河はこの社会のイシューとなる。日本でも朴裕河を応援する人が出て、韓国のことをよく知らないリベラルだかなんだかわからない奴らが「韓国は自由のない国だ」という批判をするだろう。朴裕河は英雄になる。そのことはわかっている。わかっているが、しかたがないのだ」。ちなみにいっておくが、わたしはこの言論人を尊敬している。非常に見識の高い知性人だと思っている。しかし、その彼にしてやはり、韓国の強力な「ものの見方の枠組み」に力なく合わせなくてはならないと考えている。そして「しかたなく朴裕河を英雄にしている」と諦めの境地にはいりこもうとしている。これは韓国社会にとってきわめて危険な状態だ。

わたしはだが実はいま、もっと別の心配をしている。彼のいう「英雄」というのは、「朴裕河が慰安婦問題に関してこれまでの枠組みとは異なる論を果敢にふりまわしており、それで社会的なイシューとなっている。海の向こうでは韓国の事情を知らない日本人がそれを賞賛している」というものだ。この構図自体は、「金大中」や「T・K生」などという系譜によってずっと繰り返されてきたものだ。韓国社会の本質的暗部を外部に暴くことによって、日本人がそれに呼応して韓国批判をするという構図だ。自社会の暗部を実はすでに熟知している韓国人が、それを日本人に知られることを極度に嫌悪する、という構図である。この構図には実はすでに、(わたしは好きな言葉ではないがあえていえば)正義は存在しないことに留意しなくてはならない。この構図において守られるべきものは正義ではなく、民族ないし国家の誇りと自尊心だけなのである。もちろんそれも重要であろう。わたしは韓国ナショナリズムを頭から否定する者ではない。韓国には韓国の論理と生理があるのである。それはあるていど守られるべきだ。韓国の歴史的文脈を知らない外国人が蜂の巣をつついたように大騒ぎをするのは、自制すべきだ。だが、『帝国の慰安婦』問題において韓国社会が示している、暴力そのものといってよい過敏反応はすでに、韓国の未来に重大な禍根を残すレベルに達していることを、韓国人はもっと正確に自覚すべきであろう。

事態がこのまま進めば、どうなるであろうか。わたしの予感では、朴裕河氏の「英雄性」は、五年後、十年後にはいまとは比較できないほど確固たるものとなっているだろう。いまの時点での「英雄性」は、「誰もいわなかった、あるいはいえなかったことをいった」という一点に収斂されている。だが五年後、十年後には、「韓国社会の暴力性に全面的に挑戦し、そのことによって著作が完全否定されるという、現代民主主義国家においては絶対にあってはならない暴力を社会全体から行使された闘士」という記号が彼女に付与されることは目に見えている。このことを韓国社会はどう修復できると考えているのであろうか。修復できる道は残念ながらふたつしかないとわたしは考える。ひとつはもちろん『帝国の慰安婦』への不当な暴力的糾弾をただちに止めることであるが、もうひとつは、韓国社会が正義をかなぐり捨てて、完全な「1984年」的社会に突き進むこと、そしてそれによって表現の自由に対する権力と社会の暴力を全面的に肯定することである。このふたつ以外に、朴裕河氏の「英雄化」を防ぐ道はないのである。

## ◈『帝国の慰安婦』が与えるさまざまなヒント

さて、次にこの本がなしえた洞察の中身にはいってみよう。紙数の関係で、ここではたくさんの洞察（実にたくさんだ！）のうち、重要だと思われるいくつかのみを取り上げることにする。

わたし個人にとってこの著作は、哲学的な観点から重要だ。わたしは歴史学者ではないので、植民地時代の歴史的事実に関しては論評することができる立場にない。だが、『帝国の慰安婦』における叙述から、植民地時代を生きた人間を理解するための珠玉のようなヒントを数多く得ることができた（正答ではなく、あくまでもヒントである）。

本稿では、そのことを中心に語ろうと思う。もちろんわたしは『帝国の慰安婦』を完璧な著述だと思っている人間ではないので（完璧な本などというものはわたしにとって地球上に存在しない。もし存在したらわたしはただちにその本を焼いて、墓にはいるであろう）、この本の掲げる認識への賛辞のみを綴ろうとするのではない。

## ◈だれが歴史を前進させるのか

『帝国の慰安婦』からわたしたちが学ぶことができるのは、人間が歴史を生きるということの哲学的な意味である。

わたしは、人間は「多重主体性」を生きていると考えている（拙著『創造する東アジア――文明・文化・ニヒリズム』春秋社、二〇一一）。また、社会において各個人は、「主体性のグラデーション」として位置づけられると考えている（拙著『朱子学化する近代日本』藤原書店、二〇一二）。

この考えによれば、慰安婦問題においてたとえば朝鮮の業者の役割を無視したり過小評価するのは、中国や北朝鮮におけるいわゆる「二分論」と同型の政治的認識であるように思える。植民地朝鮮において、すべての人は多重的な主体性（のグラデーション）として存在していたのである。そのことを認識することは、朝鮮人の被害性を消去することとは同義ではない。法的闘争や政治的目的やナショナリズムのために、多重的主体性のグラデーションを消去して主体と客体にきれいに二分割することは、歴史と人間に対する冒瀆となるのである。

朝鮮人業者の問題を少し考えてみよう。

「戦前（解放前）の朝鮮人が皆、戦後（解放後）の国民国家の枠組みにのっとったナショナリズムの文法によって行動したにちがいない」と考えること自体が、滑稽な虚構にすぎない。むしろ植民地時代の朝鮮人業者は、戦後（解放後）の主権国家に規定された枠組みでものを見る歴史家などよりもよほど強い「個人」として行動していたのだろう。主権国家あるいは民族に根源的道徳性が本質的に内在しており、そのメンバーはその根源的道徳性を分有されているべきだとする道徳的ナショナリズムの世界観（朱子学的本質主義とナショナリズムの合体）からは、朝鮮人業者は朝鮮人であるというまさにその一点のみによって、朝鮮人「少女」の側に立って行動すべき人間であるだろうが、事実はそんなことはまったくない。朝鮮人業者は自己の個人的利益のために行動しえた、強い個人だったのである。その強い個人が朝鮮人女性を篭絡し、商売道具にするという民族反逆者的行動を取ったのは、戦後（解放後）のナショナリストにとっては絶対に許しえないことかもしれない。わたしも個人的には唾棄すべき存在だと思う。

　だが、この強い個人を理解する道はひとつであってはならない。朝鮮人業者はたしかに許しがたい不道徳的行為者ではあるだろうが、別の見方をするなら、日本の植民地統治というシステムの思想に対して、個人の欲望という武器で立ち向かった人物という性格も混入していたであろう。もちろんその「立ち向かい」は、表面的には「日本帝国権力への不道徳な協力」であった。つまり日本帝国の構造の内部での出来事であった。しかし日本のつくりあげたシステムに対抗する姿勢は、それに真っ向から異を唱えることによってのみ発現するのではない。日本の警察署を襲撃することだけが抵抗ではないのである。日本の「全体主義的システム」に対して、「個の欲望」や「個の利益」などをもって応答するという姿勢は、その行為の性格がいかに悪であろうとも、社会全体にとって意味のある行為なのである。もちろんこの認識は、蛇蝎のような業者の餌食になった朝鮮人女性たちの絶望とは絶対に切り離されなくてはならない。だがもし日本の統治者たちが、自分たちの統治のために、業者たちの悪行（不法行為や刑法上の犯罪を含む）を黙認したり奨励したりしていたのだとしたら、日本帝国はそのことによって、つまり業者たちの一見従順だが実は不埒な「個」によって、内部から崩壊するための準備をしていたといえよう。

歴史を改変していく人びとは多様である。アンシャンレジームに対する「直接的な打倒」を実践する者のみが歴史を変えていくというのは、マルクス主義史観による幼稚な幻想にすぎない。歴史学の一部もいまだにこの劇画的な幻想にとらわれつづけているのは、学問的怠惰の極致だといえよう。歴史の実態は、多様な欲望を持った多重的な主体が、「おしくらまんじゅう」をしているというものである。人は、あらかじめ整序された生を従順に生きるのではない。ましてや自分が死んだあとにできあがったイデオロギー的構造によっていまを生きるのではない。

わたしたちが、植民地時代を扱う左翼的な、あるいは民族主義的な、あるいは右翼的な歴史記述に対してつねに強烈な違和感を持つのは、このためである。極端にいえば、それらのイデオロギー的な叙述は、歴史を語っているようには思えないのである。

『帝国の慰安婦』はもちろん歴史書ではない。そして慰安婦の生を整合的に整序しようという欲望はこの本の叙述にはない。だが、そのことによってかえって、歴史の「おしくらまんじゅう」の姿を比較的リアルに浮かび上がらせているのではないだろうか。

## ◆歴史学における人間の問題

『帝国の慰安婦』は、歴史学の方法論自体に対して、多様な問いをつきつけている。ひとつを挙げるなら、「歴史的な記述と人間概念の関係性」であるといえる。

歴史学において、たとえば一七五〇年代の大坂の商慣行に関する記述をしたとする。このとき、さまざまな史料を渉猟して、商慣行の実態を客観的に解明しようとするだろう。そのことは一見、問題ないように思える。だが、歴史学の記述においては、一七五〇年代の大坂の人間が、その歴史記述がなされた時点での特定の人間概念によってあらかじめ設定されてしまっていることがほとんどである。一七五〇年代の大坂商人の世界観は、二〇一〇年代の日本人のそれとは異なるはずだし、大袈裟にいえば前者は後者の理解を絶しているはずだ。

歴史学は、史料の精査によって過去の人間の行為を解明すると同時に、その人間の行為から、研究対象の時代・地域・階層・性別などの特徴によって規定された人間概念・世界観を復元し、その人間概念・世界観を再びフィードバックさせて歴史的行為の記述に反映させなくてはならないはずだ。しかしそのような再帰的歴史記述に接することは稀である。だからあたかも一七五〇年代の大坂に二〇一〇年代の一般的日本人が生きていたかのような記述をしてしまう。民衆史やアナール学派の歴史記述でさえ、わたしたちは、その記述から充分な「人間」を感じ取ることができない。もし「感じ取ることができる」という人がいるならその人は人間という存在に対する洞察がまだ甘いのである。

朝鮮の植民地支配に関する歴史記述としては、たとえば次のような問題がある。一方で韓国では一般的に、植民地時代の朝鮮には自由や民主主義や個人といった西洋近代の観念は導入されず、朝鮮王朝の儒教的な観念が残存し、かつそこに日本の封建的・軍国主義的・全体主義的な観念が強制的・全面的に浸透させられたと考えられている。とすれば、植民地時代の朝鮮においては、現代のわたしたちが一応想定するような近代的人間は存在しなかったことになる。両班と庶民の世界観の乖離は深刻なものであったに違いないし、一八九四年に身分解放されて間もない奴婢や賤民の世界観を持っている人間もたくさんいたことだろう。朝鮮時代における奴婢人口の多さを勘案していただきたい。奴婢が両班、士大夫と同じような世界観を持っていた、つまり上からの国民倫理的な教育がすでに充分に深く行き渡っていた、と考えるなら別だが、そのような歴史的事実はなかったはずであるし、韓国人自身がその事実を否定している。また植民地時代の庶民が現代民主主義社会における世界観を持っていた事実は一〇〇パーセントありえない。それなのに歴史学においては、あたかも二〇世紀、二十一世紀の人間が植民地朝鮮の時空間に暮らしていたかのような記述がなされるのはなぜだろうか。

そのような記述の方法論が許されるのは、ただひとつの場合だけであるように、わたしには思える。それは、なんらかの「運動」をする場合、つまりなんらかの「運動」に歴史学が服従している場合である。つまり、植民地時代を扱う歴史学という学問自体が、なんらかの意味で「運動」という行為に従属している知的営みなのではないか、という疑問が湧いてくる。

もちろん、そのような運動的性格が一切ない知的行為はありうるのか、という問いが提起されるであろうし、また、そのような性格がいったい問題であるのか、という問いも提起されうるであろう。

しかし、いま、歴史学という学問がまさに二国間の対立や反感といった「全体性」に深くかかわっており、二国間のさまざまな主張がいずれも歴史学という客観性を標榜する学知に大きく依存しているという事態を考えたとき、歴史学の性格をめぐる問題は、深刻に討議せられるべき段階に来ている。歴史学という方法論に関して、徹底的な再検討が必要なのである。

『帝国の慰安婦』は、文学作品の表現や、あるいは韓国の「公的な記憶」から排除させられてしまった記憶をよりどころにして、戦前の一時期に生き、苛酷な経験をした朝鮮人女性たちの世界観を復原しようとした。その試みが充分になされたとはもちろんだれも思わない。しかし、これまでの歴史叙述とは異なる人間像を素描するのには成功しているのである。

## ◆体系的認識の必要性

さきほどわたしは、「『帝国の慰安婦』は整合的な歴史像を提供していない」と述べた。このことが持つ重要性は、きわだっているとわたしには思える。というのは、慰安婦問題や植民地支配に対するイデオロギー的な学問は、実に強力に「体系的な認識の枠組み」を設定し、すべての人にその枠組みにのっとった認識活動をすることを要求しているからである。

このことを少し考えてみよう。

慰安婦問題の解決のためには、なんらかの客観的認識の体系が必要なのだろうか、という問いである。まずはこのこと自体を徹底的に議論しなければならないが、

①もし「必要である」と考えるならば、慰安婦問題の解決をめざして自らの認識の体系を固守するということは、それぞれの陣営にとって大きな意味があるであろう。しかしこの場合、その体系は開かれたものであるべきであろう。つまり、多様な認識群をできるだけ包摂できる体系の構築が必要だろう。失礼ながら、朴裕河氏の著作に反対する陣営の言説に、そのような性格を認めることは困難ではないだろうか。異質な認識を排除する方向性に焦点が当たっているようにわたしには見える。そのことによって慰安婦問題は解決しないだろう。なぜなら一九九〇年代に比べていまやこの問題に関する認識群の多様性と量は格段に増えたわけだし、それらをすべて排除するという戦略はもはや現実的にも（つまり政治的にも）有効ではないからである。

②また、なんらかの客観的体系が必要でないのであれば、すべての認識をできるだけ包摂できる場を構築すべきであろう。乱雑かつ無方向的に暴れる無数の認識群を、特定のバイアスによって方向づけてはならない。その理由のひとつは、慰安婦問題に関する認識群の全量が、いまの時点で確定できるものではないからである。将来新しい認識が生まれたとき、その認識も包摂できる場が準備されていなくてはならない。これは一九六五年の日韓条約・協定の欠陥からわたしたちが真摯に学んでおくべきことだったろう。

## ◆歴史学だけが有効なのか

もうひとつの問いは、「慰安婦問題の解決のための認識構築には、歴史学という方法論のみが有効なのだろうか」というものである。

多様で無数の認識群といっても、それが虚偽である場合には、排除されるべきであろう。しかしその真偽の判定方法が、いま、歴史学という方法論に依存しすぎているとわたしには思われる。『帝国の慰安婦』が提示したのは、人間の経験や意識の多様性と、その脱境界性である。脱境界的でまつろわぬ意識や認識を「虚偽」や「捏造」などとして排除することは何人たりともできない。たとえば日本の保守側も、元慰安婦の証言が時間と場所によって変化していることをもって、その全体を虚偽だと決めつける。しかし、歴史を叙述する際に、このような脱境界性と不安定性を排除することは、できない。虚偽とはなにかという問いに答えるには、歴史学という方法論のみに依存するのではなく、たとえばポストコロニアリズムやカルチュラル・スタディーズにおいて蓄積されてきた知見も活用すべきなのである。

朴裕河氏批判が歴史学の方法論の絶対性からなされる場合、それは思考に対する抑圧となる。

もちろん、たとえば文学研究的認識は日本の責任を追及する法的闘争においては直接の力を発揮しないだろう。しかし、一般市民の心に訴える力は大きいと思われる。直截的でハードな戦闘的認識だけでなく、人びとの心の襞に食い込むような認識の役割もある。その役割を否定すればするほど、人びとの心は慰安婦から離脱するだろう。

歴史学的認識が現実の法的闘争に奉仕しすぎているという問題も含めて、この問題をめぐる「人間観」を、わたしたちは問う必要があるのではないだろうか。

## ◆忘却の運動

慰安婦問題に関する運動の特徴は、この運動を通してなんらかの理想的な状態を自陣に構築しようという強烈な意志が内包されていることにある。

そのことの一例をわたしたちは、次の出来事において端的に見ることができる。

『帝国の慰安婦』に反対するニューヨーク韓国人父兄協会のチェ・ユンヒ共同会長が、二〇一五年十二月二十一日に、「親日表現の極限状態」である本書を出版し「生存慰安婦被害者らに残酷な精神的苦痛を与えた」朴裕河教授を大学から解任させよという声明書をニューヨークで発表したが、その際に、「どんな両親が借金のために自分の娘を売淫窟に売り払うのか」と声を高めて朴裕河氏を非難した（ニューヨーク＝ニューシス、二〇一五年十二月二二日）。この発言は、歴史と社会を考えるうえで非常に興味深い。

在米韓国人の主張は、朝鮮の伝統的な家父長制の問題を隠蔽し、あたかも植民地時代の朝鮮人が現代の米国人のような一夫一婦制の核家族に暮らしていたかのような幻想を構築している。現代先進国における人権概念は、西洋近代における一夫一婦制の核家族という枠組みを前提としている部分が大きいため、在米韓国人の主張は、人権を叫ぶと同時に、米国において自分たちが米国式の家族倫理観を獲得し定着させていく過程の意識をも包摂するものとなっている。

そのときに排除されるのが、『帝国の慰安婦』なのである。自分たちコリアンはもともと（古来といってもよい）人権概念の優れた西洋近代型の人間観念を持った政治的に正しい市民であり、したがって米国社会においても充分に尊重されなければならないが、この世にはこれとは根源的に背馳する人間観を持った人びとがいる。それがコリアンの純潔な少女二〇万人をレイプ・センターに強制連行し、しかも自分の娘を売り払うことにすらなんの躊躇もしない不道徳かつ悪辣な日本人であり、その日本人のどす黒い不潔な人間観に阿諛追従する『帝国の慰安婦』の著者である。以上が、在米韓国人が主張したいことのすべてである。

あるエスニック・マイノリティがホスト社会で尊厳をもって生き残り、這い上がるために、ホスト社会の中核を占める価値を自らの本質として規定することは、重要な戦略である。このことを叙述した優れた博士論文（京都大学大学院人間・環境学研究科）が、ロシア人であるオレグ・パホーモフ氏によって書かれた。彼はニクラス・ルーマンの理論を援用して次のようにいう。コリアン・ディアスポラが故郷を離れて異国に暮らすようになったときに、彼ら彼女らは「再編入」という戦略をとった。これは、単にホスト社会に編入されるということではない。編入される際に、ホスト社会の中核的価値を自己の本質として規定するのである。このことを、ソ連、米国、日本に移住したコリアン・ディアスポラの比較を通して検討してみよう。ソ連に移住したコリアンは、自らを政治的人間として規定した。それはソ連国家の本質がイデオロギー的政治性にあったからである。政治的人間としてのコリアンはスターリン時代のソ連社会にそれなりの居場所を確保し、優秀な政治的国民として社会的に生き残った。米国に移住したコリアンは、自らを金銭能力的に有能な人間として規定した。米国社会が金銭能力的価値を中心として動いているからである。金銭的価値に対して有能に振る舞うことのできる市民として、コリアンは米国においてしかるべき地位を確保した。これらに対して在日コリアンは、自らを道徳的人間として規定した。日本社会の中心的価値が道徳性だったからである(日本社会が道徳的であったという意味ではない)。コリアンは自分たちの道徳性を訴えるために、日本社会の不道徳性をあげつらって批判した。この批判こそ、日本社会においてもっとも有効な(つまり日本人に対してもっとも強く訴える)再編入の通路だった。在日コリアンは日本社会において道徳的存在として承認されることを最大の生存戦略とした。

オレグ・パホーモフ氏によるこのみごとな分析にも、もちろん疑問点はいくつかある。在日コリアンがすべて道徳的自己本質化の戦略をとったわけではなく、金銭能力的自己本質化の戦略をとった者も多かったろう。また、米国で金銭能力的価値における自己本質化に成功したあとのコリアンは、人権的価値の自己本質化戦略をとっていることからわかるように、時代によって、あるいは自らの上昇の度合いによって、採択される戦略は多様であるはずだ。またたとい在日コリアンが自己道徳化の戦略をとったのが事実だとしても、それはホスト(日本)社会側の問題だけでなく、そもそも在日コリアンの持つ儒教的な道徳志向性の役割が大きかったのではないか、という疑問も生じる。だがそれにもかかわらず、オレグ・パホーモフ氏の分析はこれまでのどの在日コリアン論よりも説得力を持つ。ホスト社会とディアスポラとの相互協働の動態を説明できるからだ。これまでの説明だと、「在日コリアンが道徳的で、それを排除しようとする日本社会が不道徳的だ」という一方的かつ強烈に本質主義的な理解しか得られなかった。

オレグ・パホーモフ氏のこの「再編入」理論を援用するなら、現在の在米コリアンは、慰安婦問題、さらには『帝国の慰安婦』を契機として、米国的人権意識を自己本質化していく運動をとおして、米国社会における尊厳ある市民として承認され上昇していこうとしていることになる。その際に忘れ去られねばならない記憶や記録がある。それらを果敢に忘却する運動を、いま展開しているということなのだろう。

実はここには、米国の掲げる多文化主義に対する重大な挑戦という問題も包含されている。つまり在米韓国人は、米国の主流派の価値とは異なりはするが真正な（authentic）価値を体現する市民として社会に承認される（これが多文化主義の根本である）ことを求めたのではなく、逆に米国主流派の価値の中核と自己を同一化して承認されることを求めた。このような反多文化主義的な行為が米国社会で歓迎されるのだとすれば、それは、一九九〇年代に活発化した多文化主義の実験と議論に米国社会がすでに疲れ切っているという状況を反映しているのでもあるだろう。しかしそれ以前に、コリアン・ディアスポラの生存戦略自体がそもそも、「ホスト社会における優等生になる」あるいは日本における運動のように「ホスト社会よりも（道徳的に）優位に立つ」という自己本質化の運動であることが重要なポイントであるだろう。もちろんこのこと自体を批判することはできない。いずれにせよ自己のよりよい生存のために選択される道なのである。だが、ここには、真の意味での自文化への敬意は存在しないという点を確認しておくことも重要であろう。このことをもって、歴史的な用語としての「事大」という概念を想起しても問題なかろう。つねに「いま、ホストが持つ」価値にいかにコミットするかという関心が生の第一の目的になってしまうのである。そのために「かつて、自己が持っていた」価値は強引に忘却させられてしまう。

学問とは、その忘却の欲望を解剖し、運動が歴史を捏造・改竄することを批判する側の営みであろう。もしそれとは反対の行為を学問の名で語るとするなら、それは学問の終焉を意味するのである。

『帝国の慰安婦』が提起している歴史学と人間概念の関係性の問題は、多様である。

わたしたちは、歴史と人間の全体性についてさらに深く思索すべきではないだろうか。究極的にいえば、その思索の過程で元慰安婦の人びとの名誉と尊厳の回復が真の意味で立ち現われてくる、と考えるべきであろう。

## ◆歴史と人間の全体性について

全体性を排他的に設定してはならないだろう。慰安婦という存在に対して異質な像が混入してくることを、各陣営（左と右）はなぜそれほど嫌悪するのだろうか。自分たちが掲げる慰安婦像の全体性を毀損されるからだろうか。その全体とはなんであろうか。多様性や越境性を包摂できない全体とは、なんであろうか。そしてその認識の全体性を担保するとされる客観的実証性や、当事者との無距離性というのは、いったいなんなのであろうか。

慰安婦問題は、悲惨な経験をしてそのことを肉声で語ることのできる（できた）人びとのみを被害者と設定するのか、そうでない多様多数な人びとをも被害者と考えるのかによって、普遍化の力を劇的に変えるにちがいない。残念ながら「悲惨な経験」のみに焦点を当てる議論のしかたによっては、この問題の全体像を正確に構築することはできない。肉体的に蹂躙された者だけが蹂躙されたわけではない。日本帝国の暴力装置によって自分の心情・意識までを変形させられた人びとも、充分に蹂躙されている。そこを排除してしまうことは、日本帝国を矮小化し、部分的に免責することと同義ではないだろうか。

なぜそのように日本帝国を矮小化したいのであろうか。心情・意識の部分は法的な争点にしにくい、あるいは法的闘争において有利ではないので、排除しているのだろうか。もしそうだとすると、これはある意味で人文学の敗北ではないだろうか。法的な争いにおいて有効な部分のみを焦点化するという目的に、人文学は決して奉仕してはならないというのがわたしの根本的な立場である。法的闘争に関心の重点を置くことすら、ある意味で人文学の敗北であろう。

わたしたちはこの問題を、日韓の関係から出発して、人類全体の人権蹂躙問題として普遍化したいわけだ。そのとき、わたしのイメージするのは、アウシュビッツに展示された多数のユダヤ人の靴である（ナチスの行為と日本帝国の行為を同一視するという意味ではない）。蹂躙された人びとのできるだけ多様な経験を知り、それらに深く思いをいたすとき、「被害者」はわたしたちの前に立ち現われるのである。特定の理念を持った勢力が、被害者とそうでない人びととの境界を一義的に設定することは、もうひとつの暴力行為にほかならない。

## ◆「構造」とはなにか

最後に、「構造」の問題である。

わたしを含めた朴裕河氏擁護側は、『帝国の慰安婦』のもっとも優れた論点としてこの「構造的」支配の問題を挙げている。これは、支配と被支配の複雑な関係性を分析するときにきわめて重要な視点だと考えるからである。

わたしは、日本の朝鮮支配は、植民地支配だったというよりは「併合植民地支配」であったと考えている。併合という側面と植民地という側面を両方兼ね備えた特異な支配形態であったと考えるのである。植民地下の朝鮮は日本であり朝鮮だった。朝鮮人は日本人であり朝鮮人だった。戦後（解放後）における植民地期に対する認識が日本、韓国、北朝鮮それぞれできわめて複雑でむずかしい第一の理由は、この「併合植民地」という特異な形態をどう理解するか、という問題に淵源している。

「併合植民地主義」において、統治の方法は著しく複雑かつ巧妙である。同化と異化の矛盾関係における同一化を企図しなくてはならないからである。そして支配される側の心理も極度に複雑化する。自己の心情が自己の、あるいは他者の、どの部分から発出しているのか不分明になり、曖昧化する。強引にそれを民族的本質なるもの（虚構である）に自己同一化しようとしても、なかなかうまくいかない。そもそもなにが自己でなにが他者であるかがわからない。

このような曖昧性は、文学的にいえばきわめて魅力的なのであるが（この曖昧性自体が実は生の本質だからだ）、政治的にいえば低く評価されるしかない。特に戦後（解放後）の国民国家的イデオロギーにおいては、徹底的に廃棄すべき性質であった。だから李箱や尹東柱といった魅力的な文学者も、韓国ではその曖昧さの価値を評価されずに、植民地的客体性（李箱）や民族的主体性（尹東柱）という、彼ら個人の多重性とはまったく異なる政治的認識の枠組みでしか評価されていない。ここでは文学的ポストコロニアリズムも完全に二項対立的な政治的認識としてしか機能していない。というよりポストコロニアリズムが珍妙にも二項対立の強化に与してしまっている。

このことを克服しようというのが、「構造」という概念なのだと思う。たとえば次のような叙述を静かに吟味してみることによって、わたしたちは歴史をふりかえる複数の多重的なまなざしを獲得することができるのではないだろうか。

彼女たちは、隠れるべき穴を掘り、逃走中に爆弾を運び、包帯を洗濯もした。そしてその合間に兵士たちの性欲に応えていた。つらいあまり時に拒否しながらも、最善を尽くして日本軍の戦争を支えていたのである。そのような彼女たちの働きは、見えない抑圧構造が強制したものだった。（『帝国の慰安婦』日本語版、二〇一四、二三一頁）

朝鮮人の方がより多く過酷な環境に置かれていたとしたら、それは植民地の女性という、階級的で民族的な二重差別によるものである。たとえ自発的な選択だったとしても、その〈自発〉性と〈積極〉性は、そのような構造的な強制性の中でのことなのである。（同上、二三二頁）

「朝鮮人慰安婦」という存在を作ったのは、（中略）家父長制と国家主義と植民地主義である。その意味では、慰安婦となる民間人募集を発想した国家や帝国としての日本にその〈罪〉はあっても、法律を犯したその〈犯罪性〉は、そのような構造を固め、その維持に加担し、協力した民間人にも問われるべきであろう。この問題は〈国家による法的賠償〉が追及されている問題でもあるので、法的責任の主体が誰かを明確にするのは重要である。当時において〈罪〉とは意識されなかった行為と、すでに法的に規制されていて罪として意識されていた行為は、区別して考えなければならな

い。それは、構造的な強制性と物理的な強制性の主体を分けて考えることにもつながる。（同上、三四頁）

次の記述には「構造」という言葉は出て来ないが、朴裕河氏はまさにこのような状況、つまり朝鮮人慰安婦が日本兵士に「同志意識」を持ってしまうようになる苛酷な状況を説明しようとして、「構造」という概念を持ち出して来ているわけなのだ。

彼女は日本軍を恨まず、彼女の前には、民族の違いは意識されない一人の軍人がいるだけだ。目の前にいる男性は、あくまでも〈同族としての軍人〉であって、〈憎むべき日本軍〉ではない。彼女が軍人を自分と変わらない〈運命の者〉として共感を示すのは、彼女に同志意識があったからであろう。彼女もまた、自分も軍人も、日本国家によってはるばる遠くまで運ばれてきた「蟻」でしかないのを理解している。（同上、九二頁）

『帝国の慰安婦』という本の最大の特徴、そして韓国人にとってこの本を決して許せない理由は、このような朝鮮人慰安婦と日本兵士の「〈感情の連帯〉」（八八頁）が数多くの事例とともに分析されていることにある。朴裕河氏はもちろんこれを好ましいことと思っているわけではなく、戦争と植民地支配がもたらした構造的な究極の暴力性だと考えている。しかし女性たちがそのような感情を持ってしまったことを糾弾や批判はしない。人間が生きていくうえでいかなる感情を持つかに関して、たしかに他者やシステムからの強い抑圧があるだろう。それはある視点（たとえば民族至上主義）からすれば好ましくなく、排除すべき、忘却すべき感情であるかもしれない。しかし人生のある時点でその感情を持ってしまい、年老いるまでその感情を忘れずに持って生きてきたひとりの人間に対してとるべき、最大限敬意のある態度とはどういうものなのか、わたしたちは真摯に思考しなくてはならない。朴裕河氏は読者にそう語っている。だが、「「恨みの慰安婦」像」（八八頁）という「ピュアな被害記憶」（一六一頁）だけを記録したい「民族言説」（同頁）の欲望は、朴裕河氏の言葉を絶対に許容しないのである。

もちろん『帝国の慰安婦』にたびたび出てくる「構造」という言葉が、いつも上のような「支配の複雑性」を意味しているわけではない。むしろ次の例のように、「支配の単純性」のしくみを表わしている場合のほうが多いようである。

> 朝鮮人慰安婦たちはただ、わずかの誇りと金を与えられ、自分の身体を国家と業者と軍人によって、多重に搾取される存在でもあった。もちろん金銭的な搾取の主体は業者であり、過剰な搾取がないように軍は〈管理〉もしたが、同時に、そのような搾取構造を黙認し、利用し、勧めさえした。（同上、二一八〜二一九頁）

> 日常と女性から隔離されて男性だけで生活するようになる軍隊システムや戦争自体が、すでに慰安所を必要としている。「慰安婦」とは皮肉にも、そのような構造的問題を露にする名称でもある。（同上、二二四頁）

朝鮮人慰安婦という存在が、植民地支配の構造が生んだものである限り、「日本の」公娼システム——日本の男性のための法に、植民地を組み込んだこと自体が問題なのである。（同上、二二八頁）

彼女たちをして「醜業」と呼ばれる仕事を選択させたのは、彼女たちの意志とは無関係な社会構造だった。（同上、二二九〜二三〇頁）

慰安所の多くは、遠くに移動させられ、生命を脅かされ、暴力が日常化されていた場所にあった。そして朝鮮人慰安婦は、絶対服従命令に慣らされていた軍人たちにとって、自分たちの権力を行使しうる唯一の対象にもなっていた。朝鮮人慰安婦問題における日本の責任は、そのような構造に女性たちが置かれることを黙認し、ときに進んでその構造を作ったことにある。（同上、二三四頁）

このように、「構造」という言葉はこの本において、「単純かつ直線的な支配」と「複雑かつ高度な支配」の両方に関して使われている。前者はたとえば単純な支配－被支配、搾取－被搾取、命令－服従の二項対立的な図式的関係であり、後者はたとえば支配者と被支配者、搾取者と被搾取者、命令者と服従者が同じような感情を持ってしまうという不条理劇のような実存的関係である。

このうち「前者のみに注目せよ」と民族至上主義の言説は暴力的に要求する。しかしそれでは、「併合植民地主義」の全貌を理解することは到底不可能なのだ。ということはつまり、民族至上主義の言説は、自分たちが支配された事実の全貌を理解するという困難な行為から逃避していることになる。おそらくは勇気がないのであろう。心底怖いのであろう。正視できないのであろう。自分たちの根源が覆されてしまうという思いに打ち勝てないのだろう。そこのところを朴裕河氏は果敢に衝いてきたわけだ。勝負はすでについている、といわざるをえない。あらかじめ勝負がついているこの闘いは、しかし真の決着がつくためには実に長い時間（もしかすると百年単位の時間）がかかる闘いでもある。だがわたしたちはこの闘いを途中で止めてはならないはずだ。

## ◆「構造」と歴史記述

植民地時代に生きたAという朝鮮人が、たとい韓国ナショナリズムの視点からいって好ましくない心情を持ったとしても、それは日本の支配が単純でなく巧妙だったからであり、つまり日本の支配とはそのように全面的かつ暴力的であったのだ、という認識を提供するのが「構造」である。単に物理的な被害を受けた人だけを被害者と把握するよりも、どうしようもなく自分のものでないかもしれない心情を持たされてしまったこと（たとえば「同志的」な感情）でも立派な被害あるいは被支配なのだ、と語ることができるのが、この「構造」という概念なのである。朴裕河氏擁護派の人たちはおそらく皆、このようにこの概念を受け取っていると思う。

であるならば、この概念はこれまでの「二項対立型の単純支配糾弾」枠組みよりもずっと大きな射程で、日本帝国を批判することができるはずだ。朴裕河擁護派はこの点においてもほぼ同じ認識を持っていると思われる。

わたしとしては、「二項対立型の単純支配糾弾」枠組みの問題点は、日本帝国の支配を矮小化してしまうことにあると考えている。基本的には中国の「二分論」と同じで、明確な加害者と明確な被害者を限定して特定してしまい、それによって歴史の悪を裁こうという政治運動的な認識である。だがもちろん、併合植民地支配とはそのように単純かつ部分的なものではなかった。まさに支配は構造的かつ全面的だったのである。日本の支配を矮小化して理解してはならない。

それならばなぜ、朴裕河氏批判派の人びとは、この「構造」という概念を評価しないのであろうか。その理由はいくつもあるだろう。

ひとつは先ほど述べたように、単なる恐怖心であろう。明確な加害者、明確な被害者、明確な協力者、明確な抵抗者を図式的・政治的に区分することによって、なにかを責めてなにかを守りたいという欲望が、恐怖心とともに強烈に働いている。

もうひとつは、法廷闘争および運動において有用ではないからである。日本の植民地支配責任を問う闘争においては、明確な加害者と被害者を特定しなければならない。もし「構造」という概念のもとに、「日本の権力に追従して朝鮮人を苛酷に支配したり虐待したりした親日派朝鮮人も、実は構造的な被害者だった」という言説が成立してしまうのでは、運動はできないのである。「植民地支配の責任を曖昧にし、構造という実体のないものに焦点を合わせることによって、結局は責任回避をはかる論法は間違っている」ということである。ニヒリズム（民族虚無主義）は排除されねばならない、という考えだ。

だがこのほかに、「構造」という概念のもとでは、被害者の射程は増えるかもしれないが、同時に抵抗者の射程は減ってしまう」という理由があるのではないだろうか。別の言葉でいうなら、構造という概念のもとでは、抵抗者の主体性が明確に立ち上がってこない可能性があるということである。

いかにも抵抗者らしい抵抗者がいたとする。その人間は植民地支配の暴力に立ち向かい、英雄的な主体性を発揮して支配者を物理的な力で打倒したとする。しかし構造という概念のもとでは、この抵抗者は主体性によってではなく構造によって行動したと解釈されてしまいうるのである。「帝国の支配は抵抗者の抵抗もまた支配の内部に組み込むことによって、複雑かつ巧妙な統治をしたのだ」といわれてしまう可能性がここにはある。抵抗者の主体性すら括弧つきのものになり、構造という全体性の世界に還元されてしまう。

構造という概念は、支配側の統治に恣意性・偶発性はないということを明示はしていないが、きわめて全体性に近いということを含意しているであろう。全体的かつ外部のない支配に対しては、抵抗史観のような二項対立の叙述は本来は成り立たないはずである。構造をつくった人間が敵であるなら、善はその構造を破壊しようとする人、その構造によって抑圧された人、その構造から逸脱しようとした人たちの側にあるはずだ。しかしこの構造は、その善の側の人間をも構造化してしまっている。このような全体性の世界がもし存在したのなら、そこには抵抗の主体は存立しえないことになってしまう。

これはなにを意味するのか。

必然性と必然性の闘争を意味するのだと、わたしには思える。

つまり、抵抗史観から見るならば、支配者の支配というものは恣意的でなければならない。その恣意性こそが暴力なのである。そしてその邪悪な恣意性を打倒するために立ち上がる抵抗者の主体性こそが、歴史の必然なのである。このように解釈しなければ、抵抗史観は成り立たない。たとえばテロを実行した人間を英雄と規定するためには、その人間の行為が恣意的であってはならない。恣意的かつ理不尽な抑圧に対する歴史の必然であったからこそ、道徳的正当性がその行為に付与されるのである。

抵抗史観においては、支配が恣意的で抵抗が必然なのだとすれば、ここにおいてほんとうの人間が生きているのは、実は支配側なのである。なぜなら人間の生は恣意性そのものであるからである。必然的な行為をする人間には、完全無欠の道徳的な人間性は存在するかもしれないが、その必然的な人間性は英雄史観の歴史のなかにしか生きられないものなのではないだろうか。

このとき、抵抗史観は隘路に陥るであろう。超越論的な道徳的主体を民族精神の権化として設定するなら、その主体は歴史を生きるというよりは、「歴史なき歴史」を生きるといったほうがよいであろう。恣意性・偶発性が悪とされ、必然性という善のみの視点によって語られる「歴史」。それを歴史と呼ぶのなら、それは「歴史2」つまり「歴史なき歴史」とでもいったほうがよいものだ。この「歴史2」は、古代から中国で「春秋の筆法」などと呼ばれたものである。そしてこのタイプの歴史叙述は、古代中国における巨大国家の出現と深く関係している。戦国時代から前漢にかけての帝国出現期に、この「歴史なき歴史」がヘゲモニーを握るようになる。易姓革命（放伐）という動力を内包した専制君主体制における歴史記述とは、おおむねこの「歴史2」なのである。つまり超越論的道徳主体が偶然性の時間を終結させて勝利する「物語」である。現代においても、国民国家という単位でナショナリズム的に歴史を記述するときや革命的運動意識によって歴史を記述するときには、恣意性・偶発性は悪と規定され、歴史学の名のもとに「歴史なき歴史」が乱暴に書かれる。

この「歴史２」における必然性は、抵抗主体の側にある。抵抗主体こそが理性的な道徳性の体現者である。そしてそのためには、支配と抑圧は非理性的で恣意的でなくてはならない（大衆映画などのメディアにおける支配者の描写を参照）。

ところが国家犯罪を法的に追及するためには、たとえば慰安婦問題において日本軍が組織的・計画的に犯罪的行為をしたということを暴かなくてはならない。日本軍や日本政府が恣意的な行動をしたのでは都合が悪いのである。とするとこの法的闘争においては、必然性が悪の陣営に付与されてしまう。支配と抵抗の関係は、必然と必然の関係になってしまう。日本帝国の組織的＝必然的支配に対して、慰安婦は英雄的＝必然的抵抗者として位置づけられる。ここでは日本帝国も慰安婦も恣意性や偶発性から切り離されて、歴史なき歴史を生きることになる。この時空間には、人間らしい生を営む者は誰もいないことになる。それは、人間がいる必要がない世界なのである。

これに対して『帝国の慰安婦』が描き出した世界においては、日本帝国の構造的＝全体的支配に対して、慰安婦たちは、ときにその支配者と感情を同期させたり、同志的関係になったりする恣意的・偶発的存在として浮き彫りにされる。ここにおいて慰安婦という人びとは歴史を生き、いのちを生きるようになるのである。もちろんその歴史やいのちとは、支配者の構造のなかでのもがき苦しみから噴出した、不純な恣意性であるかもしれない。支配者の構造や影響から完全に切り離された純粋な抵抗者の主体ではない。だが構造が全体的なとき、それに対抗するすべはひとつではありえない。朝鮮人業者のように日本軍に協力して同胞女性を利用した人びとが生きた歴史やいのちもあっただろうし、もっと狡猾で唾棄すべき者たちの「併合植民地」という時空間もあっただろう。

彼ら彼女らはすべて、支配者の主体性や抵抗者の主体性をも包摂しながら、同時代に生きるありとあらゆる存在者の生を自らの知覚像のなかに取り入れて、「併合植民地」という苛酷な時空間のなかで生きる多重主体性だった。

この多重主体性がその多重性ゆえに不純であるとか不道徳であるといわれるとき、それらの不純性や不道徳性と完全に切り離された超越論的な主体は、いったいどのような歴史を生きていたのだろうか。純粋な主体は歴史を生きることができるのか。歴史に生きられない主体たちを主人公にした物語のために、ほんとうにずたずたに傷つけられてきたのはだれだったのか、熟考すべきであろう。

# 抵抗と絶望

## 主体なき主体に向かって

金 哲 Kim Chul

# 1

昔書いたある文章で、私は竹内好が魯迅をとりあげながら「救わないことが奴隷には救いである」と述べたところを頼りにして、私たちの時代における「絶望」と「抵抗」に関して考えてみたことがあります[1]。奴隷に奴隷であることを自覚させず、いつまでも解放の夢を見させることこそが、奴隷を「救うことであり、同時に救わないことである」という竹内の洞察は、水も漏らさぬほど強化された脱植民地国民国家の日々をすごしている私たちにとっても、依然として重く感じられます。奴隷が解放への幻想を捨てて、自分が奴隷であることを自覚し、救いの道はどこにもないという「絶望」と向き合うことだけが救いの道である。したがって、抵抗とは燦爛たる解放の夢から目覚め、真っ暗な暗黒の絶望のなかへ踏み入れること、すなわち絶望を行動化することだ。これが竹内の魯迅の読み方です。

ここで絶望の反対語は「希望」ではありません。絶望の反対語は「幻想」です。周知のように、ラカンもまた同様のことを言います。私たちが生きているこの現実は、ラカンにならって言えば、象徴界、つまり欲望が広がる幻想のスクリーンであります。この幻想のスクリーンを破ってその隙間を露わにすること、あるいは横断することが、いわゆる実在（the Real）と出会うことであります。要するに、竹内の「絶望」は、ラカンの「実在」です。ラカンによれば、実在とは、私たちが触れることも見ることもできない恐怖と苦痛そのものに他なりません。解放の夢から目覚めた奴隷もまた「人生でもっとも苦痛に満ちた」瞬間に立たされます。この恐怖との出会いこそが絶望、すなわち実在と向き合うことなのであります。この恐怖に耐えることができなければ、奴隷は永遠に奴隷のままです。しかしながら、現実の私たちはいつも実在との対面を回避し、幻想を維持するためにあらゆる努力を重ねています。私たちが奴隷ではないと言うことはできるでしょうか。だとすれば、「絶望の行動化が抵抗」であるという竹内の命題は、どう理解すれば良いでしょうか。被植民者の抵抗をこの命題に照らしあわせてみたら、どうなるでしょうか。

## 2

植民地での生をもっぱら「抵抗」と「闘争」の観点のみから思いだすことは、今日のすべての韓国人たちに普遍化している理解の方式です。四〇年近い植民地の時間を生きた数多くの朝鮮人たちの生は、ひとえに日本帝国主義との「闘争」の程度によって、その意味を付与されます。独立した国民国家の建設という最終目標を目指す民族的受難と抵抗の歴史だけが唯一記憶しなければならない過去であって、植民地支配者に協力した屈従と裏切りの生は永遠に除去・清算すべきだという認識は、政治的理念の左右、知識人と一般市民を問わず、今日の韓国人たちには厳格な社会的掟として共有されています。

そうした意味で日帝時代〔2〕とは、脱植民地韓国をある種の宗教社会として構成する起源であり、すべての韓国人を一つの宗教的信念へと同質化するもっとも大きな動力でもあります。抗日武装闘争の神話で包まれている北朝鮮、侵略者を膺懲《ようちょう》する独立闘士や民族英雄の武勇伝を描いた映画が一千万人の観客を集める韓国社会において、抵抗せずに生きていた「卑怯者ども」の生と死が発話されることはありえません。ところで、私の敬愛する冨山一郎氏は、その著書『暴力の予感』の韓国語版「序文」で、「赤旗歌」の一節にでてくる「卑怯者」、すなわち「臆病者」に注目します。「臆病者の身体には傷、あるいは傷に関わる想像力が溢れ出ている。この想像力を広げることこそが、まさに歴史や思想を考える作業」であるとかれは述べています。私が今日申し述べようとするのも、まさにこの「臆病者」、そしてかれらの身体のなかに刻まれていたある想像力、または主体性に関することです。

先ほど申し上げたように、ナショナリズムを原理とする神政国家と化した韓国における生は、民族＝国民主体に回収されないかぎり、いかなる主体性、いかなる歴史性、いかなる社会性ももつことができません。私の頭のなかにただちに浮かんでくる一、二の事例をまずお話しします。二〇〇二年、ソウルで開かれたワールドカップに熱狂する当時の若者たちを見て、韓国のある代表的な進歩系列の人は、同じく進歩系列を代表するある新聞に次のような文章を書きました。「今日の若者たちは個人主義者であるため、健康でまじめな共同体意識を見出しにくく、もし戦争でも起こったりしたら戦場に駆けだしていく若者がいくらあるだろうかと懸念する者もいる。しかしながら「赤い悪魔」（韓国サッカー代表のサポーター）は、かれらの血のなかに依然として民族と国家という遺伝的因子があることを見せてくれた」。そうかといえば、二〇〇五年に「独島」問題で社会全体が再び凄まじい興奮状態に陥ったさい、韓国でもっとも多くの読者を確保している二人の代表的な小説家が、かれらの相異なる政治的立場にもかかわらず（おそらく一人は右派を代表し、もう一人は左派を代表するといわれるでしょう）、「独島にミサイルを設置せよ」「日本との戦争をも辞さない」という恐ろしい主張を、韓国最大のメディアを通じて展開したこともあります。この発言に対して抗議を行なった人は、もちろん一人もいませんでした。抗議どころか、おそらく大衆の喝采を浴びたことでしょう。韓国にはこうした知識人、「民族の祭壇の前に立つ祭司長」「民族巫者（shaman）」とでも呼ぶべき芸術家、学者たちであふれ返っています。このような社会で植民地について思惟するということ、植民地主義への抵抗を模索するということ、歴史と思想について語るということは、それ自体として絶望を抱えながらはじめざるをえないことでもあります。

## 3

朝鮮に対する日本帝国主義の植民地支配を考える時、私たちは支配者／加害者としての日本および日本人、そして被支配者／被害者としての朝鮮および朝鮮人という図式を自然に設定します。現代の韓国人や日本人はほとんど皆このような前提、すなわち自分自身をある一方の「国民」として主体化した地点で過去の歴史と対面します。でも、私にはこれが何かすごく異様な思考方式、何か甚だしく歪められた観点にみえます。支配者／加害者としての日本（人）、そして被支配者／被害者としての朝鮮（人）という構図は事実ではない、ということが言いたいわけではありません。その支配／被支配、加害／被害の経験を「国民的主体」の名のもとに語る行為、そしてその行為が持続される植民地主義、または別の暴力の可能性について考えてみたいわけです。

そういう意味で、「日本の植民地支配に対して、日本の国民に代わって韓国の国民たちに謝罪する」と話す日本の有名な政治家、学者、作家、芸術家たちの訪韓インタビュー記事に接するたび、私は酷い違和感を感じたりします。この謝罪を通して、その日本人と私は各々の「国民」として謝罪をとり交わす行為に参入することになります。これが、私が覚える違和感の根底にあるものです。また同時に、こうした発言をする「良心的日本人」の存在を通して、そうではない日本人、つまり「悪い日本人」の存在が表象されます。当然、この過程は一つの鏡となり、「良い韓国人」とそうではない韓国人、つまり「親日派」を作りあげます。すでにおわかりになったと思いますが、私は今「謝罪」について話しているのではありません。謝罪をとり交わす行為、あるいは憎悪をとり交わす行為を通じてさらに強固になっていく国民的アイデンティティ、そしてそれによって完全に閉ざされてしまうある想像力について話そうとしているのです。

この間、あるところで上記のようなことを述べ、聴衆の一人から怒りに満ちた抗議を受けたことがあります。その要旨とは、「国家対国家の問題を「個人」の観点から理解してはならない。これは「私的」にアプローチすべき問題ではない。個人主義では国家や民族の問題を解決することができない」ということでした。時間がなくて、その場では答弁できませんでしたが、こうした抗議は実際に多くの韓国人たち(そしておそらくは日本人たち)の認識(あるいは誤解)を代弁するものであろうと私は考えています。さしあたって、私は国家、または国家を代表する政府レベルでの「公式的」な謝罪や責任は不要である、ということを言わんとするのではありません。ただ、それがすべてではないこと、ましてや国家とか政府の謝罪に「真情」を要求することなんぞ不可能であり、そうした要求そのものが「真情」を欠いていること、したがってそのような不可能なことに力を注ぐ必要はない、ということだけは言いたいのです[3]。また、私の主張を「個人主義的」だと批判することも、とても大きな誤解です。近代民族−国家の誕生に関する若干の知識さえあれば、そのようには言えないでしょう。封建的束縛から解き放たれた自由人としての「個人」、資本主義のエージェントとしての「私人」の出現なくして、民族−国家の成立は不可能であったという事実を勘案すると、民族−国家は個人および私的なものと一体になっていることがわかります。それらは互いを構成する必須の要素であります。要するに、「個人」とか「私的なもの」は、民族や国家と対立するものではないのです。それと対立するのは、むしろ「公的なもの」、すなわち「公共性」の領域です。よって、民族−国家のシステムに抵抗することとは、「公的なもの」を追求すること、「公共性」を実現させることです。

## 4

日帝植民地時代をめぐる諸問題、たとえば「親日派」清算の問題、従軍慰安婦の問題、独島問題などに関する韓国社会の数え切れないほどの非生産的な論争が、数十年間全く同じ回路を堂々巡りして、いつも強固な国民主体の再確認に帰結してしまうのは、加害／被害の問題を発話する場所、そしてそれを発話する主体がつねに「民族」「国家」だけに固定されているかぎり、必然的なことです。一つだけ例を挙げてみましょうか。一九九二年の韓国挺身隊問題対策協議会の発足宣言文は、日本軍従軍慰安婦を「民族の娘」と呼んでいます。そして、この呼びかけと、この呼びかけに基づいた慰安婦問題に対する認識構造、および運動の方式は今に至るまで少しも変わっていません。否、かえってさらに強くなりました。ある国民国家の暴力の被害者をもう一つの国民国家の主体として召喚することで、その被害者の生と名誉を回復するというトートロジーが孕む矛盾、そしてその矛盾が引き起こしかねない被害者への別の抑圧は、加害／被害の問題をひたすら民族‐国家の層位にのみ固定させようとするナショナリズムの思考のなかでは、決して自覚されえないでしょう。

さらに問題なのは、この民族主体が異なる主体形成の可能性、異なる発話の地点を絶え間なく抑圧し除去するという点です。二〇〇〇年代以後、韓国社会で一層高揚した親日派清算の運動は、異端者を粛清せんとする社会的な衛生観念を、国家権力の力によって実行しようとする点で、それ以前の親日派清算論とは質的に区別される退行的な姿をさらけだしていると私は思っています。過去の異端者のみならず、現在の異端者たち、すなわち異なる方式で過去と出会おうとする現在の異端者たちを、国家権力の力を借りて膺懲・除去しようとするナショナリストたちの暴力に対して、いわゆるリベラルな学者やフェミニストの知識人までもが、ただ傍観するか、甚だしくはそれを助長さえしている現実——朴裕河教授事件は、その典型的な例でしょう——は、どのようにすれば国民的な主体への道を拒みながら国家と民族の暴力に抵抗しうるだろうか、という根本的な問いを私たちに投げかけています。

# 5

言わずもがなのことでしょうが、主体だの国民だのというのは幻想であり、虚構にすぎません。とはいえ、ただのつまらない幻想なのだからしっかりと気をつけていれば問題なかろう、といえば済むことでも決してありません。「私」とは、「国民」とか「主体」とかいう幻想のなかで生きていく、夢見る「奴隷」なのであります。「主体」は幻想ですが、しかし「私」とは、またいかにしてでも「主体」でなければならないものです。要するに、「主体」の幻想から目覚める瞬間、「私」は再び「私」を「主体」として確立しなければなりません。これは絶望の繰り返しであって、この絶望を絶えず反復する以外に、人生に他の道はありません。

奴隷の主人だとしても事情が変わるわけではありません。広く知られているテーゼによると、奴隷がなければ主人もありません。主人は奴隷に支えられているとも言われますが、それは私の考えでは、主人が奴隷の幻想に支えられていることを意味します。つまり、主人の幻想は奴隷の幻想に支えられている、という意味です。言い換えれば、被植民者の解放への夢がなければ、植民者による主人の振る舞いもないということです。歴史的な事実を探ってみると、植民者が主人づらするためにもっとも必要とする存在は「抵抗する奴隷」に他ならないことがわかります。それもとても激しく組織的・集団的に抵抗する奴隷たち、すなわち能動的・主体的な抵抗者であります。かれらこそ主人を主人たらしめる、主人と奴隷の境界をくっきりと浮かびあがらせる存在なのです。血なまぐさい鎮圧、それに歯向かう壮絶な闘争と犠牲の歴史は、主人と奴隷の主体性を確立させる絶対的な根拠です。

他方、主人が何よりも不安がって恐れる存在とは、抵抗しない者たち、幻想を捨てた者たち、主体であることを諦めた者たち、すなわち「臆病者」「変節者」「裏切り者」「正体不明の者」のような存在です。かれらが何らかの力をもっているからではなく、何の力ももっていないから、かれらが高貴で勇敢だからではなく、弱くて卑劣で汚いから恐ろしいのです。かれらから、ずっと深いところに封印してきた己の姿が、ふと垣間見えるから不安になるのです。そしてその瞬間、主人と奴隷の境界がかすんでいきます。要するに、その汚い存在たちによって幻想のスクリーンが鋭く破られ、極めて恐ろしい実在が目下に現われる瞬間、主人は恐怖と不安に駆られるのであります。

主体にすらなれないこの臆病者たちは「境界を曖昧にする者たち」、ジュリア・クリステヴァの用語を借りて言うなら、アブジェクト（abject）であります。民族－国家の総体化・同質化の圧力にもかかわらず、収束されえない存在たち、こざっぱりと裁断された体制の壁についているほのかな垢、見えるようで見えない風穴のようなもの、あるのかないのかもはっきりしないこの存在たちの、笑っているのか泣いているのかもわからない表情、言葉にならない言葉、口ずさみ、ぶつぶつ、にこにこ、短い悪口、後ろで吐く唾……。植民地の歴史と思想を語るためには、私たちはこうした存在に注目すべきであり、かれらのぼんやりした動き、無心な身振り、ささやかな声に集中しなければなりません。

# 6

鳥居龍蔵が満洲で撮影した上の写真で、中央の老人は合掌をするような姿勢で自分の顔を隠しています。この写真を所蔵している東京大学総合研究博物館の写真説明には「当時、人類学調査の困難のひとつは、人びとが写真を恐れて逃げだしてしまうことだった。この老人も撮影が怖くて、思わず拝んでしまったのだろう」と書かれています。怯えているこの老人の身振りは、何を物語っているのでしょうか。私には、カメラのレンズの前に立たされたアブジェクトの無意識の反応が、レンズの向こう側の存在を露わにしつつ、見る者と見られる者の境界を一瞬揺さぶっているかのように思われます。被写体としてのアブジェクトは、全く予想できぬやり方で、この人種展示のフレームを形作っている見えない視線の存在を思い知らせます。かれは「見えない鉄窓」の存在、およびその向こう側のだれかを瞬間的に喚起するのです。アブジェクトへの暴力の視線が、ささやかなものとはいえ、ある亀裂の徴候を示すようになるとすれば、それはおそらくこの喚起の瞬間からかも知れません。私は、その瞬間がまさに暴力がはじまる地点、したがってその揺れがはじまる原点であろうと思っています。この写真は、私にとっては、その地点の象徴のように見えます。私たちはそこに注意を集中すべきです。

糞、尿、膿、血、吐瀉物のようにおぞましく反吐がでそうなこのアブジェクトは、実は私が押しやり、私が吐きだしたものであって、私の同一性の構築のため、私から排除されたものです。にもかかわらず、否、まさにそうであるため、それらはいつも境界に立っているのであり、私は汚染の危機に曝されています。烙印を押され、分類されることで、アブジェクトは境界の外に押しやられると同時に、自分の存在そのものを通して境界を示す役割を果たします。この役割は体制にとってなくてはならない絶対的なものです。しかし、同時にかれは体制（の自己同一性）に穴を開ける／開けうる可能性を孕む保菌者、感染者でもあります。要するに、かれは排除されながら包摂され、包摂されながら排除されるのです。排除されることで体制を護り、護りながら体制を脅かすこの瞬間こそ、排除＝包摂が進む瞬間であり、アブジェクトが誕生する瞬間です。そして体制とアブジェクト両者の不安と恐怖が誕生する瞬間でもあります。言うなれば、アブジェクトは境界線の上で境界を示しつつ、つねに不安と恐怖の瞬間のなかに存在しているのであります。かれがなければ境界もありません。かれの存在があるからこそ、体制は安定すると同時に、またつねに不安なのです。

アブジェクトの応酬もこの瞬間に行われます。見えるようで見えない小さな身振り、隠密な目つき、飼い慣らされない荒っぽさ、得体の知れない陰険さ、不安を惹起する沈黙と無表情、つねに漂っている奇妙な不穏の諸徴候、その曖昧模糊とした姿と不透明さは、見る者に当惑と不安をもたらします。したがって、奴隷の抵抗について語ろうとするならば、私たちは同一化－総体化した抵抗の主体と、かれらによる革命的転覆といった意識的な行動に注目するより、主体にすらなれない多くのアブジェクト、その身体のうちに抑圧と屈従の痕跡を残している臆病者たちの些少な「違反」、その不穏さ、その政治的な意味に注意を払わなければなりません。「国家の独占体制に風穴を開ける」「ある種の臨界点」としての些少な「違反」、そしてそこで違反者が感じる不安によって引き起こされる微熱、ないしはある「やるせなさ」に目を転じるなら、私たちはこの暴力の秩序が攪乱されるある地点を探しだすことができるかも知れません。「ぼんやりしていてはっきりと把握できないこの臨界点を観察するためには、散在する違反の「なまぬるい」温度、あるいはみすぼらしく見える違反者の身体に広がっている微熱の意味を、慎重に問いなおさなければならない」[4]のであります。主体なき主体の抵抗は、ひょっとしたらこうした臆病者たちの微熱とやるせなさからはじまるもの、否、はじまらなければならないものであるかも知れません。

# 7

最後に、民族または国民への回収を拒否しながら、どのようにしたら民族－国家の過去について語り、責任を問いうるだろうか、あるいは責任を負いうるだろうか、という問題に関する私の考えを簡略に申し上げたいと思います。一見すると、自分が属している民族－国家の過去について、その構成員として、つまり民族または国民として語るということは、至極当然なことであるかのように見えます。しかしながら、先ほど申し述べたように、それは民族−国家が犯した暴力に対する本質的な責任の追及というより、むしろその暴力の主体を再び強化し、それに頼ってしまう結果につながるはずです。加害者であろうが被害者であろうが、その結果に変わりはありません。だから、民族または国民主体の立場から過去と向かい合い、責任を問うということは、その強力に同質化した集団主体の幻想を通じて暴力の実体を覆い隠すこと、つまりある種の責任回避に他ならないのであります[5]。

だとすれば、何をどのようになすべきか。再び冨山氏の言葉を借りて言うなら、私たちは「死者の代わりに語る」国民的記憶のナラティブに対して「死者自らが語る」異なる記憶の様式を作りあげなければなりません。民族史や国史をはじめ、あらゆる公式的な歴史記録、記念物、記念儀礼と行事、要するにあらゆる国民的記憶のナラティブは滑らかにつながっていて、首尾一貫、意味に満たされています。ジュディス・ハーマンによれば、そのような記憶は「ナラティブの記憶」であります。明らかなことは、「ナラティブの記憶」では、死と暴力の傷は癒やされないということです。国民の、国民による、国民のための秩序整然とした統辞的−通史的なナラティブは、記憶を剝製化し忘却をもたらします。「ナラティブの記憶」の秩序整然とした言語がこの記憶と忘却の変奏曲を紡いでいるかぎり、死の記憶は永遠に隠蔽され、暴力が終息することもありません。

ハーマンは、こうした「ナラティブの記憶」に対して「トラウマの記憶」について語ります。「トラウマの記憶」において記憶は形式を整えることができません。それらは予期せぬ瞬間に弾けるし、脈絡とは無関係に発話されるので、しばしば途切れます。言葉は縺《もつ》れてむにゃむにゃするし、すすり泣き、ため息、悲鳴、絶叫、悪口などで覆われ、意味は不確実で不透明です。この非統辞的－非通史的な発話のなかから、死と虐殺の苦痛ははじめて顔をだすのです。この記憶、この苦痛と向き合わないかぎり、私たちは過去と出会うことも、それを乗り越えることもできません。臆病者たち、裏切り者たち、変節者たち、正体不明の者たち、何でもない者たち、ある主体にすらなれないアブジェクトたち、私たちがかれらの悲鳴、口ずさみ、愚痴、吐息、悪口、世迷い言などに注意深く耳をすまし、かれらの不透明で不穏な身振りに注目しなければならない理由はそこにあります。

記憶がそうであるならば、過去に対する責任もまた国民の、国民による、国民のための責任ではないでしょう。責任 responsibility とは、ご存じのように、応答 response の能力 ability を意味します。過去に対する責任とは、したがって過去に対して応答をすることです。ところで、過去とは何でしょうか。過去とは、私たちが知り尽くすことも、所有することもできない絶対的な他者です。レヴィナスにならっていうなら、他者への責任とはすなわち倫理であり、したがって過去に対する責任は倫理的な行為に属することです。そして、それが倫理的な行為であるかぎり、その行為の主体が国民であることはありえません。人間は過去、つまり歴史の結果であり痕跡です。私の主体性とは、この痕跡から構成されたものです。他者としての過去、すなわち歴史は、私の主体性、および肉体性の基盤です。もちろん、ここでの私は、個人としての私、ないしは国民としての私ではなく、絶対的な他者である過去を己の痕跡として刻んでいる普遍的人間としての私です。結局、「過去の声」に耳をすまし、それに応答する倫理的な行為を通じて、私はようやく私の主体性を完成させていくのです。これがおそらく、私たち皆が担う「歴史的責任」であるでしょう〔6〕。したがって、私の主体性とは、すでに与えられているものというより、過去への応答を通じて実現されるあるものとなるはずです。私がこの過去との応答、すなわち「歴史的責任」を疎かにできないのは、過去の痕跡としての私は、未来の私にまた過去の痕跡として刻まれるであろうからです。だとすれば「歴史的責任」を遂行する私こそ、「主体なき主体」の一つの姿ではないでしょうか。皆様のご意見をお聞かせ下されば幸いです。

**註**

［1］拙稿「저항과 절망（抵抗と絶望）」韓日連帯21編『한일 역사인식 논쟁의 메타히스토리（韓日歴史認識論争のメタヒストリー）』뿌리와이파리、二〇〇八年。この文章は日本語に翻訳され、小森陽一・崔元植・朴裕河・金哲編『東アジア歴史認識論争のメタヒストリー』（青弓社、二〇〇八）と、拙著『抵抗と絶望――植民地朝鮮の記憶を問う』（田島哲夫訳、大月書店、二〇一五）に転載されました。

［2］たった今「日帝時代」とキーボード入力をした瞬間、ハングルプログラムの自動変換機能がこの言葉を「日帝強占期」と置き換えるのを見て驚きました。「日帝強占期」という用語の不当さについては、他の文章で何回か指摘したことがあるため、ここでは省略します。「日帝時代」という用語を「日帝強占期」と自動的に変換するこのシステムの登場は、植民地の記憶に関する韓国社会の社会的掟がいかに固着－強化しているのかを示す、もう一つの事例でしょう。

［3］誤解を避けるため一つつけ加えますと、私は国家や政府に責任を問うことの意味や重要性を軽んじようとするのではありません。それが重要であることと同じく、「謝罪」や「赦し」、「和解」などに関するより深い省察も重要だということが言いたいわけです。被害者が加害者に「謝罪」を要求することとは、何を意味するでしょうか。被害者が「謝罪」や「赦し」を口にするとき、そこには憎悪や復讐心だけに満ちている状態からの脱皮、深いトラウマから抜けでたいという被害者自身の切実な気持ちが投影されているのです。このような心の状態、ないしは心の変化に至らなければ、「謝

罪」や「赦し」という言葉さえも語られることはないでしょう。したがって、「謝罪」「赦し」「和解」などを被害者が口にするさい、それはある意味、加害者へ向かっているというより、被害者自身が絶対的主体として、自ら自己回復の道を歩みはじめたという信号になるのであります。要するに、「謝罪」や「赦し」は、相手に対してというより、自分自身に差し伸べる手なのです。言うまでもないことでしょうが、加害者の立場においても「謝罪」をするためには、まず自分が他者に甚大な苦痛を与えたという自覚、そしてその自覚に伴う良心の呵責を感じる必要があり、この過程はその契機が何であれ、すべからく自発的なものでなければなりません。それゆえに「謝罪」は、被害者を慰撫するといった次元を越えて、加害者自身の主体的な変化を呼び起こしますし、またそうならなければならないものです。このように「謝罪」「赦し」とは、被害者と加害者双方の主体性の変化、あるいは高揚という新たな局面を展開するものでなければならないと思います。法的－政治的－国家的次元から植民地支配の責任を問い、それを解決しようとするあらゆる努力に、こうした謝罪と赦しの根本的な人間的省察が伴っていないため、むしろより深い嫌悪や憎悪が繰り返し再生産されてしまう現実を、今日の日韓関係から見出すことはさして難しいことではありません。

［4］　金艾琳「국가와 시민의 밤――경찰국가의 야경, 시민의 야행（国家と市民の夜――警察国家の夜警、市民の夜行）」『현대문학의 연구（現代文学の研究）』49号、韓国文学研究学会、二〇一三、四〇九頁。

［5］　最近の主な議論の一つに、いわゆる「植民地支配不法論」、または「日韓併合不法論」といった合法／不法の論争があります。私は、植民地支配、そしてその重要な犯罪行為の一つである慰安婦動員を「不法ではなかった」などと合理化する否定論者たちの論理に対して、それが「不法」であったことを立証するために努力する言説は、時として否定論者たちのフレームに囚われる結果になるのではないか、という疑問をもっています（「不法」であることを立証するのは無理だ、という意味ではありません）。それは「慰安婦は売春婦だったから国家と政府に責任はない」という否定論者たちの主張に対して、「売春婦ではなかった」と主張するような構造です。否定論者たちの主張は、「売春婦ではなかった」という主張によって論駁されるものではなく、かつて上野千鶴子氏が見抜いたごとく、「売春婦ならそうなってもいいのか」という論理によって解体されなければならないものです。同様に、植民地支配や日韓併合は「不法ではな

かった」という主張に対して、「不法だった」という証拠や主張を突きつけることは、しばしば合法／不法のフレームを強化し、否定論者たちの立地点をさらに強める結果を生みだしはしまいか、という懸念を私は抱いています。したがって、「不法ではなかった」という主張に対しては、「不法ではなかったならば／なかったからこそ、もっと重大な犯罪だ」ということが、このフレームに囚われずに、いわゆる合法論を粉砕する有効な論理なのではないかと思っていますが、皆様のご意見を頂ければ幸いです。

［6］ 酒井直樹『過去の声』以文社、二〇〇二。

# 対話のために――
## 「帝国の慰安婦」という問いをひらく

【編著者紹介】

**浅野豊美**（あさの・とよみ）
■一九六四年生まれ。早稲田大学政治経済学部教授。著書に『帝国日本の植民地法制』など。

**小倉紀蔵**（おぐら・きぞう）
■一九五九年生まれ。京都大学大学院人間・環境学研究科教授。著書に『北朝鮮とは何か』など。

**西 成彦**（にし・まさひこ）
■一九五五年生まれ。立命館大学大学院先端総合学術研究科教授。著書に『バイリンガルな夢と憂鬱』など。

2017年 5月 15日　第 1 刷発行

編著者◉浅野豊美・小倉紀蔵・西 成彦

発行者◉文 弘樹

発行所◉クレイン
〒 180-0004
東京都武蔵野市吉祥寺本町 1-32-9
TEL 0422-28-7780
FAX 0422-28-7781
http://cranebook.net

印刷所◉シナノ パブリッシング プレス



ISBN978-4-906681-48-8

協　力◉渡辺康弘